加强初中学生几何推理能力的
诊断与培养
教学的实践与思考

王志芳 主编

吉林大学出版社
·长春·

图书在版编目(CIP)数据

加强初中学生几何推理能力的诊断与培养教学的实践与思考 / 王志芳主编 .— 长春：吉林大学出版社，2021.11

ISBN 978-7-5692-9408-8

Ⅰ. ①加… Ⅱ. ①王… Ⅲ. ①几何课－教学研究－初中 Ⅳ. ① G633.632

中国版本图书馆 CIP 数据核字 (2021) 第 225098 号

书　　名：加强初中学生几何推理能力的诊断与培养教学的实践与思考
JIAQIANG CHUZHONG XUESHENG JIHE TUILI NENGLI DE ZHENDUAN YU PEIYANG JIAOXUE DE SHIJIAN YU SIKAO

作　　者：王志芳　主编
策划编辑：邵宇彤
责任编辑：高欣宇
责任校对：冀　洋
装帧设计：优盛文化
出版发行：吉林大学出版社
社　　址：长春市人民大街4059号
邮政编码：130021
发行电话：0431-89580028/29/21
网　　址：http://www.jlup.com.cn
电子邮箱：jdcbs@jlu.edu.cn
印　　刷：定州启航印刷有限公司
成品尺寸：170mm×240mm　　16开
印　　张：16.5
字　　数：282千字
版　　次：2021年11月第1版
印　　次：2021年11月第1次
书　　号：ISBN 978-7-5692-9408-8
定　　价：89.00元

版权所有　　翻印必究

编委会

主　编：王志芳

副主编：侯海全　宋国强　张艳芳

编写人员（按章节顺序）

王志芳	张艳芳	龙艳君	李晓明	马国富	孟智伶
王亚凤	侯海全	张海涛	白悦琳	李雪梅	周子夏
黄　丽	宋国强	王　建	闫开疆	杨春霞	王雪霞
董文艳	曹　锁	孙宝英	勾振齐	王　莹	孙立萱
张　艳	卢　爽

前 言

推理能力是初中阶段数学核心素养的核心概念之一。《义务教育数学课程标准（2011年版）》中指出："推理能力的发展应贯穿于整个数学学习过程中。"推理是数学的基本思维方式，也是人们学习和生活中经常使用的思维方式。推理可分为合情推理和演绎推理，其中合情推理用于探索思路，发现结论；演绎推理用于证明结论。

对于为什么加强几何推理能力的诊断与培养我们进行了深入的思考。老师们从学生角度、教师角度、理论角度、课程标准角度、教材角度认识到加强初中学生几何推理能力的诊断与培养教学的意义。归根结底，初中学生几何推理能力的诊断与培养，是对几何教学的本质给予实践的解释。

怎样加强几何推理能力的诊断与培养，是我们数学教师一直关注的问题。学生们在经历了几何推理过程中的观察、实验、归纳、类比、猜想、证明，以及范希尔思维水平分析的五个阶段后，会逐步形成严谨的演绎推理能力。

本书是北京市通州区"运河计划"教育领军人才王志芳老师，在带领工作室成员老师完成北京教育学会"十三五"教育科研课题"基于数学核心素养下的初中学生几何推理能力的诊断与培养"，以及课题组老师在多年中学数学教学一线实践的基础上，对上述问题的共同学习、共同研究、不断探索、不断反思的成果推广。

本书分为三章：第一章为加强初中学生几何推理能力的诊断与培养教学的意义；第二章为加强初中学生几何推理能力的诊断与培养教学的理论依据；第三章为加强初中学生几何推理能力的诊断与培养教学的实践与思考案例分析与教学点评。

第三章包含以下六个小节：

第一节：在简单的几何图形的教学中加强初中学生几何推理能力的诊断与培养教学的实践与思考案例分析与教学点评，由张艳芳、王志芳、龙艳君、李晓明、马国富、孟智伶、王亚凤撰写。

第二节：在观察、猜想与证明的教学中加强初中学生几何推理能力的诊断与培养教学的实践与思考案例分析与教学点评，由王志芳、张海涛撰写。

第三节：在三角形的教学中加强初中学生几何推理能力的诊断与培养教学的实践与思考案例分析与教学点评，由白悦琳、李雪梅、侯海全、周子夏、黄丽、宋国强、王建、孙宝英、闫开疆、杨春霞、王志芳撰写。

第四节：在四边形的教学中加强初中学生几何推理能力的诊断与培养教学的实践与思考案例分析与教学点评，由王雪霞、董文艳、曹锁、孙宝英、王志芳、勾振齐、卢爽撰写。

第五节：在相似形的教学中加强初中学生几何推理能力的诊断与培养教学的实践与思考案例分析与教学点评，由王莹、孙立萱、曹锁、黄丽、王志芳撰写。

第六节：在圆的教学中加强初中学生几何推理能力的诊断与培养教学的实践与思考案例分析与教学点评，由王志芳、张艳撰写。

全书由王志芳、侯海全统稿，由王志芳整理归纳，由于水平和能力有限，书中难免有不足之处，欢迎广大读者批评指正。

王志芳

2021 年 5 月 13 日

目 录

第一章 加强初中学生几何推理能力的诊断与培养教学的意义......001
    第一节 从学生的角度看......001
    第二节 从教师的角度看......005
    第三节 从理论的角度看......006
    第四节 从课标的角度看......008
    第五节 从教材的角度看......013

第二章 加强初中学生几何推理能力的诊断与培养教学的理论依据......018
    第一节 几何推理能力的概述......018
    第二节 政策依据......023
    第三节 理论依据......024
    第四节 能力要求......034

第三章 加强初中学生几何推理能力的诊断与培养教学的实践与思考案例分析与教学点评......035
    第一节 在简单的几何图形的教学中加强初中学生几何推理能力的诊断与培养教学的实践与思考案例分析与教学点评......035
    第二节 在观察、猜想与证明的教学中加强初中学生几何推理能力的诊断与培养教学的实践与思考案例分析与教学点评......078
    第三节 在三角形的教学中加强初中学生几何推理能力的诊断与培养教学的实践与思考案例分析与教学点评......093

第四节　在四边形的教学中加强初中学生几何推理能力的诊断
与培养教学的实践与思考案例分析与教学点评..................164

　　第五节　在相似形的教学中加强初中学生几何推理能力的诊断
与培养教学的实践与思考案例分析..................212

　　第六节　在圆的教学中加强初中学生几何推理能力的诊断
与培养教学的实践与思考案例分析与教学点评..................234

参考文献..................251

后　　记..................255

第一章　加强初中学生几何推理能力的诊断与培养教学的意义

第一节　从学生的角度看

对于初中生来说，他们的几何基础知识储备不足，缺少生活经验和空间想象能力，很难形成严谨的几何推理思维，但学生的身心处于迅速发展的阶段且具有较强的可塑性和一定的发展性。同时，这个阶段的学生有强烈的好奇心和求知欲，具有向师性，特别是对于教师板书的书写方式，有很强的模仿能力。此外，根据皮亚杰认知发展理论可知，初中生思维处于形式运算阶段，其思维开始具有一定的概括能力和逻辑推理能力，是学生从合情推理到演绎推理发展的重要时期。因此，把握学生身心发展的关键期十分重要，这样可以短时高效地培养学生的几何推理能力。

学生是学习的主体，教师是学生学习的组织者、引导者和合作者。首先，教师面对面、一对一地跟学生沟通交流，对不同层次的学生抛出相同的几何推理问题，让学生先尝试自己解决，然后帮助学生分析几何推理过程中的障碍并引导学生思考，提出具体解决方法。此外，还可引导学生尝试一题多解，在教授学生几何分析方法的同时培养学生良好的学习习惯，进而提升学生的思维品质。其次，对选取的学生进行习题测试，然后运用科学专业的试卷分析系统进行数据收集分析，了解学生推理过程中的不足，对学生在几何推理过程中遇到的问题进行归纳，总结易错点，避免同类问题反复出现。然后，教师通过观察学生的听课状态、对几何问题的叙述及思维过程的描述，了解学生文字语言、符号语言、图形语言互相转换的问题，培养学生基本的几何语言表达能力，为合情推理过渡到演绎推理做铺垫。最后，指出学生在几何推理过程中遇到的障碍和问题，有助于学生了解自己，清楚自己几何推理能力的发展水平以及存在的优势与不足，从而进一步提高自己的几何推理能力。

　　随着时代的发展和科技的进步，社会越来越需要全能型人才和创新型人才，而不断地进行数学学习、培养学生的几何推理能力，可以促进学生核心素养的发展，活跃学生的思维，培养学生的应用意识和创新意识，既为物理、化学、生物等其他学科的学习奠定基础，也为学生以后的学习工作和生活打下坚实的基础。

　　在国内，李红婷的相关研究结论可以成为诊断学生几何推理能力的依据。直观推理是建立在直观和实验基础上的推理技能，可分为形象识别、实验验证、直观感知，它们都是基于图形直观做出的判断或推理。比较典型的直观推理有三种：第一种是通过形象识别做出判断，即看上去像；第二种是操作性精确判断，即通过实验验证是正确的；第三种是模糊的判断，根据图形表象联想，即仔细想一下是这样的。从学生在直观推理活动中运用不同技能的先后顺序来看，直观推理发展的基本流程是形象识别—实验验证—直观感知。语言描述推理主要表现为，在掌握推理规则的基础上，综合运用图形、文字、符号语言表达推理；关系推理是建立起对象及其性质间、对象与对象间多种关联的推理，学生在关系探寻中发现和理解这些关系，建立解决问题的关系网络；形式逻辑推理是在关系推理的基础上进行模型化提炼和形式逻辑表达。以上几种推理方法可以成为诊断学生推理能力的依据，具体的内涵还需要结合具体的内容进行解释。

　　学生几何思维发展的过程主要有视觉层次（水平0）、分析层次（水平1）、非形式演绎层次（水平2）、形式逻辑层次（水平3）以及严密性系统几何思维层次（水平4）这五个水平。大多数初中生已经达到水平0和水平1，即能通过整体轮廓辨认图形，并能操作其几何构图元素（如边、角）；能画图或仿画图形，使用标准或不标准名称描述几何图形；能根据对形状的操作解决几何问题；能分析图形的组成要素及特征，并依此建立图形的特性，利用这些特性解决几何问题，但无法解释性质间的关系，也无法了解图形的定义；能根据组成要素比较两个形体，利用某一性质做图形分类等。有一少半的初中生能达到非形式化的演绎水平，即能建立图形及图形性质之间的关系，可以提出非形式化的推论，了解建构图形的要素，能进一步探求图形的内在属性和包含关系，能使用公式、定义及发现的性质做演绎推论。只有少数初中生处于形式的演绎水平，即了解证明的重要性和"不定义元素""定理"和"公理"的意义，确信几何定理是需要通过形式逻辑推演才能建立的，理解解决几何问题必须具备充分或必要条件；能猜测并尝试用演绎方式证实其猜测，能够以逻辑推理解释几何学中的公理、定义、定理等。

这几个几何推理的水平并不是互相孤立的，水平0和水平1的发展可促进水平3和4的发展，反过来水平3和水平4的发展可反作用于水平0和1，因此需要诊断不同的初中生现有的几何推理能力的发展水平，有针对性地培养和提升学生的几何推理能力，因材施教，使每个学生都能在数学上得到不同程度的发展。从总体上说，学生的几何推理能力是一个动态的过程，是一个思维的实验过程，是数学真理的抽象概括过程，而初中学生几何推理能力的诊断与培养是这个过程的一种自然结果。

波利亚在他的《数学与猜想》一书中指出，"数学被人看作是一门论证科学。然而，这仅仅是它的一个方面，以最后确定的形式出现的定型的数学，好像是仅含证明的纯论证性的材料，数学的创造过程与任何其他知识的创造过程是一样的，在证明一个数学定理之前，你要先猜测这个定理的内容，在你完全做出详细证明之前，你要先推测证明的思路，把观察到的结果加以综合然后加以类比。你要一次又一次地进行尝试。数学家的创造性工作成果是论证推理，即证明，但是这个证明是通过合情推理和猜想而发现的。只要数学的学习过程稍能反映出数学的发明过程，就应当让猜测、合情推理占据适当的位置"。正是从这个角度，我们说数学的确定性是相对的、有条件的，实际上是突出了初中学生几何推理能力的诊断与培养研究中观察、实验、分析、比较、类比、归纳、联想等思维过程的重要性。

本书旨在调查学生几何推理动机以及几何思维水平现状，在了解学生现有水平的基础上培养学生的推理能力。一方面，通过了解初中生几何推理动机的现状可以从中分析基于兴趣、信念、归因、目标、伙伴这五个方面的因素对学生几何动机的影响；另一方面，帮助教师更细致地了解产生倦怠的原因，激发学生的学习动机，消除学生消极的学习态度，有针对性地培养学生的推理能力。

总得来说，数学几何推理需要学生大胆猜想，小心求证。大多数学生能够准确猜想，但求证的思路并不清晰，常常无从下手，不能理解几何概念和基本的几何语言。初中学生目前还达不到从合情推理到演绎推理的演讲水平，所以培养学生的几何推理能力迫在眉睫。教师要在教学过程中借助典型的几何推理题目，发现学生几何推理能力的困难与障碍，诊断学生几何推理能力，渗透数学方法，帮助学生形成几何知识模块和相应的解决模式，分层次、分步骤地提高学生进行复杂推理的能力，激发学生的学习兴趣，建立学生互助小组。学困生中多数对推理能力表述不清楚，造成运算能力、几何证明、符号意识等出现障碍。通过分析发现造成学生困惑的原因如下：不理解几何概念、不认识几何图形、数学语言书写逻辑关系混乱、应用数学意识淡薄等。

我们课题组在研究的过程中经历了从基于理论的一题多解到基于理论的尝试的阶段。最终我们认识到：与其说我们是在教授"三角形"的知识，不如说我们是在教几何的分析方法；与其说我们是在教几何的分析方法，不如说我们是在培养学生的学习习惯；与其说我们是培养学生的学习习惯，不如说我们是在培养学生的思维品质。

几何推理贯穿数学学习的整个过程，"几何学的教育功能中最有魅力之处，恰恰在于它在培养逻辑思维能力方面独领风骚"，推理能够拓展人们的思维视野，使学生养成严谨的思维习惯。要提高学生的推理能力，必须转变学生对推理的消极态度，初中阶段学生推理能力的培养主要依赖课堂教学，因此要转变学生的消极态度要从课堂入手，在课堂教学中发挥学生主动性，实现课堂上角色的转变，让学生基于自身学习兴趣进行几何推理的学习，从高深的形式逻辑推理的"象牙塔"中走出来，联系生活实际，转变学生对推理的消极态度，提升自身对数学的爱好程度，增强几何推理能力。

初中学生正处于形象思维向抽象思维过渡的关键时期，传统几何体系处于封闭状态，学生仅仅只是进行单一的证明演练，要学生进行有理有据的推理证明、精准表达推理过程是非常困难的，所以发展学生几何推理能力迫在眉睫，但对于教师教学而言，从简单的推理逐步发展到间接复杂的推理，再到形式逻辑推理的过程仍然难以把握。因此，要从实际情况出发，根据学生在几何学习中遇到的困难提出相应的教学建议，帮助教师对课堂教学进行适当的调整，以改善教学效果，使学生的认知结构得以优化，调控学生的解题策略，提高学生的思维水平。

初中学习的平面几何是高中学习立体几何的基础，只有初中的平面几何学好了，才能进一步学习高中立体几何。在高中，许多立体几何题的解答都会用到初中平面几何的知识。在传统的平面几何课程教学中，主要是让学生熟练掌握"已知——求证"式的几何证明，教师对几何推理的教学也仅限于结构良好的问题，一般引导学生通过模仿或者按照特定的规则解决问题。但是，在日常生活与未来发展中充满着结构不良的问题，如果教师只呈现结构良好的问题，那么对学生高中几何学习乃至未来发展都是不利的。因此，教师要提高对推理教育价值的认识，为学生进一步学习乃至未来发展打下坚实的基础。

推理不仅在数学研究中具有发现知识、探索真理的作用，还能够帮助学生探索解题思路，解决一些较为复杂的问题。初中阶段是学生生理和心理快速生长和发育的时期，但是心理发育呈现不稳定状态，因此在教学过程中，要激发学生的学习兴趣，满足初中学生认知发展的需要，以为学生形成健康的学习心理、健全的人格以及未来人生发展奠定基础。逻辑推理的重要性也让更多的教育工作者意识到要加强对推理动机的探究和课堂教学的重视，依照课程标准对推理的要求，进一步促进学生推理能力的发展。

教学活动是师生共同参与的过程。在这个过程中，学生作为主体，教师作为指导者，共同促进教学相长。本研究对学生的几何推理能力现状以及影响学生几何推理能力发展的原因进行分析，有利于学生认识自己在推理能力上有哪些不足，进而改变学习方法。这可以在一定程度上帮助学生学习，提高学生学习的效率。

第二节　从教师的角度看

教师首先要读懂课标，即课标对学生几何推理能力的要求；其次，读懂教材，即深挖教材中基本的几何知识和几何语言等，深挖教材背后隐藏的对学生能力的要求；最后，教师要有效关注学生、了解学情，根据对学生几何推理能力的诊断，深入了解学生几何推理能力的发展水平，了解学生的几何推理能力难以提高的困难与障碍，从而找出自身教学的优点与不足，及时调整自己的教学方法和策略，用专业的知识和方法帮助学生渗透几何推理的思想和方法，提高学生的几何推理能力，更好地落实推理能力这一核心素养，逐步形成动态的教学生态系统。

教师在实际教学中发现初中学生对几何学习存在恐惧感，普遍认为几何比较难学。同时，教师认为几何课比较难上。因此，这项研究将以初中生为研究对象，深入探讨几何应该如何学、如何教，如何促进学生的几何学习、促进思维发展，尝试提出一些有针对性的几何学与教的建议，进一步丰富中学生几何学习和教师几何教学的建议。

教师通过课题成员间的讨论交流，根据以往的教学经验和与之相关的文献材料，科学地对初中学生的几何推理能力进行培养；通过课题成员撰写论文、案例集，总结提升基于数学核心素养下的初中学生几何推理能力的诊断与培养，形成有效的经验，予以推广，并进一步促进教师专业化的发展，服务课堂教学。

本研究结合对初中学生几何推理能力的诊断和研究的结果，形成相关的几何推理教学设计，为其他一线教师和新教师的教学提供较为科学的理论依据和实践依据。同时，提供具有一定启发意义的几何推理教学建议，在某种程度上促进学生数学推理能力的发展，丰富教学理论，更好地落实核心素养。

教师要想逐步提高学生的几何推理能力，要从三方面入手。首先，要让学生掌握最基本的几何语言材料，具体包含以下内容：①理解并掌握相关知识点的基本概念、相关性质、定理。②要掌握各种几何语言符号。③要掌握最基本的推理格式。每一步都是有理有据的合情推理。其次，要教授学生分析方法。从条件入手进行推理，简称由因导果法，或者由问题入手逆推到题中所给的条件，简称持果索因法，学生不仅要掌握基本的分析方法，更应该能够综合运用各种分析方法，灵活地进行推理证明。最后，要培养学生缜密的思维习惯。要求学生审题认真，不忽视任何一个条件，识图要仔细，能从图形中挖掘隐含条件，寻找解题方法；推理证明不跳步、不重复，符合逻辑。

教师作为教育的领跑者，其教学方式对学生的学习态度、数学能力的培养起着不可替代的重要作用。面对当今的课改，教师要改变自己的教学方法，将提升学生的学科素养与教学实践结合起来。本研究中提出的培养几何推理能力的教学方法，可以为一线教师改变教学方法提供参考，从而提高教师的教学效率。

第三节 从理论的角度看

范·希尔几何思维水平理论是几何教学的一个基本理论框架，在理论诞生的早期，主要是思维水平的实证工作，后来该理论扩展到几何教学的许多方面。国外对几何思维水平理论的研究已取得了很多成果，但由于范·希尔几何思维水平的应用主要在数学教学层面，而我国的中学几何教学与其他国家差异较大，应用范·希尔几何思维水平考察我国中学生的几何学习情况是有必要的，本研究可丰富范·希尔几何思维水平理论在国内的应用。

几何推理教学是几何教学的重要组成部分，学生几何推理能力的发展是几何教学的重要目标。从教学的角度思考几何推理方式、内容及其组织，有利于丰富学生几何推理能力发展的相关理论研究。已有研究普遍认识到几何推理的价值与功能，关注几何具体内容的推理教学，但在理论高度上的认识不够。在阅读相关文献和思考的基础上解释清楚几何推理的内涵、分类、方式与进程，有利于教师把握几何推理的学科本质。几何推理的教学需要有一定的教学方法与教学目标作指导，通过课标分析明确几何推理的教学价值与目标，通过教材分析明确几何推理的教学内容及组织，并基于课标和教材分析，明确几何推理能力的发展目标与教学原则，深化教师对几何推理的理论认识。综上所述，初中生几何推理能力诊断和教学的相关理论的研究，可进一步促进学生几何推理能力的发展。

学生几何推理能力的培养最终要落实到具体的教学中，本研究的目的是在了解学生的几何推理能力发展现状后进行问题与原因分析，并据此提出具有一定启发意义的教学建议。学生几何推理能力的现状在一定程度上反映出几何教学中存在的一些不足，通过对学生测试问卷的文本进行深入分析，可以发现学生几何推理能力发展中存在的问题并分析问题背后存在的内在与外在的原因。基于问题与原因分析，并联系课标和教材文本的分析，发现几何教学中有待改善和可以进一步提升的空间，从而向一线教师提供具有一定启发意义的几何推理教学建议。

在数学概念和性质形成的过程中，一般要先猜想，再证明其合理性。而合情推理是从已有的事实入手，凭借经验和直觉，通过归纳和类比等推测并判断其结果。在处理问题时，合情推理主要是探索思路、发现结论，教师在教学过程中引导学生观察、联想、归纳、猜测，进而得到数学定理和公式，说明数学教学应有合情推理的参与。

"图形与几何"模块主要是提高学生的几何直观、空间观念和推理能力，并且"图形与几何"内容丰富多彩，技巧性更强，不仅是中学数学的基本组成部分更是重要内容，与学生推理能力的培养密切相关。因此，本书研究学生的几何推理能力以"图形与几何"为例。根据皮亚杰的认知发展理论，初中学生的数字学习处在形式运算阶段，这部分个体推理能力可以从多个维度进行思考，且以命题形式进行，还可以找到命题之间的关系，其思维水平已接近成人的水平，所以立足"图形与几何"模块，调查初中学生的几何推理能力，结果会更加具体。

在中学阶段，学生开始从具体的形象思维向抽象逻辑思维发展，而笔者之前与学生接触时发现很多学生从七年级开始对数学越来越不感兴趣，成绩逐渐下滑，七年级学生刚接触证明，处于学习的婴儿期，八年级学生是学习推理能力的关键期，处于学习的成长期，所以通过调查当前初中生在"图形与几何"方面合情推理的能力程度，考查学生能否达到《义务教育数学课程标准（2011年版）》所要求的层次，分析学生几何推理能力提高过程中存在的不足，以及影响几何推理能力的因素，为教学提出意见和建议。除此之外，深入系统地研究几何推理能力的文章较少，因此研究初中学生几何推理能力以"图形与几何"内容为主。

我国数学家杨乐院士曾经说过："但凡是投身于数学学科教育或研究的人，都会感谢自己中学时所受过的严密的几何推理训练，这好像不太容易寻觅到第二种更合适的方法来替代它。"的确如此，学习几何推理是广大中学培养学生逻辑思维能力的不二选择，也是推进学生智力发展的十分重要的手段，它能促使学生以创造者的角度去探索和发现新知，这将使学生的内心获得极大的满足，进而激发他们对数学的兴趣，提升数学学习的自主性。但截至目前的研究中，关于数学推理的价值、形式逻辑等一类理论研究，由于脱离了现实，难以在数学课程中加以有效实施。因此，我们有必要深入一线教学进行调研，调查初中生数学推理能力发展的现状，并根据其认知发展的顺序，提出相对应的有效教学策略，这对几何教学的进一步发展无疑起到了积极的引领作用，为几何教学的改革提供了一定的参考。

人才培育的主要路径就是在教学中将核心素养的培养落实到位。本研究通过对初中生几何推理能力的现状调查以及因素分析，给出了培养几何推理能力的教学方法，丰富了现阶段的教学理论。

第四节 从课标的角度看

《义务教育数学课程标准（2011年版）》中指出："推理能力的发展应贯穿于整个数学学习过程中。"推理是数学的基本思维方式，也是人们学习和生活中经常使用的思维方式。

推理能力是《义务教育数学课程标准（2011年版）》中10个核心概念之一，

因此教师应注重发展学生的推理能力。而从目前的研究中所获得的关于促进学生数学推理能力的一些经验，由于缺少了相关理论知识的支撑，在生搬硬套中变成了固定的模式，让学生错失了在不同年龄阶段选择和发展不同推理方式的机会。因此，我们有必要结合理论，重新审视初中几何教学，进一步研究初中生几何推理能力的现状及其教学策略。

"数学学科核心素养是数学课程目标的集中体现"，反映出数学学科核心素养在数学课程目标中的重要地位。如何将数学课程目标与实际教学完美结合，是教育工作者需要思考的问题。本研究对学生逻辑推理素养现状的调查可以让一线教师对学生逻辑推理素养水平现状有所了解，从而掌握学生的学习情况。教师在了解初中生几何推理能力现状的基础上，再进行数学课程目标设置，是取得教学成功的先决条件。

新课改的到来，给教材编写者以及试题命题者带来了新的思考与挑战。为了适应新课改，教材的编写和试题的命题也需要进行更新。例如，2018年的高考数学试题就较以往的命题方式发生了变化，这是促进核心素养发展的重要方式，2015—2020年北京中考命题方式也在不断变化，本书的研究旨在为数学教材的编写、数学考试命题提供参考。

《义务教育数学课程标准（2011年版）》中对合情推理和演绎推理都有详细的阐述，说明在义务教育阶段发展学生的推理能力具有重要的现实意义，其不仅能够为学生数学学科能力发展和未来生活奠定推理能力基础，对学生的理性思维品质和理性精神的培养也具有重要意义。话虽如此，但学生是人，不是机器，他们是能动的、进行自由活动的独立个体，并不是告知学生推理能力至关重要，学生就具备这样的能力。因此在教学过程中，教师要适当引导，激发学生的几何学习动机，注重学生推理能力的培养。

在国际数学课程改革中，初中生几何课程的改革始终是一个有争议的问题，其中几何推理成为焦点。新课改章程中强调：初中生推理能力的发展要落实于几何教学中。但是，几何推理到底如何去发展依然是一线教师面临的一大困扰。因此，无论从理论上讲，还是实践上讲，本研究毋庸置疑有着重要的研究意义。

本研究正是对初中学生从合情推理向演绎推理过程中出现的难点进行有效的诊断，从而在教学中有针对性地培养的过程。学生通过这个过程可以实现几何推理能力的提升，从而提升数学核心素养。

数学的学习并不是断裂式的而是螺旋上升的，几何知识之间有其内在的联系和区别，初中生几何推理能力的发展与小学几何知识的学习密切相关，同时为高中几何推理能力的发展奠定了基础，并在一定程度上影响了学生高中几何推理能力的发展。例如，学生在小学阶段就知道三角形的内角和为180°，初中之后又学习到这个知识，这就要求学生不仅仅是通过剪一剪、拼一拼、画一画得出结论，而是进一步引导学生运用所学的平行线的性质去推导和证明结论。

课标中对初中生几何推理能力的要求如下：

（1）点、线、面、角

①通过实物和具体模型，了解从物体抽象出来的几何体、平面、直线和点等。

②会比较线段的长短，理解线段的和、差，以及线段中点的意义。

③掌握基本事实：两点确定一条直线。

④掌握基本事实：两点之间线段最短。

⑤理解两点间距离的意义，能度量两点间的距离。

⑥理解角的概念，能比较角的大小。

⑦认识度、分、秒，会对度、分、秒进行简单的换算，并会计算角的和、差。

（2）相交线与平行线

①理解对顶角、余角、补角等概念，探索并掌握对顶角相等、同角（等角）的余角相等、同角（等角）的补角相等的性质。

②理解垂线、垂线段等概念，能用三角尺或量角器过一点画已知直线的垂线。

③理解点到直线的距离的意义，能度量点到直线的距离。

④掌握基本事实：过一点有且只有一条直线与已知直线垂直。

⑤识别同位角、内错角、同旁内角。

⑥理解平行线概念；掌握基本事实：两条直线被第三条直线所截，如果同位角相等，那么这两条直线平行。

⑦掌握基本事实：过直线外一点有且只有一条直线与这条直线平行。

⑧掌握平行线的性质定理：两条平行直线被第三条直线所截，同位角相等。了解平行线性质定理的证明。

⑨能用三角尺和直尺过已知直线外一点画这条直线的平行线。

⑩探索并证明平行线的判定定理：两条直线被第三条直线所截，如果内错

角相等（或同旁内角互补），那么这两条直线平行；探索并证明平行线的性质定理：两条平行直线被第三条直线所截，内错角相等（或同旁内角互补）。

⑪了解平行于同一条直线的两条直线平行。

（3）三角形

①理解三角形及其内角、外角、中线、高线、角平分线等概念，了解三角形的稳定性。

②探索并证明三角形的内角和定理。掌握它的推论：三角形的外角等于与它不相邻的两个内角的和。证明三角形的任意两边之和大于第三边。

③理解全等三角形的概念，能识别全等三角形中的对应边、对应角。

④掌握基本事实：两边及其夹角分别相等的两个三角形全等。

⑤掌握基本事实：两角及其夹边分别相等的两个三角形全等。

⑥掌握基本事实：三边分别相等的两个三角形全等。

⑦证明定理：两角分别相等且其中一组等角的对边相等的两个三角形全等。

⑧探索并证明角平分线的性质定理：角平分线上的点到角两边的距离相等；反之，角的内部到角两边距离相等的点在角的平分线上。

⑨理解线段垂直平分线的概念，探索并证明线段垂直平分线的性质定理：线段垂直平分线上的点到线段两端的距离相等；反之，到线段两端距离相等的点在线段的垂直平分线上。

⑩了解等腰三角形的概念，探索并证明等腰三角形的性质定理：等腰三角形的两底角相等；底边上的高线、中线及顶角平分线重合。探索并掌握等腰三角形的判定定理：有两个角相等的三角形是等腰三角形。探索等边三角形的性质定理：等边三角形的各角都等于60°，以及等边三角形的判定定理：三个角都相等的三角形（或有一个角是60°的等腰三角形）是等边三角形。

⑪了解直角三角形的概念，探索并掌握直角三角形的性质定理：直角三角形的两个锐角互余，直角三角形斜边上的中线等于斜边的一半。掌握有两个角互余的三角形是直角三角形。

⑫探索勾股定理及其逆定理，并能运用它们解决一些简单的实际问题。

⑬探索并掌握判定直角三角形全等的斜边、直角边定理。

⑭了解三角形重心的概念。

（4）四边形

①了解多边形的定义，多边形的顶点、边、内角、外角、对角线等概念；

探索并掌握多边形内角和与外角和公式。

②理解平行四边形、矩形、菱形、正方形的概念，以及它们之间的关系；了解四边形的不稳定性。

③探索并证明平行四边形的性质定理：平行四边形的对边相等、对角相等、对角线互相平分。探索并证明平行四边形的判定定理：一组对边平行且相等的四边形是平行四边形；两组对边分别相等的四边形是平行四边形；对角线互相平分的四边形是平行四边形。

④了解两条平行线之间距离的意义，能度量两条平行边线之间的距离。

⑤探索并证明矩形、菱形、正方形的性质定理：矩形的四个角都是直角，对角线相等；菱形的四条边相等，对角线互相垂直。以及它们的判定定理：三个角是直角的四边形是矩形，对角线相等的平行四边形是矩形；四边相等的四边形是菱形，对角线互相垂直的平行四边形是菱形。正方形具有矩形和菱形的一切性质。

正方形具有矩形和菱形的一切性质。

⑥探索并证明三角形的中位线定理。

（5）圆

①理解圆、弧、弦、圆心角、圆周角的概念，了解等圆、等弧的概念；探索并了解点与圆的位置关系。

②探索并证明垂径定理：垂直于弦的直径平分弦以及弦所对的两条弧。

③探索圆周角与圆心角及其所对弧的关系，了解并证明圆周角定理及其推论：圆周角的度数等于它所对弧上的圆心角度数的一半；直径所对的圆周角是直角；90°的圆周角所对的弦是直径；圆内接四边形的对角互补。

④知道三角形的内心和外心。

⑤了解直线和圆的位置关系，掌握切线的概念，探索切线与过切点的半径的关系，会用三角尺过圆上一点画圆的切线。

⑥探索并证明切线长定理：过圆外一点所画的圆的两条切线长相等。

⑦会计算圆的弧长、扇形的面积。

⑧了解正多边形的概念及正多边形与圆的关系。

（6）尺规作图

①能用尺规完成以下基本作图：作一条线段等于已知线段；作一个角等于已知角；作一个角的平分线；作一条线段的垂直平分线；过一点作已知直线的垂线。

②会利用基本作图作三角形：已知三边、两边及其夹角、两角及其夹边作三角形；已知底边及底边上的高线作等腰三角形；已知一直角边和斜边作直角三角形。

③会利用基本作图完成：过不在同一直线上的三点作圆；作三角形的外接圆、内切圆；作圆的内接正方形和正六边形。

第五节　从教材的角度看

北京课改版教材共有六册，共计二十六章的内容，其中几何部分占十章，几何推理部分主要内容有立体图形和平面图形的一一对应，角平分线的定义，两条直线平行的性质定理和判定定理（初一）、三角形的性质、三角形中的主要线段，全等三角形的判定，等腰三角形的性质和判定，直角三角形的性质定理，角平分线和垂直平分线的性质，勾股定理及其逆定理，平行四边形和特殊的平行四边形的性质与判定，三角形中位线定理（初二）、平分线分三角形两边成比例，相似三角形的性质与判定，解直角三角形，圆的概念及直线与圆的位置关系，图形的变换（初三）等。初一学生需要掌握的几何知识如下：认识基本的平面图形（点线面、三角形、正方形、矩形、梯形、平行四边形、五边形、六边形）和立体图形（棱柱——三棱柱、四棱柱，棱锥——三棱锥、四棱锥，圆柱，圆锥），能画出这些图形并用简单的图形和符号语言表示；能认识某些立体图形的展开图，能将展开图还原成相应的立体图形，能画出从不同方向观察的立体图形；理解角平分线的定义并运用角平分线的性质解决简单的几何问题；理解两条直线的位置关系，会画相交线和平行线。

几何和代数是数学课程的两个组成部分，两者的地位不相上下，几何也有着自己无可替代的教育价值。鲍建生曾对几何的教育价值做了以下五点归纳。

（1）几何有利于形成科学世界观和理性精神。对初中生几何思维水平的调查研究表明，几何的学习过程是从具体到抽象，从具体的事物出发运用理性推理、抽象思维推断出结论，并且有些结论可以精确地用于某些领域，在这个过程中人们可以感受到数学的正确性，有利于形成科学的世界观和人生观。

（2）几何有利于培养良好的思维习惯。几何教学的步骤就是观察问题、发现问题、解决问题、论证问题，从而让学生养成说理严谨、说理有据的良好思维习惯。

（3）几何有利于发展逻辑推理能力和演绎推理能力。几何对逻辑推理能力和演绎推理能力的培养和发展有着毋庸置疑的作用。几何学习是从观察事物、了解事物开始的，通常是学生先接触身边的具体的事物对象，有了对图形的整体印象后才开始对图形的特征、图形所包含的元素进行具体分析，不同的几何学习过程会使学生感受到不同的几何结构，然后慢慢发展推理能力。

（4）几何能为各种水平的创造活动提供丰富的素材。几何活动常常包含创造活动的各个方面，从进行猜想、提出假设、进行证明、发现特例和反例，到最后形成理论，这些过程在各种水平的几何活动中都可以被发现，所以说几何为各种创造性活动提供了丰富的素材。

（5）几何可以作为各种抽象数学结构的模型。许多重要的数学理论（如希尔伯特空间、拓扑学、测度论、群论、格论、微分几何和代数几何等）都可以通过几何的途径以自然的方式组织起来，或者从几何模型中抽象出来，所以说几何可以作为各种抽象数学结构的模型。

综上所述，几何有着独一无二的教育价值，而这些教育价值的实现取决于学生的几何思维水平，所以对学生几何思维水平现状的研究是很有必要的。从现实方面出发，几何在人类漫长的发展历程中也起着非常重要的作用，作为一种实际工具，人们可以利用它解决各种各样的实际问题。虽然课程改革对几何课程内容进行了大刀阔斧的修改，使几何逐渐趋向实用，淡化了演绎证明，但是通过研究北京市这几年的中考数学发现，几何还是占了很大的比重。由此可见，我国的教育部门并没有放松对学生几何学习成果的检验，所以对学生几何思维水平的调查也是很有必要的，我们可以根据调查的结果分析原因，并对教师的教学以及学生就几何阶段的学习提出建设性的意见，提高学生的几何思维能力和几何学习成绩。

由此可见，几何推理在初中数学中占据着举足轻重的地位，诊断学生的几何推理能力发展现状有助于深入了解学生、了解学情、精准找出学生的障碍与困难，为教材的修订提供参考，进一步完善教材的细节及顺序，顺应学生思维的过程，为学生排除障碍，尽量避开易错点，为培养初中生几何推理能力奠定坚实的基础，进而系统地归纳总结教材中几何推理的相关知识。

总得来说，7—9年级几何课程改革始终是国内外基础教育数学课程改革中具有争议的问题，而几何推理论证是争议的焦点。新一轮基础教育数学课程改革，带来了几何课程理念、内容的变革，强调了在几何课程中发展学生的推理能力，但怎样进行几何推理教学仍困扰着广大一线教师，本研究选择7—9年级学生几何推理能力发展及其教学研究为主题，无疑具有重要的理论研究意义和实践研究价值。

第一，有关几何推理的研究可概括为宏观理论研究和微观教学实践经验总结两个层面，但缺乏理论与实践相结合的中观层面的研究。理论研究中关于几何观念、思维、推理价值、形式逻辑等研究，因脱离实践，难以应用到教学中；实践研究中获得的经验模式，因缺乏一定的理论支撑，在机械化套用中易变成僵化的教条。本研究在深入调研的基础上，沿着学生几何推理能力发展的认知顺序，提出7—9年级学生进行几何推理的主要推理方式及特征，指出了不同年级学生几何推理能力发展的差异性，提出了几何推理层级结构框架，进而提出了以系统地发展学生几何推理能力为主线的层级教学设计思路，是理论和实践相结合的研究，对几何推理能力发展及其教学研究具有一定的理论参考价值，对几何课程标准和教材的进一步修订提供了参照，对教师有效开展几何教学实践起到了积极的引领和指导作用。

第二，综观国内外有关研究，着眼于局部或环节的经验研究较多，缺乏整体性、系统性的研究。皮亚杰和范·希尔夫妇对学生思维水平的描述是整体的和定性的，但因各有其局限性和非本土研究，难以直接用于指导我国教学实践。在新一轮基础教育数学课程改革中，针对教师们普遍感到困惑的几何推理教学开展系统的研究，在借鉴国内外整体和部分研究的基础上，密切结合教学实践，采用定性和定量研究相结合的方法，系统地探寻学生几何推理能力发展的规律性，并依此建构几何推理层级发展模型，提出几何层级教学设计思路，是一项具有本土化特色和现实意义的整体性、针对性研究。

第三，在传统教学中，教师按照"证明预备—证明入门—证明发展"三个阶段，围绕培养学生形式逻辑推理能力组织教学，往往错过了在不同阶段发展学生灵活选择和运用多种推理方式发展综合推理能力的机会。新课程教材压缩了几何证明的内容，强化了几何说理和推理，将有利于发展学生的综合推理能力，但有些教师机械地按照教材的进度进行教学，教学效率不高，学生考试成绩下降，因而出现了教师围绕教学内容撒网式寻找大量的相关或不相关的题目让学生练习，导致教师教的辛苦、学生学的疲惫，但学习效率却仍然不高的情况。本研究沿着学生认知发展顺序构建几何推理能力发展系统，并提出了相应的教学程式和组织策略，能够帮助教师按照几何课程内容的展开顺序，系统地思考和实施几何推理教学设计，把握促进学生几何推理能力发展的核心要素，有计划、有目的地促进学生推理能力的发展。

第四，有助于重难点的突破，培养创新能力。归纳、类比、演绎推理在几何中的应用，需要通过实践教学逐步进行渗透，教师作为掌舵人，应注重对学生几何推理能力的培养。通过归纳、类比、演绎推理，使学生能够对已有知识进行迁移，突破重难点，获得系统知识。归纳、类比、演绎推理的持续使用能够增强学生对类比思想的有效体验，在探索的过程中能够让学生感受知识的再发现，是培养学生创新能力的有效途径。

第五，提高学生解决问题的能力。运用归纳、类比、演绎推理方法教学是一种行之有效的教学策略，对归纳、类比、演绎推理思想的研究能够让学生对知识产生持久的兴趣，并主动接受知识。通过归纳、类比、演绎推理能够更好地让学生将新旧知识关联起来，让学生对知识的掌握更加牢固，知识库更加完善和细化。在迁移旧知识时，学生要进行分析和判断，这个过程就是先思考再收获的过程，从而使思维能够得到发展，解决问题的能力也可迅速提升。

第六，促进思维能力的发展，为教师的教学提供便利。类比的关键在于事物之间的相似性，想要从细枝末节中找出类似处，除了强化人的知识储备，还需要联想和想象，任何事物的发现都不能离开思维的火花，而类比正是点燃火花的火种，通过类比进行再创造更能感受知识的魅力，在这个过程中学生思维能力得到加速催化。几何考查的是推理和证明，对学生的逻辑思维有很高的要求，类比的引入能够帮助学生明确知识之间的关联。比如在学习相似三角形之前我们已经学习过全等三角形，它们之间很多知识都是相连的，二者的性质和判定定理有很多相似之处，把二者对比进行分析，很快就能掌握相似三角形的内容。

对于教师而言，培养学生的创新和实践能力只靠单纯的知识灌输是远远不够的，而归纳、类比、演绎推理为之提供了一条捷径，在教学过程中运用归纳、类比、演绎推理可以提升教学效率，教师在一定的教学情景下，引导学生根据已有经验去发现问题的关联，培养学生类比的思维习惯。一旦学生具有良好的归纳、类比、演绎推理意识，就会自发地对相关知识进行归纳、类比、演绎推理，通过这一过程，将对知识的理解更加透彻，有利于以后对知识的理解和应用。对归纳、类比、演绎推理思想的分析和研究，对其在日常教学中的应用具有一定的理论指导意义。归纳、类比、演绎推理思想的普及对教师的专业素养也是有益处的，其可以让教师从枯燥的知识教学中解放出来，把更多的精力放在钻研教学方法和培养学生的数学思维上，学生思维灵活度越高，对类比的应用度就会越精确，教师的教学也更易如反掌，两者相辅相成，学习效率更高，更利于思维方式的养成。

目前的资料显示，归纳、类比、演绎推理方法在中学数学中的应用还不够成熟，有待进一步挖掘。本书力图对归纳、类比、演绎推理在初中生几何学习中的应用现状进行研究，以此加深学生对其的认识，让学生掌握归纳、类比、演绎推理方法，也给教师的教学提供方向，有利于教师结合学生的实际情况制定出适宜的培养方案。

第二章　加强初中学生几何推理能力的诊断与培养教学的理论依据

第一节　几何推理能力的概述

初中数学主要包括运算和推理两大部分。教材从初一开始,利用几何知识对学生进行系统的逻辑推理的训练。几何知识的教学既是整个初中数学的重点,也是其难点,学生将系统地学习几何知识,并学会用标准的几何语言进行推理、描述与论证,初中学生几何知识掌握得牢靠与否,几何推理能力强弱与否,将直接影响他们今后的进一步学习。

对于初中学生来说,初次接触由合情推理向演绎推理发展的过程,难免会遇到难点,长此以往,就会产生学习数学的畏难情绪。尤其到了初二年级,图形由简单的点、相交线、平行线,发展到三角形、四边形,学生对这些抽象的图形的性质、定理理解起来较为困难。所以,灵活运用这些性质、定理,特别是牵扯到图形的变化,对大多数学生来说,是难上加难。

如果本学龄段知识学得不扎实,那么在未来的学习过程中会产生更大的困难。所以说,要在课堂教学中善于发现学生的认知障碍,并且积极研究障碍产生的原因,进而运用科学的方法予以诊断、培养,从而提高学生掌握知识、运用知识解决问题的能力,有效提升学生的数学核心素养。

数学教学的最终目标是要让学习者会用数学的眼光观察现实世界,会用数学的思维思考现实世界,会用数学的语言表达现实世界。而数学的眼光就是抽象,数学的思维就是推理,数学的语言就是模型。

人们通常用判断描述推理。判断是对事物有所肯定或否定的一种思维形式。推理是从一个或几个已知的判断推出一个或几个新的判断的思维过程。推理由两部分组成：一个是推理的依据，叫作前提；另一个是推出的新判断，叫作结论。

为了便于达成共识，应该对几何推理及其相关概念做出界定，即对概念的明确界定是开展研究的前提，本书的观点是主张在几何中用命题描述推理，并对与几何推理密切相关的合情推理、直觉推理、证明等概念进行阐释。

（1）推理。几何通常用命题表达推理，命题是表达判断的语句。采用命题定义推理，即以一个或几个命题为依据推出一个新的命题的思维过程。命题由概念组成，概念又可用命题来揭示，命题需要经过推理论证才能判断真假。在几何学习中，学生通过推理获得知识并建立起知识间的内在联系。

（2）合情推理。人们通常根据能否具有证"实"的功能，将推理分为合情推理与论证推理两种。前者用来猜想和发现，后者用来证明。合情推理是指根据已有的知识经验，通过观察、实验、归纳、联想、类比、模拟、概括、直觉等做出的合乎情理的推断的思维过程。波利亚是合情推理有力的倡导者，他认为"数学家的创造性工作的结果是论证推理，是一个证明。但证明是通过合情推理，通过猜想而发现的"。

（3）直觉推理。直觉推理是一种快速敏捷的综合推理，既需要综合知识和逻辑推理能力的支持，也需要合情推理的推动。笛卡尔认为在数学推理中的每一步，直觉都是不可缺少的。数学概念的产生、数学问题解决的发展都离不开直觉，以至于人们对各种事件做出判断与猜想都离不开直觉推理。"直觉主要表现为逻辑思维过程的压缩，运用知识组块对当前问题进行分析及推理，以便迅速地发现解决问题的方向和途径"。

（4）证明。数学中的证明是指由一些真实的命题来确定另一命题真实性的思维形式。从逻辑结构上来分析，任何证明都是由论题、论据和论证三部分构成的。要确定其真实性的命题，称为论题；被用来作为论题真实性根据的命题，称为论据。论证是把论题、论据、论证联系起来的推理形式，是由论据推出论题的过程。

事实上，证明过程也是推理的过程，即把论据作为推理的前提，应用正确的推理形式，推出论题的过程。从本质上说，证明就是推理，是一种特殊形式的推理，因此人们有时将其称为论证，反映证明的推理过程时又称为论证推理（或推理论证）。但证明和推理是有一定区别的：首先，从结构上看，推理包含前提和结论两个部分，而证明包含论题、论据、论证三个部分。但是如果将证明中的论题视为已知的，这样论据就相当于推理的前提，论证相当于推理的结论。其次，一个论证可以只包含一个推理，也可以包含一系列的推理；可以只用演绎推理，或只用归纳推理，也可以综合运用演绎推理和归纳推理。最后，从推理和证明的作用来看，推理只解决形式问题，只是断定前提与结论的逻辑关系，而不必断定前提与结论的真实性，也就是说推理所得到的结论具有或然的性质，而证明要求论据必须是真实的，论题经过论证后其真实性是确信无疑的。此外，在证明中，有些论据是事先不知道的，需要深入探索才能获得，这也是证明比推理要困难得多、复杂得多的重要原因。

证明要有真实理由，并且真实理由和所要证明的命题之间具有逻辑上的必然关系，这就要求论题要明确且始终如一、论据要真实且不能靠论题来证明、论据必须能推理论题等。"所谓形式推理是指严格按照形式系统的规则，逐步生成新的定理，直到我们所需要的定理出现为止。这个过程也叫证明。"如果从推理的视角展开研究，应将证明纳入推理范畴，并与形式逻辑推理的称谓不加区别。由此，我们可以从推理是否同时具有真实论题和明确的论证角度考虑，将推理分成形式逻辑推理和非形式逻辑推理，而非形式逻辑推理与合情推理不加区别。此外，人们也习惯将证明称为逻辑推理或逻辑证明。

在传统的几何教学中，推理通常指几何证明中的推理，一般称为论证推理。

论证推理通常是指用一些真实判断确定另一判断真实性的思维过程。每一道几何证明题，都是由已知的条件和求证的结论两个部分组成的。推理证明的任务是根据题目中的已知条件，运用有关的数学概念、公理和定理，进行推理，逐步推出求证的结论。

传统平面几何学科的思维特点是，从少量几条公理出发，经过论证推理，得到一系列定理和性质，建立起几何课程体系。随着数学教育改革的不断深入，现在数学的内容将不断被充实到中小学课程中，传统几何课程内容被进一步压缩，传统的几何逻辑体系内的形式逻辑推理的难度降低，基本的推理成分得到加强。在初中几何课程中不应再追求体系的完整，而应重视几何的直观性与逻辑性相结合，充分利用图形的直观功能，探索图形的性质，突出建立在直观和实验操作基础上的推理成分，从内容和要求上弱化形式逻辑推理的要求，使几何的处理方式更重视现实和学习者经验，并由二维平面扩充到贴近学生生活的三维空间，并采用多样化研究手段（实验操作、测量、动态变化等），强化、发展学生综合推理能力的要求。

"数学是形式化的思维材料，数学家讲究严密的形式逻辑推理，但是学生并不会全部成为数学家，学习数学应该做到适度的非形式化。"（张奠宙等，1993）

几何课程固然能培养学生的形式逻辑推理能力，但更重要的是培养学生自觉运用几何观念、意识和思想方法去观察、分析和解决问题的能力。一切从公理、定理、定义出发进行逻辑推理证明有时是不必要的，甚至不现实的。几何教育的目标应定位于发展包括形式逻辑推理能力在内的综合推理能力，不仅能够为学生学科能力发展和未来社会生活奠定推理能力基础，还有利于培养学生的理性思维品质和理性精神，这需要从简单推理开始，逐步渗透、孕育和强化。

还有这样一个问题，几何课程如何处理形式逻辑材料？有两种处理方法值得注意：其一是立足通俗化了的欧氏公理系统，不追求完备性和最简性，用直观显见性代替某些未列入的公理，同时把公理的产生（经验、直观认识）与它们的逻辑功能区分开来；其二是在开始阶段采用所谓"局部组织"的途径，没有任何形式的要求，也不预先给出任何公理系统，而是通过对几何知识和几何活动的局部组织来发展学生的几何概念和推理，并在适当的时候向学生解释几何的逻辑结构，说明进一步的推理只能运用已知建立的概念和定理。这种局部的组织创造有利于由学生自己来做数学化的工作，有利于逐步获得接近日常推理的那种推理。（鲍建生，2005）

那么，如何进行几何推理教学？《义务教育数学课程标准（2011年版）》对推理能力做了明确的阐述，主要含义是能通过观察、实验、归纳、类比等获得数学猜想，并进一步寻求证据、给出证明或举出反例；能清晰、有条理地表达自己的思考过程，做到言之有理、落笔有据；在与他人交流的过程中，能运用数学语言、合乎逻辑地进行讨论与质疑。推理能力是一个人应具备的重要能力之一，无论是在日常的生活中还是在未来的职业中，每个人都应在思考、交流的过程中做到思维清晰、有条理、合乎逻辑。透过现行课程标准和教科书不难看出，对于推理能力的培养，现行教科书是按照"说点儿理—说理—简单推理—用符号表示推理"等顺序分层次、分阶段渐进安排，运用几何形式逻辑推理方式进行证明也仍被认为是不可缺少的。但如何进行有效教学，仍在很大程度上困扰着广大一线教师。

对于教学操作模型的研究，国外许多专家做了大量的实践探索。

比如 Van Hiele（1986）的五个阶段：第一阶段是信息接受；第二阶段是

加强初中学生几何推理能力的诊断与培养教学的实践与思考

范围定位；第三阶段是明确表述；第四阶段是自由定位；第五阶段是融合。美国杜威（J.Dewar）的反省思维五段式（暗示→问题→假设→推理→验证）；英国华莱士（Wallace）的四段式（准备→孕育→明朗→验证）；美国纽威尔和西蒙（Newell and Simon）的通用问题解决模式和信息加工模式｛问题（刺激）→接纳者（神经系统）→处理者（策略、程式）→记忆→处理者（策略、程式）→作用者（动作技能）→解答（反映）｝。

张奠宙（2006）认为，应该把"模仿、记忆"与"自主、探究"结合起来，"记忆、模仿应该通向理解，在记忆模仿基础上，提倡让学生主动地进行观察、实验、猜想、验证、推理与交流等数学活动"。罗增儒（2001）采用系统、科学的观点描述了数学问题系统和数学方法系统，并应用反馈原理、有序原理及整体原则对解题过程进行分析，此外他还引入了"解题坐标系"概念，将数学知识体系与数学方法体系一在坐标平面上进行刻画，使解题理论上升到了一个新的高度，并具有较强的可操作性。朱德全（1999）按照横向的认知操作系统与纵向的知识内化系统，得出了数学问题解决的"四步再反馈"程式。徐利治（1983）提出了用映射沟通两个或多个不同数学结构中的解题系统，从而揭示了问题化归的本质，在高层次解题策略方面做出了开拓性工作；郭思乐（1991）用四位图去描述解题的思维过程。传统几何教学通常会忽视对几何证明的理解，偏重于证明的技能技巧训练，致使学生认为几何抽象、枯燥和难以理解，从而产生畏难情绪。新课程中的几何在此类问题上有了较大的改善，重视了"说理"和"推理"，对几何证明的把握不再过分地追求证明的技巧和难度，而是重视推理的养成教育，这将有效地降低学生的认知难度，有利于培养学科能力发展所需要的综合推理能力，也有利于掌握未来社会生活所需要的共通的推理技能。但从调研中发现，教师们普遍反映教推理比教几何证明更难以把握，不知道怎么教和教到什么程度。学生的发散思维积极性调动起来了，考试成绩却降下来了。教师们认为，现行教科书内容系统性差、习题和相应的教学资源不具备、缺乏行之有效的教学措施等。课题组从调研中了解到，教师最需要知道每一个阶段该怎么教，教到什么程度，怎样进行有效的教学设计。

有关几何推理教学的研究归纳为如下几个方面。

一是对几何推理的意义和教育价值的高度评价；二是对几何推理的教育的多元化理解；三是几何推理对人的综合素质的影响；四是几何推理教学操作机制的研究。

"观念是影响人们解决问题的一个主要因素。"不同的观念反映出人们不同的立场，决定人们不同的思维方式，所以教师应该基于促进学生可持续发展的教育观念开展系统的研究，确立7—9年级几何推理能力发展研究的总体思路，以及几何推理的教育价值；综合社会、学生、学科等需求要素，形成几何推理能力发展的多元化理解，创建系统的几何推理能力发展体系，突出综合思维能力发展，追求知识的广泛迁移力，为学生学科能力的可持续发展奠基；系统地构建几何推理能力发展体系，走出传统的几何教学固化、封闭的、一味追求几何形式逻辑推理培养的误区，构建一种发展性的、预见性的、系统的几何推理能力发展过程；关注几何推理能力发展过程，深刻地理解在不同学习阶段、不同年龄学生对几何推理的理解状况和推理能力发展的差异性，探索其发展规律和途径，构建面向学习者的、以发展学生推理能力为主线的动态的、循序渐进的几何教学系统；确立以教育学、心理学相结合的研究视角，借鉴教育学、心理学等有关理论和实践研究成果，采用定性和定量研究相结合的方法，探究学生几何推理能力发展的规律性，科学建构促进学生几何推理能力发展的教学系统。

第二节　政策依据

对于数学核心素养下的初中学生几何推理能力，《义务教育数学课程标准（2011年版）》中指出：数学是人类文化的重要组成部分，数学素养是现代社会每一个公民应该具备的基本素养。作为促进学生全面发展教育的重要组成部分，数学教育既要使学生掌握现代生活和学习中所需要的数学知识与技能，更要发挥数学在培养人的思维能力和创新能力方面的不可替代的作用。《义务教育数学课程标准（2011年版）》提出了10条数学素养：数感、符号意识、几何直观、数据分析观念、运算能力、推理能力、模型思想、应用意识、创新意识和空间观念。其中，推理能力对初中数学的学习有着重要意义。（本书主要讨论与"几何直观、推理能力"相联系的几何推理能力相关问题）

第三节　理论依据

一、《义务教育数学课程标准（2011年版）》

《义务教育数学课程标准（2011年版）》指出，几何直观主要是指利用图形描述和分析问题。借助几何直观可以把复杂的数学问题变得简明、形象，有助于探索解决问题的思路，预测结果。它在本质上是一种通过图形所展开的想象能力。爱因斯坦曾说过一句名言："想象力比知识更重要，因为知识是有限的，想象力概括着世界上的一切，推动着社会进步，并且它是知识进步的源泉。"

数学是研究数量关系与空间形式的科学，空间形式最主要的表现就是图形。在数学研究、学习、讲授中，不仅需要关注研究图形的方法、结果，还需要感悟图形给我们带来的好处，几何直观就是在"数学—几何—图形"这样一个关系链中让我们体会到它所带来的最大好处。图形可以帮助我们发现、描述研究的问题，可以帮助我们寻求解决问题的思路，可以帮助我们理解和记忆得到的结果。

几何直观是具体的，就是经常说的"数形结合"。让图形"动起来"，在"运动或变换"中来研究、揭示、学习图形的性质，这样一方面加深了对图形性质的认识，另一方面对几何直观能力也是一种提升。

几何直观和"逻辑""推理"也是不可分割的。几何直观常常是靠逻辑支撑的。它不仅是看到了什么，而是通过看到的图形思考到了什么、想象到了什么。这是数学非常重要而有价值的思维方式。几何直观会把看到的与以前学到的知识结合起来，通过思考、想象，猜想出一些可能的结论和论证思路，这就是合情推理，它为严格证明结论奠定了基础。

几何直观的价值主要体现在两个方面：一方面，几何能培养学生的逻辑推理能力；另一方面，它也能培养学生的几何直观能力。二者相辅相成。图形有助于发现、描述问题，有助于探索、发现解决问题的思路，也有助于我们理解和记忆得到的结果。总之，图形可以帮助我们把困难的数学问题变容易，把抽象的数学问题变简单，要学会用图形思考、想象问题是研究数学，也是学习数学的基本能力。几何直观能力的培养方法有如下几个方面。

（一）几何能力

1. 在教学中使学生逐步养成画图习惯

在日常教学中，帮助学生养成画图的习惯非常重要。可以通过多种途径和方式使学生真正体会到画图对理解概念、寻求解题思路带来的益处。无论是计算还是证明，逻辑的、形式的结论都是在形象思维的基础上产生的。在教学中应该有这样的导向：能画图时尽量画图，其实质是将相对抽象的思考对象图形化，尽量把问题、计算、证明等数学的过程变得直观，这样就容易展开形象思维。

2. 重视变换——让图形动起来

几何变换或图形的运动是几何，也是整个数学中很重要的内容，它既是学习的对象，也是认识数学的思想和方法。一方面，在数学中，我们接触的最基本的图形都是对称图形，如球、圆锥、圆台、正多面体、圆、正多边形、长方体、长方形、菱形、平行四边形等，都是不同程度的对称图形；另一方面，在认识、学习、研究不对称图形时，又往往是以这些对称图形为工具的。变换又可以视为运动，让图形动起来是指在认识这些图形时，头脑中呈现出这些图形运动的画面。例如，平行四边形是一个中心对称图形，可以把它看成一个刚体，通过围绕中心（两条对角线的交点）旋转180°，去认识、理解、记忆平行四边形的其他性质。充分地利用变换去认识、理解几何图形是培养学生几何直观能力的好办法。

3. 学会从"数"与"形"两个角度认识数学

数形结合首先是对知识、技能的贯通式认识和理解。其以后逐渐发展成一种对数与形之间的化归与转化的意识，这种对数学的认识和运用的能力，是形成正确的数学态度所必需的。

4. 掌握、运用一些基本图形解决问题

把让学生掌握一些重要的图形作为教学任务，贯穿义务教育阶段数学教学、学习的始终。例如，除了上面指出的图形，还有数轴、方格纸、直角坐标系等。教师在教学中要有意识地强化对基本图形的运用，不断地运用这些基本图形去发现、描述问题，理解、记忆结果。

（二）推理能力

《义务教育数学课程标准（2011年版）》中还明确指出，推理是数学的基本思维方式，也是人们学习和生活中经常使用的思维方式。

从数学内部看，推理反映的是一种基本的数学思想，也是一种主要的数学

方法。它与数学证明紧密关联，数学推理与证明公式构成了数学的重要基础。

推理能力在数学中是属于数学思考（思维）能力中的一种，要发展合情推理和演绎推理能力。合情推理是对归纳推理、类比推理等或然性推理（即推理的结论不一定成立的推理）的统称。归纳推理是以个别（或特殊）的知识为前提，推出一般性的知识为结论的推理。它的思维进程是从特殊到一般。按照它考虑的对象是否完全又分为完全归纳推理和不完全归纳推理。由于完全归纳推理考察了推理前提中所有的对象或类，若前提成立，结论也一定成立。因此，完全归纳推理不是或然的推理而是必然的推理。合情推理中的归纳推理一般指不完全归纳推理。

类比推理是由两个或两类思考对象在某些属性上的相同或类似，推出它所在另一属性也相同或形似的一种推理。它是从特殊到特殊的推理，也是一种或然性的推理。

演绎推理是从已有的事实（包括定义、公理、定理等）出发，得到某个理论，其进程是从一般到特殊。它的基本形式是三段论。

合情推理与演绎推理，两者功能不同，相辅相成。用合情推理获得猜想，发现结论；用演绎推理验证猜想，证明结论。

在整个义务教育阶段，对学生推理能力的培养是内容学习和目标达成的一条主线，也是一个能力逐渐提升的长期过程。以下几个方面在教学中应该加以注意。

（1）推理能力的发展应该贯穿整个数学的学习过程。其一，它应该贯穿整个数学课程的各个学习内容，即应该包括代数与几何、图形与几何、统计与概率及综合与实践等所有领域内容。教师在教学时应该多加联系，引导学生举一反三。其二，它应该贯穿数学课堂教学的各个活动过程，并引导学生有条理地表述概念定义。在命题教学中，引导学生分清条件、结论，把握条件、结论之间的逻辑关系，在证明教学中，更要使学生遵循证明规则，通过数学推理证明数学结论。其三，它应该贯穿整个数学教学学习的环节，如预习、复习、课堂教学、自我练习、测验考试……在所有的这些学习环节中，逐步要求学生做到言必有据、合乎逻辑。当然，"贯穿整个数学学习过程"也意味着推理能力的培养应该贯穿三个学段，即合理安排、循序渐进、协调发展。

（2）通过多样化的活动，培养学生的推理能力。在传统教学方法中，对学生推理能力的培养往往被认为是加强逻辑证明的训练，主要的形式就是通过习题演练以掌握更多的证明技巧。显然这样的认识是有局限性的，应该强调通过多样化的活动来培养学生的推理能力。例如，在观察操作等活动中，能提出一些简单的猜想；在观察、实验、猜想、验证等活动中，发展合情推理能力；在多种形式的教学活动中，发展合情推理与演绎推理的能力，在课堂教学中开拓出更加有效、多样化的活动途径。

（3）使学生多经历"猜想—证明"的问题探索过程，学生能亲身经历用合情推理发现结论、用演绎推理证明结论的完整推理过程，在过程中感悟数学基本思想，积累数学活动经验，这对学生数学素养的提升极为有利。教师要善于对素材进行加工，引导学生多经历这样的活动，体会数学推理带来的乐趣。

二、范·希尔理论

学生的几何推理能力作为数学核心素养的一个研究方面日益受到国内外数学教育的关注，数学教学注重在几何课程中发展学生的综合推理能力。本书主要探讨初中学生几何推理能力的诊断与培养。

在有关学生的几何概念发展与学习的研究中，范希尔的几何思维水平体系是最有影响的理论之一。基于格式塔心理学和皮亚杰的发生认识论，范·希尔于20世纪50年代末提出几何思维发展水平理论，认为学生几何思维的发展可以划分为五个发展水平：视觉层次、分析层次、非形式演绎层次、形式逻辑层次以及严密性系统几何思维层次。

水平0，视觉——这个阶段儿童能通过整体轮廓辨认图形，并能操作其几何构图元素（如边、角）；能画图或仿画图形，使用标准或不标准名称描述几何图形；能根据对形状的操作解决几何问题；等等。或者这个阶段的学生只能关注物体的某一部分，能识别一些常见图形，区别直线和曲线，但不能很好地画出正方形和圆。仅能够识别一些相同的形状，其推理对象也只能是一些具体的形象。

水平1，分析——该阶段儿童能分析图形的组成要素及特征，并依此建立图形的特性，能利用这些特性解决几何问题，但无法解释性质间的关系，也无法了解图形的定义；能根据组成要素比较两个形体，能利用某一性质做图形分类；等等。有学者认为，这个阶段的儿童通过观察图形，来认识、命名图形。例如，能区分长方形，正方形，但不明白这些图形的性质。因此，这个阶段的儿童宜多安排感官操作的活动，让儿童通过活动获得概念上的认知。

水平2，非形式化的演绎——该阶段儿童能建立图形及图形性质之间的关系，可以提出非形式化的推论，了解建构图形的要素，能进一步探求图形的内在属性和其包含关系，能使用公式、定义及发现的性质做演绎推论。处于水平2的学生，能够认识到图形的特征，并能通过图形的性质来区分不同图形。例如，学生开始明白只要是四条边相等的图形就是菱形。学生开始能分析图形的组成要素及特征，并利用某一性质做图形的分类，但是并不能够根据图形性质进行演绎推理。例如：学生会知道三角形有三条边和三个角，但不能理解如果内角越大，则对边越长的性质。处在这一水平的学生，其头脑中还不能够形成系统的知识结构。

水平3，形式的演绎——该阶段学生可以了解到证明的重要性以及不定义元素、定理和公理的意义，确信几何定理是需要形式逻辑推演才能建立的，理解解决几何问题必须具备充分或必要条件；能猜测并尝试用演绎方式证实其猜测，能够以逻辑推理解释几何学中的公理、定义、定理；等等。

学生能够理解图形特征与图形性质之间的关系，可以提出非形式化的推论，能进一步研究图形内在的一些特点，逐步建立起图形关系的知识网络；能够使用公式、定义及性质进行演绎推理，但是推理能力还很弱，不能进行多步的推理论证；对定理的作用的理解还不深入，不能够理解证明及定理的重要性。例如，能够根据三角形全等的条件进行全等判定，但还分不清性质与定理的关系。

水平4，也可以理解为形式化的演绎——在这个层次的学生能在不同的公理系统下严谨地建立定理以分析、比较不同的几何系统，如欧氏几何与非欧氏几何系统的比较。

处于该水平的学生能够理解什么是公理、不定义概念。例如，点是没有大小的，直线是没有粗细的，都是在人脑中经过抽象后建立起的图形概念；理解什么是命题，以及命题成立的充分条件和必要条件；对一道几何证明题能够用不同的方式来证明，逻辑思维能力显著提高，确信几何是建立在严密的逻辑推理之上的学科；能够对问题进行合理的猜测，然后以逻辑推理的形式加以证明；已经在头脑中建立起几何知识网络体系；能写出一个定理的逆定理，如平行四边形的对角线互相平分，其逆定理是对角线互相平分的四边形是平行四边形。

水平5，严密性——处于这个层次的学生能够进行严格的几何推理，能够理解不同几何系统的差异。例如，能区别欧氏几何与非欧氏几何系统的差异，甚至可以自创一种几何公设系统，一般人是很难达到这一水平的。

范希尔夫妇还利用如图2-1所示图例解释说明几何推理能力的阶梯发展。

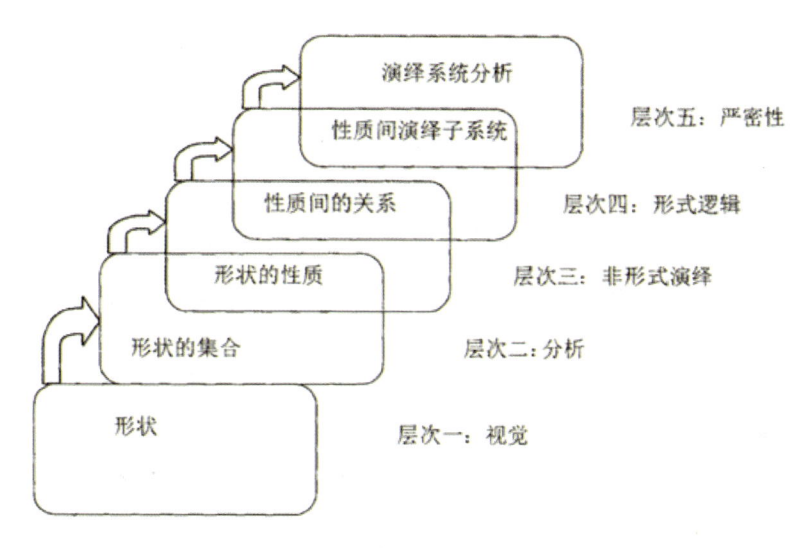

第二章　加强初中学生几何推理能力的诊断与培养教学的理论依据

```
                  演绎系统分析          层次五：严密性
             性质间演绎子系统
          性质间的关系              层次四：形式逻辑
       形状的性质                  层次三：非形式演绎
    形状的集合                     层次二：分析
  形状                            层次一：视觉
```

图 2-1　集合推理能力的阶梯发展

在范希尔夫妇的几何思维水平的划分下，很多学者展开了进一步的研究，并将范希尔夫妇认为的学生思维水平的提高需要经过描述、分析、抽象、证明等一系列的复杂过程，通过总结归纳出以下五个特点。

（1）不适配性（mismatch）：如果教师在进行教学设计时没有考虑到学生的思维水平，采用的教学内容、使用的数学语言高于学生的思维水平，即教与学的水平相差很大时，学生将很难理解老师的讲课内容，教学效率将变得非常低。

（2）顺序性（advancement）：学生几何思维水平并不是随年龄成长自然获得的，而是需要在教师的指导下不断练习才能提高，并且学生若想达到高一级的思维水平，必须掌握大量低一级思维水平的内容。因此，学生的思维水平很难进行越级提高。

（3）语言性（linguistics）：每一水平都有自己的语言符号体系，在某一个水平使用的语言符号，进入另一水平可能就必须进行适当的调整。

（4）内隐性及外显性（intrinsic and extrinsic）：这是指某一水平的内隐性质会成为下一个水平的外显性质。例如，在某个水平上，一个概念难以用语言清楚地表达，学生只可意会，而到了下一阶段教师就可以通过言传，准确描述具体含义，加深学生对问题的理解。

（5）不连续性（discontinuity）：范希尔在1986指出，几何思维水平最显著的特点就是不同水平间缺乏连贯性。几何学习不是循序渐进的过程，而是经过积累反思，发生质变的过程。

范希尔的研究给予我们的启示是，影响学生的几何思维能力发展的主要因素并非是年龄或生物成熟度，而是与教学有着密切的联系；学生几何推理发展的思维过程是可测的，具有阶段性，每一层次都有其专属的阶段性语言符号。范希尔对学生的几何思维水平的描述是整体的、定性的，突出强调了发展过程的层次性：学生在某一水平上要达到理解和掌握，必须具备前一水平上的能力，学生在某一水平上理解不深的概念，到了高一级水平就可能理解了，但不能绕过某一水平直接到下一个更高层次的水平。范希尔理论在几何教学、课堂活动以及评估学生的几何思维发展等方面做出了巨大贡献。研究指出，教师在课堂教学及学生思维水平发展的过程中扮演着十分重要的角色。

范希尔夫妇认为学生思维水平的提高并不是通过教师在课堂上的直接讲授获得的，而是通过合适的练习达到高水平的，而教师需要在课前设计合理的教学内容并对学生进行及时的引导，教师在这个过程中起着非常重要的作用。

与学生的几何五思维水平相对应，范希尔夫妇提出了五个教学阶段。

水平1：视觉——阶段1：学前咨询。

水平2：分析——阶段2：引导定向。

水平3：非形式化演绎——阶段3：阐明。

水平4：形式化的演绎——阶段4：自由定向。

水平5：严密性——阶段5：整合。

阶段1：学前咨询。在这个阶段，通过教师和学生的相互交流，使彼此加深了解，教师要对学生的推理、计算等数学能力有一定的了解，再在此基础之上对学生进行相应的几何教学，使学生能够理解和掌握所学的内容。此外，教师还要根据学生的具体情况，确定下一步教学计划。

阶段2：引导定向。在这个阶段中教师要给学生精心设计一系列教学活动，引导他们做适当的探究（如图形的折叠、平移），以便加深学生对几何图形性质的理解。在学习过程中要让学生明确学习目标，逐步建立起几何的知识网络。

阶段3：阐明。通过前面两个学前咨询和引导定向阶段，让学生通过这样两个阶段的学习形成一定的几何语言体系。1984年，范希尔曾经指出在阐明教学阶段的学习过程中，学生通过在课堂上对符号语言、逻辑语言的正确使用以及对几何知识结构的讨论等，来获得相应的知识，以促进自我不断的成长。因此，为了使学生在该阶段能够获取正确的语言符号信息，教师应该在讨论的过程中注意自己的习惯用语。

阶段 4：自由定向。在自由定向阶段，学生在学习上开始遇到一些需要多步推理才能完成的作业。学生通过自主的探索问题、发现问题、解决问题，从而在学习过程中获得了经验。在这样一个探索发现的学习过程中，学生可以逐步确定所要进行的学习领域的方向，并且对学习对象间的关系也会越来越明确。按照范希尔观点，这个阶段主要就是学生在其所知道的范围内进行探索、自主学习。

阶段 5：整合。在这个阶段，学生能够对以往学过的知识进行整合，形成知识体系，并对学习过程中用到的方法进行总结；能够在分析问题的过程中形成自己的观点。因此，教师要鼓励学生经常进行复习以加深对所学知识的理解。

三、7—9 年级学生几何推理能力发展

结合国内，目前李红婷的相关研究结论可以成为诊断学生几何推理能力的参考依据。

直观推理：建立在直观和实验基础上的推理技能分为形象识别、实验验证、直观感知，它们都是基于图形直观做出的判断或推理。比较典型的直观推理有三种：一种是通过形象识别做出判断，即看上去像；另一种是操作性精确判断，即通过实验验证是正确的；第三种是模糊的判断，根据图形表象联想，即仔细想一下是这样的。从学生在直观推理活动中运用不同技能的先后顺序来看，直观推理发展的基本流程是：形象识别—实验验证—直观感知。

语言描述推理：主要表现为，在掌握推理规则的基础上，综合运用图形、文字、符号语言表达推理。

关系推理：建立起对象及其性质间、对象与对象间多种关联的推理，学生在关系探寻中发现和理解这些关系，建立解决问题的关系网络。

形式逻辑推理：在关系推理的基础上进行模型化提炼和形式逻辑表达。

以上四个推理方式可以成为诊断学生推理能力的依据，具体的内涵还需要结合具体的内容进行解释。

从总体上说，学生几何推理能力是一个动态的过程，是一个"思维的实验过程"，是数学真理的抽象概括过程，是初中学生几何推理能力的诊断与培养这一过程的一种自然结果。

几何在数学教育中具有悠久的历史，但在不同国家普遍开设的数学课程中

的地位存在较大差异，主要原因在于对几何教育价值的认识存在着较大争议，其中几何推理论证问题始终是争议的焦点。

现行几何课程在强调说理和推理的同时，在一定程度上弱化了通过几何形式逻辑推理进行证明的要求，但几何怎么教，教到什么程度，仍然困扰着广大教师。课程改革呼唤来自实践调研基础上的有针对性的教学研究，期待一线教师具有可操作性的有效教学范式的引领。

李红婷[①]依据学生几何推理能力发展的认知顺序，提出了7—9年级学生进行几何推理的主要推理方式及其技能特点，指出了不同年级学生几何推理能力发展的差异性，进而提出了以系统地发展学生几何推理能力为主线的层级教学策略。主要研究结果如下。

第一，7—9年学生的几何推理方式可归纳为，直观推理、描述推理、结构关联推理、形式逻辑推理。学生在不同推理方式上有其不同的技能特点，在推理能力表现上有其明显的差异性。

第二，从总体上看，在直观推理、描述推理、结构关联推理、形式演绎推理四种推理方式上呈现层级递进的发展趋势。同一年级学生在不同推理方式上以及不同年级在同一推理方式上均呈现层级递进的发展趋势。不同年级学生在几何推理中的表现有其不同的特征。

第三，根据7—9年级学生几何推理能力层级递进发展的事实，提出几何推理层级结构模型。几何推理层级结构模型隐含了推理能力发展的两条线：一条是按照直观推理、描述推理、结构关联推理、形式逻辑推理层级提升的顺序发展综合推理能力；另一条是按照证明预备、证明入门、证明发展的顺序发展学生的形式逻辑推理能力。李红婷主张沿着第一条线来设计几何教学系统，但同时重视第二条线的发展。有效的教学设计体现在促进学生综合推理能力发展的同时，形式逻辑推理能力也"拾级而上"。

第四，提出几何层级教学设计的总体框架。注重课程目标和课程内容、问题情景与活动设计、过程性评价和反馈，将几何推理层级结构模型嵌入总体框架内，通过垂直组织和水平组织两个维度进行课程建构，一方面使整体的框架在横向和纵向组织上体现为具体的层级支撑；另一方面为各层级推理目标和活动更好地规划发展方向，以避免课程组织可能存在的随意性。提出符合学生在不同推理方式上的技能特点的层级教学设计思路。不同推理层级上的横向教学

---

① 李红婷：《7—9年级学生几何推理能力发展及其教学研究》，博士学位论文，西南大学课程与教学论专业，2007，第144—145页。

设计流程如下。

（1）在几何直观推理层级的教学设计可按照形象识别→实验验证→直观感知的程序组织教学。

（2）在几何描述推理层级的教学设计可按照概念描述→语言转换→描述推理的程序组织教学。

（3）在几何结构关联推理层级的教学设计可按照信息接收→关系转换→验证→回顾的程序组织教学。

（4）在形式逻辑推理层级的教学设计可按照信息接收→规则化呈现→关系转化和重组→形式逻辑表达的程序组织教学。各推理方式的纵向教学设计有其不同的规律性。课题教学设计可按照问题情境→经验材料的数学化→逻辑化组织→应用→反思的程序组织教学。实验研究结果表明，按照几何推理方式的划分和层级发展顺序组织课题教学，可以有效地改变教师的教学观念，发展教师的几何教学设计和组织实施能力，改变师生在几何课堂教学中的生命状态，促进学生的几何推理能力发展和层级提升。

第五，李红婷还提出如下建议。

（1）系统地发展学生的几何推理能力。

（2）多视角思考和控制不同推理方式可能造成的学习分化现象。

（3）系统地安排直观推理发展过程。

（4）促进几何推理活动和表达的协调发展。

（5）重视发展学生的几何结构关联推理能力。

（6）恰当地选择几何形式化要求的时机。

（7）重视高年级教学内容的多样化，发展学生的综合推理能力。

另外，李红婷的创新之处还体现在以下几个方面。

（1）依据学生几何推理能力发展的认知顺序，提出7—9年级学生几何推理可划分为直观推理、描述推理、结构关联推理、形式逻辑推理四种方式。

（2）提出学生在不同推理方式上的技能特点，分析了学生几何推理能力发展的差异性及层级递进规律，提出几何推理层级发展的理论模型。

（3）提出了几何层级教学设计的总体框架和几何推理层级教学设计思路。

第四节　能力要求

在教学实践中，教师要准确把握学生的思维水平，熟知学生的几何能力，课前要在几何例题的选取上下功夫，并且讲解过程要照顾到学生不同层次的几何水平，准确把握教学进度，减少课堂容量，留给学生充足的思考时间，以使更多的同学适应课堂教学难度，锻炼、提升学生的思维。

推理能力在数学中属于数学思考（思维）能力中的一种，因此在教学活动中，要整体把握教材，关注几何推理能力上的薄弱点，寻找解决问题的落脚点；要积极引导学生，从而使学生不仅现在受益，还要终身受益。

第三章　加强初中学生几何推理能力的诊断与培养教学的实践与思考案例分析与教学点评

第一节　在简单的几何图形的教学中加强初中学生几何推理能力的诊断与培养教学的实践与思考案例分析与教学点评

一、教学目标

（1）了解平面图形与立体图形的概念。

（2）了解某些简单立体图形的展开图。

（3）了解从不同方向观察立体图形得到的平面图形。

（4）了解点、线、面、体的概念，并能够从运动的观点去加以认识。

（5）理解直线、射线、线段、线段的中点的概念及其表示方法，并理解直线的性质、线段的性质。

（6）理解线段的和、差，以及线段中点的意义；理解两点间的距离的意义及常用长度单位的换算。

（7）理解角的概念及其表示方法，会正确对角进行分类，理解角平分线的概念及其表示方法。

（8）了解度、分、秒的概念及其进位制，会对度、分、秒进行简单的换算，并会进行角的度数的简单运算。

（9）会利用计算器将角的度数换算成度、分、秒。

（10）了解两条直线的位置关系，理解相交线、垂线、点到直线的距离以及平行线的概念,理解垂线的唯一性及垂线段最短的性质。

(11)在有条件的情况下,利用计算机或图形计算器绘制一些简单的几何图形。

二、教材分析和教学建议

通过简单的几何图形的学习,培养学生的探究兴趣和几何推理能力,培养学生动手作图的能力。学生对事物的认识,是由感性认识上升到理性认识的发展过程。

数学中的几何符号语言是全世界通用的,大段的文字语言可以用简洁明了的几何符号语言来表示,这是几何中独有的语言,此外几何符号语言还可以概括某些概念的本质以及性质定理的简单应用。

要掌握最基本的推理格式。首先,要求学生审题仔细,看清楚题目的要求和所给的条件,每一步都是有理有据的推理。其次,要教授学生分析方法。从条件入手进行推理,简称由因导果法;或者由问题入手逆推到题中所给的条件,简称持果索因法,学生不但要掌握基本的分析方法,更应该能够综合运用各种分析方法,灵活地进行推理证明。

学习简单的几何图形,是对基本的平面图形和立体图形的初步认识,为以后学生学习几何推理奠定基础。

在"从不同方向观察立体图形"教学实践中加强初中学生几何推理能力的诊断与培养教学的实践与思考案例分析与教学点评

撰写者:张艳芳 王志芳

一、教学背景分析

(一)课程标准的要求

《义务教育数学课程标准(2011年版)》中指出:教学活动是师生积极参与、交往互动、共同发展的过程。数学教学应从学生实际出发,创设有助于学生自主学习的问题情境,引导学生通过实践、思考、探索、交流等,获得数学的基础知识、基本技能、基本思想、基本活动经验,促使学生主动地、富有个性地学习，不断提高发现问题和提出问题的能力、分析问题和解决问题的能力。

学数学的核心就是学习推理，推理一般包括合情推理和演绎推理，两者相辅相成。推理能力的培养，贯穿整个数学学习过程，贯穿课堂教学中，贯穿学习环节中，贯穿三个学段，循序渐进。一学段，在观察、操作等活动中能提出简单猜想；二学段，在观察、猜想、验证等活动中发展合情推理能力；三学段，学生多经历猜想—证明的问题探索过程。学生亲身经历用合情推理发现结论，用演绎推理证明结论的完整的推理过程，在过程中感悟数学基本思想，积累数学活动经验。所以，教师要通过多样化的活动培养学生的推理能力。

（二）教材内容分析

本节课引导同学们从不同方向观察立体图形，培养其空间观念；同学们可以从上、下、左、右、前、后六个方向去观察立体图形，由于透视现象，只从三个方向观察就可以了，即从正面、上面、左面进行观察，从而得到三视图。三视图在生产、设计中应用广泛，但此处没有给出三视图的概念，只要使同学们从三个方向观察得出三个平面图形即可。在绘制一个立体图形的三视图时，注意被遮挡住的部分要用虚线画出。

（三）学生的分析

1. 注意把握好教学的尺度

我们知道，数和形是现实世界的重要组成部分。有理数以及一元一次方程主要是研究数量之间的关系，但在实际生活中还有许许多多关于图形之间的关系，需要我们去认识。虽然同学们在小学阶段学习过一些简单的图形，但为了便于系统地研究诸如三角形、四边形、圆等图形的性质，我们还需要把小学学过的简单图形加以整理，因此增加了"简单的几何图形"这一章。

2. 引导学生参与教学过程

随着学生年龄的增长和学习的深入，他们自己主动探求知识的愿望逐渐增强，因此在教学中不要满堂灌，要多给学生创设一些主动参与的情境，让他们多动口、多动手、多动脑。这样不但调动了学生学习本章内容的积极性，而且可以让他们在参与中增长才干，提高自身的素质。

二、教学目标分析

（一）教学内容的确定

本节课内容是平面几何中的基础知识，是推理的基础，是后面研究图形性质的重要途径。

本节课编写特点：以《义务教育数学课程标准（2011年版）》为依据，从生活中常见的物品着手，抽象出丰富的立体图形，在"探索"等数学活动过程中，展开立体图形，使学生认识常见的几何体以及点、线、面、体，并了解它们的概念；再通过"从不同方向看"等活动，在几何体与平面图形的相互转换中发展学生的空间观念；最后，转向平面图形，在一系列丰富的数学活动中，帮助学生认识平面图形的性质。

（二）教学目标的确定

经历从不同方向观察物体的活动过程，初步体会从不同方向观察同一物体可能看到不同的图形；会从正面、左面、上面观察常见的立体图形和组合体，并能把观察到的平面图形画出来，体会三视图的合理性；能根据从正面、左面、上面观察到的平面图形还原立体图形；观察探究平面图形和立体图形相互转换的过程，体会合情推理与演绎推理有机结合、相辅相成的过程，培养学生的推理能力。

三、教学过程

将实物纸片、图形、文字、数学符号等多种形式结合起来。以平常所见的折纸入手，将其抽象成数学图形，并进行分析，让学生动手画图，感受图形的变化过程，抓住解决这类问题中不变的解题方法。

课前准备：学生准备好长方体、正方体、圆柱、圆锥等纸盒，整节课以学生观察立体图形，动手剪、折、拼纸盒为起点，动手画出平面图形，以分析发现为主线，层层递进、步步深入，初步体现由合情推理向严谨逻辑思维能力的训练过程。

（一）活动一：情景引入

（1）请欣赏漫画并思考，为什么会出现争执？

漫画 "6"与"9"

图 3-1-1

（2）你能说出"横看成岭侧成峰"中蕴含的数学道理吗？
横看成岭侧成峰，远近高低各不同。　　　　　——苏轼

> 活动意图：通过看漫画和从学生熟悉的古诗入手，激发学生的学习兴趣，使学生认识到从不同角度观察同一事物结果可能不相同。

活动二：探究常见立体图形的平面图形

（1）从正面、左面、上面观察正方体各得到什么平面图形？请画出平面图形。

图 3-1-2

（2）从正面、左面、上面观察长方体各得到什么平面图形？请画出平面图形。

图 3-1-3

（3）从正面、左面、上面观察圆柱各得到什么平面图形？请画出平面图形。

图 3-1-4

（4）从正面、左面、上面观察圆锥各得到什么平面图形？请画出平面图形。

图 3-1-5

（5）从正面、左面、上面观察三棱柱各得到什么平面图形？请画出平面图形。

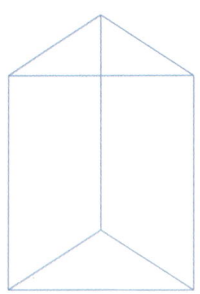

图 3-1-6

（6）从正面、左面、上面观察球体各得到什么平面图形？请画出平面图形。

图 3-1-7

> 活动意图：能从不同角度观察立体图形并能画出对应的平面图形。

(三) 活动三：探究简单组合图形的平面图形

例1：如图 3-1-8 所示，从正面、左面、上面观察各得到什么平面图形？请画出平面图形。

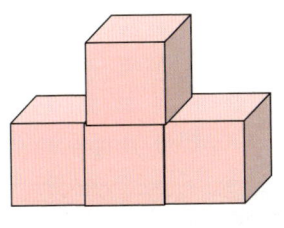

图 3-1-8

例2：如图 3-1-9 所示，从正面、左面、上面观察各得到什么平面图形？请画出平面图形。

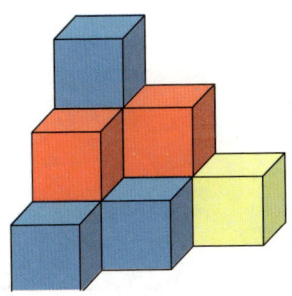

图 3-1-19

(四) 活动四：能从不同角度观察简单组合体的平面图形，并画出平面图形；根据平面图形推断出立体图形

根据从正面、左面、上面观察到的平面图形确定物体的形状

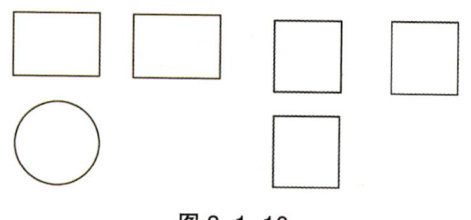

图 3-1-10

(五)活动五：随堂检测

(1) 观察图 3-1-11，从上面看到的是 _____，从左面看到的是 _____，从正面看到的是 _____。

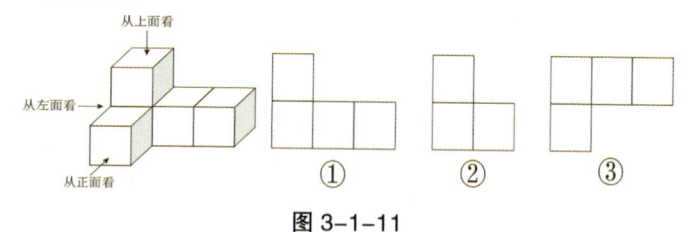

图 3-1-11

(2) 如图 3-1-12 所示几何体，从左面看为（　　）。

图 3-1-12

(3) 如图 3-1-13 所示，下列四个几何体中，从左面看为圆的是（　　）。

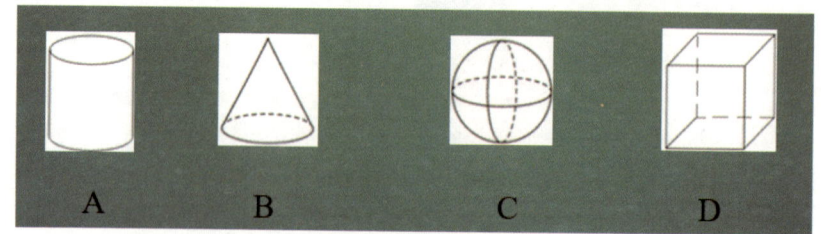

图 3-1-13

(4) 如图 3-1-14 所示，从物体不同方向观察得到的平面图形说出物体的形状。

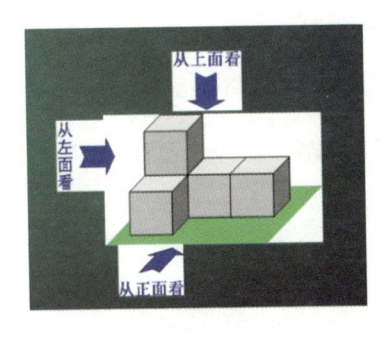

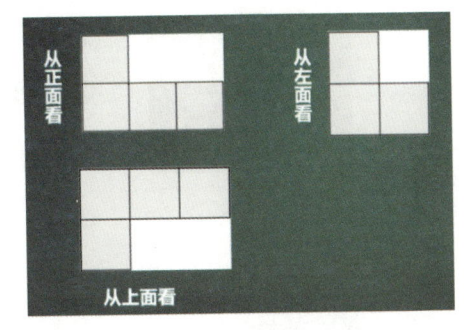

图 3-1-14

（5）如图 3-1-15 所示，根据下面从三个方向观察到的图形判断几何体。

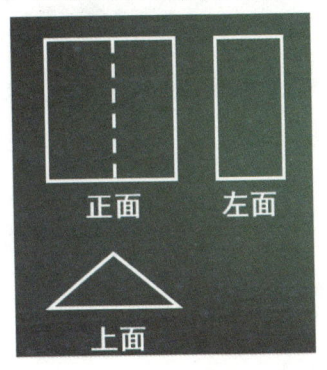

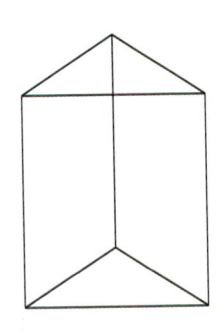

图 3-1-15

> 活动意图：检测学生当堂的学习情况，根据学生的反馈及时查漏补缺。

（六）活动六：课堂小结

1.本节课收获了那些知识和方法

（1）知道从不同的方向观察立体图形，所看到的形状可能是不同的。

（2）会从正面、左面、上面观察立体图形，并能把观察到的平面图形画出来。

（3）能根据从正面、左面、上面观察到的平面图形还原立体图形。

2.作业

（1）看一看，连一连。

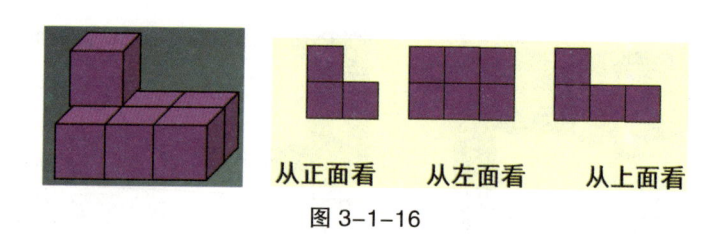

图 3-1-16

（2）猜一猜。

图 3-1-17

（3）想一想：图 3-1-18 是由几个小立方块所搭几何体的俯视图，小正方形中的数字表示在该位置小立方块的个数，请画出相应几何体的主视图和左视图。（分组讨论，并给出解决方案）

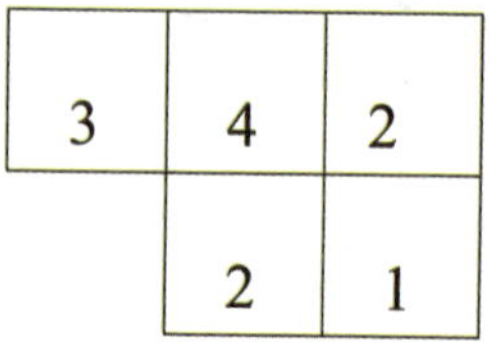

3	4	2
	2	1

图 3-1-18

（4）能力作业：画出学校教学楼的三视图（以面向南为"从正面看"），或者画出你家的房屋的平面图。

设计意图：分层设计学生作业，巩固学生课堂学习的几何基础知识和思想方法，使不同学生的能力在几何推理中都能得到一定的发展。

四、课堂评价的实施

合格：理解从不同的方向观察立体图形，所看到的形状可能是不同的。会从正面、左面、上面观察立体图形，并能把观察到的平面图形准确画出来。

良好：理解从不同的方向观察立体图形，所看到的形状可能是不同的。会从正面、左面、上面观察立体图形，并能把观察到的平面图形准确画出来。能根据从正面、左面、上面观察到的平面图形较为准确还原大部分常见的立体图形。

优秀：理解从不同的方向观察立体图形，所看到的形状可能是不同的。会从正面、左面、上面观察立体图形，并能把观察到的平面图形画出来。能根据从正面、左面、上面观察到的平面图形准确还原立体图形。

五、教学反思

本节课讲述的是义务教育教科书《数学》七年级下册第三章第三节的内容，在使学生初步认识常见的立体图形和某些立体图形的展开图后的一节课，旨在引导学生从左面、上面和前面观察常见立体图形的平面图形，并尝试画出平面图形，培养学生的空间观念和推理能力。

从学生已有的生活经验和生活背景出发，尽可能多地为学生提供动手操作和主动参与的机会，如折纸，将立体图形展开，使学生在探索、思考、交流中，不断积累和丰富基本经验。在激发学生学习兴趣的同时，使其学会独立思考、合作交流，感悟数学的基本思想，并引导其在参与数学活动的过程中，养成良好的学习习惯。

正确处理好学生主体地位和教师主导作用的关系，调动学生的积极性，教师负责引领和辅助学生，答疑解惑。同时，注重知识的生长点和延伸点，处理好局部知识和整体知识的关系，重视知识的结构和体系。

尽可能地多角度、多层面创设情景和设计问题，更好地帮助全体学生去理解数学知识，努力使全体学生达到课程标准的基本目标。多给学生思考和交流的时间和空间。

合理使用计算机和图形计算器，积极有效地开发和利用课程资源，要重视信息技术与课程的有效整合，进而改变学习方式，提高课堂效益。

作业分层设计，满足不同学生的数学学习和推理能力的发展，第二题的设计可以发散学生的思维，打破学生认为不同立体图形的平面图形一定不同的思维定式。第四题将数学与生活相结合，数学源于生活，学生可以从中体会到学有所用，并通过解决实际生活问题培养应用能力和推理能力。

点评：本节课关注研究立体几何图形，通过从不同方向观察立体图形，培养学生对几何图形的认知能力。

（1）通过引导学生讨论看到的结果不同，产生认知冲突，得出要达到统一，应该怎样进行几何图形的观察。

（2）通过观察具体几何体，研究为什么只要从正面、上面、左面这三个方面观看，就可以确定常见立体图形了。

（3）通过观察立体图形画出平面图形，再研究平面图形还原立体图形这一过程，使学生认识到对几何图形的研究要经历观察、猜想、实验等过程。

对于初中学生来说，认识立体图形已经不是新鲜事，但是对于研究图形的性质所经历的过程是新的知识点，也是我们要重点引领的。

在"线段中点"的教学实践中加强初中学生几何推理能力的诊断与培养教学的实践与思考案例分析与教学点评

撰写者：龙艳君　王志芳

一、教学背景分析

（一）数学教学价值的要求

对线段中点的研究，实际是平面几何中对图形研究的第一步，从本节课开始将比较系统地研究几何图形，培养学生的逻辑推理能力。线段中点是几何中一个比较重要的概念，它是学生类比学习角平分线定义的一个基础，它将与线段的垂直平分线、三角形的中线等重要概念相联系，还与应用广泛的三角形中位线定理相联系，是学生认识线段定比分点中的第一个特殊分点。因此，线段中点是一个具有发展性的概念，它对学生的后续学习有重要的奠基作用。

（二）课程标准的要求

《义务教育数学课程标准（2011年版）》指出："推理能力的发展应贯穿于整个教学学习过程中。推理是数学的基本思维方式，也是人们学习和生活中经常使用的思维方式。"数学具有严谨性、逻辑性较强的特点，在初中阶段，逻辑推理能力是一种十分重要且特殊的能力，与学生的数学学习存在着十分密切的关联。培养学生的数学逻辑推理能力，对学生数学核心素养的形成也有着十分积极的影响。本节课是学生进行推理计算的第一课时，通过线段中点定义的规范化书写，并在例题中注重分析思路，让学生学会思考，以及清楚地表达思考的过程，可以进一步培养学生的逻辑推理能力，这种分析问题、解决问题的方法，对以后的学习是至关重要的。

（三）本学段教学内容的要求

学生在小学时就已经知道线段是轴对称图形，而且六年级刚学习了线段的和差、线段的中点等知识。在操作体验上也学会了用对折线段的方法找到线段的中点，会用度量的方法利用刻度尺画线段的中点。在学习本节课的内容之前，学生也刚学过直线、射线、线段的概念。因此，本节课首先通过小学的方法探究得出中点的定义，然后用文字语言、符号语言和图形语言三种语言来刻画线段中点，体现了数形结合思想及数学语言的准确表达。并且，在推理得到线段中点的不同表示方法和例题计算过程中，培养了学生严谨的思维过程，渗透了几何的推理过程，为以后学习几何的证明奠定了必要的基础。

（四）本学段学情要求

学生在小学学过的线段中点内容，以及在学习本节课之前刚学过的直线、射线、线段的概念及特征等，都为探究线段中点的定义做好了知识上的准备。虽然初一的学生已经有一定的学习经验和生活经验，能够根据具体的情境体会线段中点的定义，但是在本节课上，中点的定义会通过文字、图形和符号三种语言来表示，因此很多内容对于学生来说是生涩的。而且，因为学生是第一次接触严谨的几何推理知识，所以如何利用三种语言理解线段中点的概念及进行推理计算是学生面临的难点。课上将循序渐进地设计一些有关线段中点的计算题，让学生通过观察、比较、推理、总结等过程，突破线段推理计算的难点。

二、教学目标的确定

（一）教学目标

（1）掌握线段中点的定义及符号表示方法，能进行简单的有关线段中点的计算。

（2）在探究、思考和分析的过程中，逐步学会运用数学语言进行表述，逐步培养解几何问题的严谨性和规范性。

（3）培养自主探究、积极思考的学习能力，培养数形结合思想和逻辑推理能力。

（二）教学重难点

（1）教学重点：线段中点的定义是本节课的重要内容，本节课将利用中点的定义进行简单的推理计算，以培养学生的逻辑推理能力，所以本节课的重点是中点的定义及符号表示方法。

（2）教学难点：对于七年级的学生来说，本节课的内容有一定难度，所以本节课的难点是运用线段中点的知识解决线段计算的有关问题。

三、教学过程

（一）活动一：思考

（1）有一根长 10 cm 的绳子，你能把它平均分成相等的两段吗？如何操作？

（2）在线段 AB 上画一点 C，使线段 $AC=BC$。怎样确定点 C 的位置呢？

> 活动设计意图：问题（1）以生活事例为原型来启发学生学习，唤醒学生已有的经验，引发他们进一步思考。对于这个问题，学生可以用对折或度量的方法找到绳子的中点。问题（2）从具体到抽象，类比于问题（1），多数学生能想到用尺子量出 AB 的长，再除以 2，找到中点；或通过折叠，把点 A 和点 B 折到一起，折出中点。活动一的目的主要是创设问题情境培养作图能力，引出中点定义。

（二）活动二：定义

如果点 C 是线段 AB 上的一点，并且满足 $AC=BC$，那么点 C 叫作线段 AB 的中点。

几何语言：

∵点 C 是线段 AB 中点，∴ $AC = BC$。

图 3-1-19

通过推理证明，得到中点定义的其他表示方法。

根据中点定义，∵点 C 是线段 AB 的中点，∴ $BC = AC$。

∴ $AB = AC + CB = 2AC$（或 $2BC$）。

推导得出中点定义的第二种表示方法：

∵点 C 是线段 AB 的中点，∴ $AB = 2AC$（或 $AB = 2BC$）。

类似地，∵点 C 是线段 AB 的中点，∴ $AB = 2AC$（或 $AB = 2BC$）。

∴ $AC = \frac{1}{2}AB$（或 $BC = \frac{1}{2}AB$）。

推导得出中点定义的第三种表示方法：

∵ 点 C 是线段 AB 的中点，∴ $AC = \frac{1}{2}AB$（或 $BC = \frac{1}{2}AB$）。

> 活动设计意图：通过对线段中点的图形语言及符号语言的探讨，让学生理解线段中点文字、图形和符号三种语言的表达方式，培养学生严谨的思维过程和数形结合思想，渗透几何的推理过程。

（三）活动三：练习

例1：如图 3-1-20 所示，点 C 为线段 AB 的中点，线段 $AC=5$，求线段 AB 的长。

图 3-1-20

例2：如图 3-1-21 所示，点 C 是线段 AB 上的点，$AC=6$，$BC=4$。

（1）点 D 为 AC 的中点，求线段 DB 的长。

图 3-1-21

（2）点 E 为 AB 的中点，求线段 EC 的长。

图 3-1-22

（3）点 D 为 AC 的中点，点 F 为 BC 中点，求线段 DF 的长。

图 3-1-23

（4）点 E 为 AB 的中点，点 F 为 BC 的中点，求线段 EF 的长。

$$A \quad\quad E \quad C \quad F \quad\quad B$$

图 3-1-24

> 活动设计意图：例题设计从简到难，符合学生的认知规律，让学生逐渐理解线段中点的相关计算，运用线段中点的定义及三种符号语言解决有关线段的计算问题。在计算过程中，规范学生的答题格式，培养学生的数形结合思想。

（四）活动四：小结

掌握线段中点的概念及其不同的符号语言表达方式；会运用线段中点知识解决相关计算问题。

> 活动意图：引导学生从知识、能力等方面做总结，完善知识体系，培养学生的归纳总结能力。

四、教学反思

学生通过小学的学习已经了解了线段中点的简单定义，也学习了用度量的方法画线段的中点，这为本节课做好了知识上的准备。本节课借助已有的知识和方法，使学生主动探索新知识、扩大认知结构、提高能力，从而使课堂教学真正落实到学生的发展上。

本节课的教学设计以循序渐进的方式进行知识的渗透。首先，通过生活情景即如何把绳子平均分成相等的两段引入，而后从具体到抽象，过渡到如何在线段 AB 上画一点 C，使线段 $AC=BC$。这个过程不仅让学生感受到数学既来源于生活又服务于生活，也是对学生在小学阶段学过的线段中点定义进行回顾。学生在此思考、探究的过程中归纳得出初中阶段关于线段中点的定义，让知识的形成过程流畅而不生涩，培养了学生的语言表达能力和归纳概括能力。京教版课本上在给出线段中点定义的图形语言和文字语言之后，又给出了三种符号语言，但这三种符号语言是平行给出的，省略了一些推理过程。本节课加上了这三种符号语言的逻辑推理过程，即首先根据线段中点的文字语言直接得出一种符号语言，然后推理得出另外两种符号语言，让学生更能知其然知其所以然，以培养学生思维的严谨性。因为本节课的重难点是理解线段中点的定义并利用其进行推理计算，所以设计的例题由简到难，都是从线段中点的定义和线段的和差展开推理计算，让学生逐步熟悉几何推理的书写过程，规范书写格式，培养逻辑推理能力。在教学过程中，主要体现了以教师为主导、以学生为主体、以知识为载体、从培养学生思维能力为重点的教学思想。

本节课充分利用教科书提供的素材和活动，鼓励学生经过思考、探究、操作、推理等活动，体会分析问题、解决问题的方法，积累数学活动经验，培养学生进行有条理的思考、表达和交流的能力。并且在以直观操作的基础上，将直观与简单推理相结合，注意学生推理意识的建立和对推理过程的理解，能运用自己的方式有条理地表达推理过程，为以后的证明打下基础。

五、在教学实践中培养学生的逻辑推理能力

（一）培养学生有效读题、识图的能力

本节课要求学生做到有效读题，即把已知条件与图形紧密联系，养成一边读题一边在图上标已知量或者由已知量推出间接已知量的良好读题习惯，要让学生能把图形与文字相结合，培养数形结合思想。还要让学生学会识图，即不仅能记住概念的简单图形，也能在复杂的图形中识别出表示概念的各种图形。如本节课的例题2中，不仅有线段的中点，也有线段的和差，学生如果能辨别出线段的和差关系、找准线段的中点再进行有关计算，题目往往就迎刃而解了。

（二）加强学生数学语言的训练

数学语言分为文字语言、符号语言和图形语言三种。但学生在进行几何学习时，遇到的很多困难都是由于不能理解数学语言或者是不能正确使用数学语言而引起的。因此，在几何概念或者定理的教学过程中，教师要加强三种语言形式的互换。比如，刚学一个几何新定义，教师在给出示范之后，可以让学生模仿一道类似的题，巩固文字语言与符号语言、图形语言的相互转化训练。

（三）注重例题、习题的讲解教学

在讲解例题时，可以留给学生充足的思考时间，不着急帮学生分析。当学生遇到困难时，再提醒学生从已知条件中寻找信息，即由已知条件可以推出哪些间接已知条件，体现以教师为主导、以学生为主体的作用。很多几何题的做法并不唯一，在教学过程中可以鼓励学生讲述自己的思路，尽量多给学生展示的机会，让学生积极分享、展示自己的想法，进而提高学生的数学语言表达能

力，提升几何逻辑推理能力。

（四）明确逻辑推理的书写格式

在几何的逻辑推理过程中，要求学生要做到推理步步有依据，知道上步的条件下应得的结论，条件和结论之间的推理过程应该连贯。刚学习几何推理时，要让学生尽量不要把好几个条件写到同一个"因为"上，做到尽可能由一个简单的条件推出一个结论，避免出现逻辑混乱的现象。在教学过程中，教师也可以多让学生在黑板或白板上展示其书写过程，然后教师和同学们一起订正，以规范学生的书写格式，使其养成良好的几何书写习惯。

几何对培养学生逻辑思维能力的有效性是其他学科无法替代的。在学生学习几何之前，数学的学习主要是研究数量关系，而几何的学习主要是研究几何图形及其性质，这就带来了学习方法的变化。在线段中点这节课中，学生会遇到一些陌生的名词术语、图形和符号等，这些内容虽然会让学生觉得与以往的数学学习不完全相同，却是后续几何学习的基础知识，因此本节课是打好几何基础的第一课。

点评：中点是几何图形中的一个特殊点，在学习七年级上册几何的初步知识时学生就已经学习了线段的中点，再到八年级上册学了特殊三角形后，当线段中点出现在特殊三角形中时便能产生很多相关的结论。让学生通过联想思考体会线段中点在不同背景下的妙用，为解决相关几何问题提供思路。

本节课重点研究线段中点的性质，引导学生认识基本图形，并运用图形逐步深入。由于图形中中点个数的不同，联想运用方法不同，需从单个中点逐步衍生到两个中点，甚至三个中点的应用。通过对线段中点的研究，为后续角平分线的研究做准备，不仅可以让学生自己得到类似知识点的概念，引导学生体会应用由特殊到一般的思想方法，探索图形中的一般规律，而且有利于在学习过程中培养勤于思考、乐于探究的学习习惯，培养学生推理几何的能力。

在"角平分线"教学实践中加强初中学生几何推理能力的诊断与培养教学的实践与思考 案例分析与教学点评

撰写者：张艳芳　马国富

一、教学背景分析

课标分析：理解角的概念及其表示方法，会正确对角进行分类，理解角平分线的概念及其表示方法。介绍角平分线的概念时，通过"探索"中的作图，得到两个相等的角，这里的作图是借助量角器完成的。应熟练掌握角平分线的三种表示方法，在以后学习证明题时要会选择和使用它们。

（一）教材分析：本课时教学内容的功能和地位

"角平分线"是《北京市义务教育课程改革实验教材》第3章第8节的内容。首先，学生们在之前的学习中已经学习了线段中点的定义（文字语言）及符号语言，对图形有初步的认识；其次，已经学习了角的定义（静态定义和动态定义）以及角的四种表示方法，对角有初步的接触。本节课的内容包括以下两方面内容：①理解角平分线的定义（文字语言）及其表示方法（即符号语言），并能运用它们进行简单的推理计算；②能够进行角平分线的文字语言、符号语言、图形语言三者之间的转化，恰当地选择数量关系，并用它们解决一些简单的几何推理问题。本节课所学的内容也为后边学习角平分线的性质和判定、三角形的内心做好了铺垫。

（二）学生情况分析

本节课是在学生学习了线段的相关知识、角的概念、角的度量与角的换算的基础上进行学习的，学生具备了一定的角度计算能力和逻辑推理能力，同时具备了一定的画图能力；但是在本章的学习中，学生是初步接触数学推理，在解决几何问题时，还会出现解题思维混乱的问题，所以规范数学推理过程中的符号语言是本节的重难点。

教师是教学过程的组织者、引导者、促进者，是教学活动的参与者；学生是学习的参与者，是学习活动的主体。指导学生逐步发现问题、提出问题、适当点拨引导学生探究问题、分析问题、解决问题，通过师生互动，达到共同发展的目的。本节课通过度量、折叠得到角平分线的概念，让学生自己参与探索并发现角平分线的内涵，从而加深对定义的理解。

二、教学目标分析

（一）教学目标

（1）理解角平分线的定义，会进行三种语言的相互转化，并能进行简单的角度推理和计算。

（2）经历从实际图形中抽象出几何图形（即角平分线）的过程，建立初步的图形观念。

（3）通过参与数学学习活动，激发求知欲，提高对数学的认识，体验数学推理的逻辑性，在学习中获得成功经验，建立自信心。

（二）教学重难点

教学重点：角平分线的定义和符号语言。

教学难点：正确运用角平分线的符号语言进行简单的推理计算。

教学手段：通过现有的教学设备，利用PPT让每一个学生学会动手、观察，亲自归纳总结。

教具：电脑课件、实物投影、量角器。

学具：量角器需测量的角。

三、教学过程

思考一下问题：能否以 O 为端点在角的内部找出一条射线 OC，使 $\angle AOC = \angle BOC$？

方法一：通过折纸。

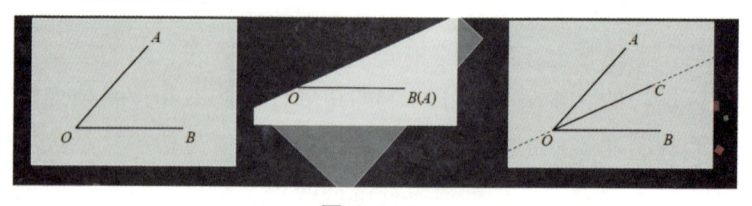

图 3-1-25

方法二：使用量角器。

图 3-1-26

（一）类比分析，引出新课

由线段上特殊的点——中点，引出角中特殊的线——角平分线。

	线段的中点	角平分线
图形	●———●———● A　　C　　B	O ＜ A / C / B
定义	一个点把线段平均分成两条相等的线段，这个点叫作线段的中点	
性质	$\because C$ 为线段 AB 的中点， $\therefore AC = BC$， $AC = \dfrac{1}{2}AB$（或 $BC = \dfrac{1}{2}AB$）， $AB = 2AC$（或 $AB = 2BC$）	
判定	$\because C$ 在线段 AB 上， 且 $AC = BC$（或 $AC = \dfrac{1}{2}AB$ 或 $BC = \dfrac{1}{2}AB$ 或 $AB = 2AC$ 或 $AB = 2BC$） $\therefore C$ 为线段 AB 的中点	

请学生任意画一个角并想办法把角平分成相等的两份（学生可能使用量角器或折叠的办法），由此引出角平分线的定义（学生归纳，教师纠正）。

角平分线定义：一条射线把一个角分成两个相等的角，这条射线叫作这个角的平分线。

> 活动意图：学生通过折纸和量角感受角平分线，并尝试抽象出角平分线，进一步体验角平分线的简易作法，并为角平分线的定义、性质的引出做铺垫。通过折纸及作图过程，由学生自己去发现结论。教师要有足够的耐心，为学生的思考留下时间和空间。

（二）概念剖析，讲授新课

请学生根据定义，分析其中的要点：
（1）角平分线是由角的顶点引出的一条射线。
（2）这条射线把角分成两个相等的角。

如何用数学式子表达角平分线的意义呢？启发学生类比线段中点的表达方法，并以小组为单位进行归纳整理，完成上表。

小组汇报讨论成果：

	线段的中点	角平分线
图形	$A \quad\quad C \quad\quad B$	O 引出至 A、C、B
定义	一个点把线段平均分成两条相等的线段，这个点叫作线段的中点	一条射线把一个角分成两个相等的角，这条射线叫作这个角的平分线
性质	$\because C$ 为线段 AB 的中点， $\therefore AC = BC$， $AC = \frac{1}{2} AB$（或 $BC = \frac{1}{2} AB$）， $AB = 2AC$（或 $AB = 2BC$）	$\because OC$ 是 $\angle AOB$ 的角平分线， $\therefore \angle AOC = \angle COB$， $\angle AOB = 2 \angle AOC = 2 \angle COB$， $\angle AOC = \frac{1}{2} \angle AOB$， $\angle COB = \frac{1}{2} \angle AOB$
判定	$\because C$ 在线段 AB 上， 且 $AC = BC$（或 $AC = \frac{1}{2} AB$ 或 $BC = \frac{1}{2} AB$ 或 $AB = 2AC$ 或 $AB = 2BC$） $\therefore C$ 为线段 AB 的中点	$\because \angle AOC = \angle COB$， （或 $\angle AOB = 2 \angle AOC$ 或 $\angle AOB = 2 \angle COB$， 或 $\angle AOC = \frac{1}{2} \angle AOB$， 或 $\angle COB = \frac{1}{2} \angle AOB$） $\therefore OC$ 是 $\angle AOB$ 的角平分线

教师注意引导学生分析三种符号语言表示方法的区别，并通过下面的练习进一步熟悉用法。

> 活动意图：通过小组合作，活跃课堂气氛，体现师生互动、生生互动，类比线段中点的图形、定义、性质和判定，通过小组讨论初步得出角平分线的图形、定义、性质和判定，采用类比的方法进行知识迁移，并有意识地培养学生归纳概括和口头表达能力。

（三）巩固练习，知识深化

抢答练习，熟悉应用。

练习1：如图3-1-27所示，OC是$\angle AOE$的平分线，则$\angle AOC = $ ___；$\angle AOE = 2$ ___；$\angle AOC = \dfrac{1}{2}$ ___。

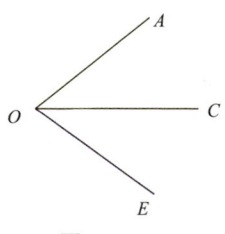

图3-1-27

变式：如图3-1-28所示，当$\angle AOE$为平角，OC是任意一条射线，OB是$\angle AOC$的平分线，OD是$\angle EOC$的平分线，问$\angle BOD$的角度确定吗？

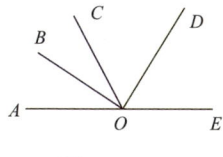

图3-1-28

以上练习可利用几何画板演示，揭示变化过程中的不变量。

练习2：如图3-1-29，OC是$\angle AOB$的角平分线，$\angle CAO = 90°$，$\angle CBO = 90°$，比较$\angle ACO$与$\angle BCO$的大小。

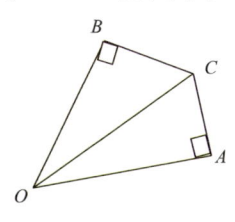

图3-1-29

练习3：如图3-1-30所示，$\angle AOB = \angle BOC = \angle COD$，则$\angle AOC$的角平分线是 ___，$\angle BOD$的角平分线是 ___，$\angle AOD$的三等分线是 ___，$3\angle BOC = \angle$ ___，$\dfrac{1}{3}\angle AOD = $ ___ $= $ ___ $= $ ___。

图 3-1-30

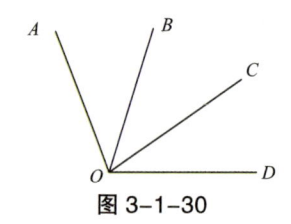

学生活动1：

（1）你能利用一副三角板做出 90°、60°、30° 角的平分线吗？

（2）画一个三角形 ABC，然后做出每个角的平分线，观察它们是否交于一点，如果交于一点，交点的位置在哪里？

可利用几何画板演示，不同形状的三角形的角平分线的交点都在三角形的内部。

例：如图 3-1-31 所示，$\angle AOB = 160°$，OC 为 $\angle AOB$ 的角平分线，OD 为 $\angle COB$ 的平分线，求 $\angle COD$ 的度数。

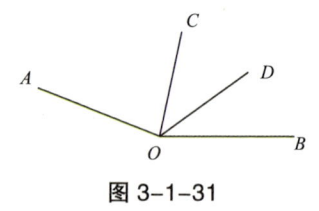

图 3-1-31

学生分析，教师扮演解题过程，初步培养学生推理的能力。

变式：若已知 OC 为 $\angle AOB$ 的角平分线，OD 为 $\angle COB$ 的角平分线，$\angle COD = 40°$，则 $\angle AOB$ 的度数是多少？（学生独立完成书写过程后教师纠正）

学生活动2：

如图 3-1-32 所示，$\angle AOB = 90°$，$\angle AOC = 60°$，OD 平分 $\angle BOC$，OE 平分 $\angle AOC$。

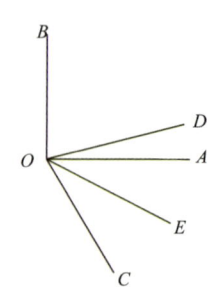

图 3-1-32

（1）求∠DOE。

（2）如果∠AOB = α，其他条件不变，求∠DOE。

（3）如果把原题中的∠AOC = 60°这个条件改为∠AOC是锐角，你能否求出∠DOE？若能，请将答案写出来；若不能，请说明理由。

（4）从以上结果中能得到什么结论？

（5）线段的计算与角的计算存在着密切的关系，它们之间可以互相借鉴解法，请你模仿此例，设计一道以线段为背景的计算题，写出其中的规律，并给出解答方法。

> 活动意图：数学问题的设置层层递进，简单应用角平分线的几何语言，结合变式训练，可开阔学生思维，培养学生思考问题的能力和用数学几何符号进行表达的能力。简述几何语言，让学生体会数学逻辑连接词的作用，并且能在今后的学习中学会恰当使用这样的连接词阐述数学问题的因果关系。

（四）拓展延伸，思维训练

在以上练习的基础上，根据学生的接受能力，可补充此部分内容，符合这次新教材螺旋式上升的理念。

利用三角板观察、猜想，归纳出"角平分线上的点到角两边的距离相等"。教师利用几何画板演示，使学生对角平分线的性质有感性的认识，激发好奇心，给学生课下探索留下很大的空间。

> 活动意图：学有余力的学生可以尝试观察、猜想、归纳角平分线的性质，培养学生的观察能力和几何推理能力。

（五）巩固应用，形成技能

课本 141 页练习题。

（六）回顾反思，拓展问题

请大家回忆一下，今天都学了哪些知识，通过学习你想说些什么？

（七）作业

课本 142 页提升练习第 3、4、5 题。

四、课堂评价的实施

合格：理解角平分线的定义，会进行三种语言的相互转化，并能进行简单的应用；经历从实际图形中抽象出几何图形（即角平分线）的过程，建立初步的图形观念。

良好：理解角平分线的定义，会进行三种语言的相互转化，并能进行简单的应用；经历从实际图形中抽象出几何图形（即角平分线）的过程，建立初步的图形观念；一次应用角平分线。

优秀：理解角平分线的定义，会进行三种语言的相互转化，并能进行简单的应用；经历从实际图形中抽象出几何图形（即角平分线）的过程，建立初步的图形观念；两次应用角平分线。

五、教学反思

（1）导入：通过折纸从生活实例中抽象出角平分线的定义，使学生对角平分线的认识从感性自然过渡到理性，从实物中抽象出角平分线，为画任意角的角平分线提供依据和方法，培养学生的动手操作能力和数学抽象能力。

（2）画角平分线：在画任意角的角平分线时，让学生上黑板展示，多关注学生画图的细节，对学生课上反馈的错误信息及时进行纠正，帮助学生正确借助量角器和三角尺作图，培养学生规范的作图能力。

（3）角平分线符号语言：教师先将角平分线的文字语言转化为数学符号语言，然后让学生尝试写出其他角平分线的符号语言，掌握角平分线的符号语言，为学生解决几何大题提供思考过程和步骤。

（4）角平分线的应用：在角平分线的应用部分中设置例题，其难度呈阶梯式，分别考查学生一次运用角平分线、两次运用角平分线和分类讨论思想，逐步培养和提高学生的作图能力和逻辑推理能力，层层递进、环环相扣。

（5）合理使用多媒体技术，将学生课上的思维过程展示在大屏幕上，并及时分析订正，帮助学生查漏补缺。

（6）教师要上好一节课是不容易的，需要花时间去反复打磨和细化每个环节，如每个活动如何完成、采用什么方式、谁来回答问题、如果回答跟预设的不同如何处理、如何正确引导学生思考、学生为什么会有这样那样的困惑、如何解决。在上课过程中教师要关注每个孩子，他们的不明白和不理解的背后可能有着不同的原因，教师要找出这些问题，并进行汇总分析，从而帮助学生解决。因此，教师不仅要读懂课标、教材，而且要关注学生、读懂学生。

点评：本节课教师能从学生已有的数学经验出发，通过动手画图和实际操作，建立新旧知识之间的联系，培养学生梳理知识体系的习惯，导入自然并能激励学生，在教学过程中体现师生互动、生生互动的双向活动，营造良好的学习氛围，符合新时代新课标的理念，教师要明确解读教学目标以使学生把握本节课重要的学习任务和流程。在教学过程中，教师能采取疑点启发的方式，创造条件让学生多动手、多动口、多动脑，激发学生多方位参与解决问题的积极性；能以"角平分线的概念"为指导，让学生通过类比、推理等过程，经历一个完整的数学探究过程，使学生能将三种语言进行转化及简单应用，从而为后续数学学科培养思维方式、归纳论证等方面奠定基础；在数形结合上，本节课也使学生得到了锻炼，由线段到角、由一条线段到三条、由一个角过渡到更多的角，体现了知识不断迁移的过程。总体来看，本节课教学各环节设置合理，教学目标明确，很好地突出了重难点；教师备课体现了个性化，做到了全面关注学生、重视学生思维规律，以及知识重难点的循序渐进。

不足：在线段和角的对比图表展示方式上花费时间太多，学生活动1中的例子过于烦琐，学生活动2中的第（4）和第（5）问的设计有些多余。

在"相交线与平行线"教学实践中加强初中学生几何推理能力的诊断与培养教学的实践与思考案例分析与教学点评

撰写者：李晓明　孟智伶

一、教学背景分析

（一）数学教学价值的要求

"相交线与平行线"一节是《义务教育数学课程标准（2011年版）》中"图形与几何"领域所要研究的基本问题，也是"三角形""全等三角形""相似三角形""平行四边形"等章节的基础内容。本章内容让学生通过观察、测量、实验、归纳、对比、类比等来寻找图形中的位置关系和数量关系，从而发现图形性质，然后通过推理获得数学结论。本章对推理的要求还处在入门阶段，只是结合知识的学习，将识图、画图、几何语言的训练从说理过渡到简单推理，采用说理的方式展示推理的过程，强调让学生经历推理的过程，感受推理的作用，使说理、推理作为观察、实验、探究得出结论的自然延续，这种推理方式使学生受益终身。"相交线与平行线"中涉及的数学思想方法有数形结合思想、方程思想和转化思想等，数学思想方法是数学基础知识的重要组成部分，是数学的精髓，是解题的指导思想，使人受益终身。

（二）课程标准的要求

《义务教育数学课程标准（2011年版）》中指出："在参与观察、实验、猜想、证明、综合实践等数学活动中，发展合情推理和演绎推理能力，清晰地表达自己的想法。"推理贯穿数学教学的始终，推理能力的形成和提高需要一个长期的、循序渐进的过程，可以恰当地引导学生探索证明同一个命题的不同思路和方法，进行比较和讨论，激发学生对数学证明的兴趣，发展学生思维的广阔性和灵活性。

（三）本学段教学内容的要求

小学阶段的实验几何，一般只讲其然，不讲其所以然，一切都靠看一看、量一量，就得出结论。然而，眼睛观察并非完全可靠，因为有时候人会不知不觉地产生错觉。人们每天看到太阳东升西落，感觉太阳在绕地球转，但是真实的情况是地球绕着太阳转。可见，眼见不一定为真。除观察实验之外，还要通过思维分析、逻辑推理认证才能真正把握事物的本质，因此要想掌握几何图形更复杂、更深层的性质，仅靠观察是不够的，必须学会逻辑推理。

（四）本学段学情要求

相交和平行是平面内不重合的两条直线的位置关系，是学生研究几何的开始。这部分知识以及知识所体现的基本思想和方法是后续学习"三角形""四边形""相似形""图形与坐标"以及"圆"等章节的重要基础。同时，从这章开始，学生要学会由说理到简单推理，再到用符号来表示推理过程，是完成从实验几何到论证几何的关键章节，这不仅要求学生能够在已有的知识经验基础上，通过观察、动手操作、探究、归纳的方法得出图形的相关性质，还要学习通过简单推理得到数学结论的方法，培养言之有据的思考习惯，感受推理论证的作用。对于这部分内容，书中安排了相关的习题加以训练，让学生来体会条件与条件、条件与结论、条件与依据、结论与依据的关联性，从而学习如何有条理地进行推理，同时要注意推理证明思维的缜密性。

二、教学目标分析

（一）教学内容的确定

相交线与平行线是进一步学习几何知识的基础，在解答题中为一些重要结论提供前提条件和基础结论。平行线的性质是今后得出角的关系的重要依据，在计算和证明中应用广泛。它和判定经常结合使用，由角之间的关系得出直线平行，进而再得出其他角之间的关系，或是由直线平行得到角之间的关系，再得出其他直线平行，这就为后续的三角形全等、相似、四边形性质等的有关证明提供了可以转化的条件。所以，本节课的学习至关重要，教材的内容与生活联系紧密，如用三角尺量一量《新华字典》封面的每一个角等于多少度，测量铁轨、斑马线等来理解相交及平行的相关知识点。这会让学生感受到数学就在我们身边，进而极大地加强了对数学的热爱。

（二）教学目标的确定

通过实物、图形理解相交线与平行线的相关概念。

通过观察、实验、猜想、说理和简单推理探究相交线和平行线的相关概念。

运用相交直线、垂线、点到直线的距离以及平行线等解决相交与平行的相关问题。

学会由说理到简单推理，再到用符号来表示推理过程，培养学生的推理能力。

三、教学过程

结合具体内容，使学生理解"两点间所有连线中线段最短"，知道两点间的距离与点到直线的距离。在对两点间的距离与点到直线的距离的探究过程中，培养学生观察、想象、动手操作的能力，发展空间观念。使学生初步学会交流解决问题和结果，体验数学与生活的密切联系，提高学习兴趣，学会与他人合作共同解决问题。

课前准备：多媒体课件、图片，直尺、三角板等作图工具，将校园中的平行的双杠抽象为数学图形，探究解题办法。

（一）活动一：到对面红旗处。

（1）看一看：三名学生沿不同白灰线路走到红旗处。

（2）量一量：三条不同白灰线路的长度。
（3）说一说：你发现了什么？
（4）想一想：其中蕴含的数学道理是什么？
（5）找一找：你能举出生活中应用的例子吗？
（6）辩一辩：说说什么是"两点之间的距离"。

> 活动设计意图：通过游戏、画图的方式，激发学生的学习兴趣，了解两点间的距离，并会测量两点间距离。

（二）活动二：到对面的直跑道

（1）看一看：三名学生从自己的位置沿不同白灰线路到对边的直跑道。
（2）量一量：三条不同白灰线路的长度。
（3）说一说：你发现了什么？
（4）想一想：其中蕴含的数学道理是什么？
（5）找一找：你能举出生活中应用的例子吗？
（6）辩一辩：看教材，想想什么是"点到直线的距离"。

> 活动设计意图：通过游戏、画图的方式，探究点到直线的距离。

（三）活动三：测量双杠的两个横杆之间的距离。

（1）量一量：测量出双杠的两个横杆之间的距离。
（2）说一说：你有什么发现？

> 活动设计意图：运用合情推理，根据活动二探索点到线的距离的方法类比探索平行线间的距离。

四、课堂评价的实施

合格：理解"两点间所有连线中线段最短"，知道两点间的距离与点到直线的距离。

良好：掌握并会测量点到直线的距离。

优秀：利用点到直线的距离解决实际问题。

五、教学反思

(一) 本节课的反思

本节课讲述的是义务教育教科书《数学》七年级上册第三章的第十节的内容。

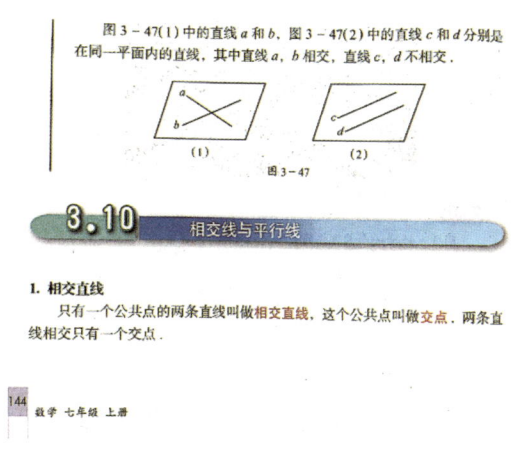

图 3-1-33

笔者将本节内容分为两个课时进行讲述，本节课探究两点之间的距离；两点间线段的长度，点到直线的距离；点到直线的垂直线段的长度；平行线之间的距离；平行线间的垂直线段的长度处处相等。通过开展三个活动进行探究活动。通过活动一测量两点间距离；通过活动二探究点到直线的距离，得出结论：点到直线间的距离，垂直线段的长度最短；通过活动三探究平行线之间的距离，平行线间的垂直线段的长度处处相等。在本节课中，教师充分利用多媒体课件、图片、直尺、三角板等作图工具，将校园中的平行的双杠抽象为数学图形，让学生自己动手画图，利用直尺和三角板等工具，进行合情推理探索，进而得出结论。本节课的学习为学生高中立体几何的学习打下坚实的基础，使其学会由点到线、由线到面、由点到线的距离类比到点到线的距离、线到面的距离。

(二) 对初中学生几何推理能力的诊断与培养的认识

几何的学习是数学学习的重点，几何的学习离不开推理，推理能力的形成和提高需要一个长期的、循序渐进的过程。在教学活动中，设计适当的学习活动，引导学生通过观察、尝试、估算、归纳、类比、画图等活动发现一些规律，猜测某些结论，发展合情推理能力；通过实例使学生逐步意识到，结论的正确性需要演绎推理的确认，可以通过学生的年龄特征提出不同程度的要求。

五、对初中学生几何推理能力的诊断与培养的设想

（一）注意推理论证能力培养的阶段性

推理论证能力的培养是一个长期的过程，因而教师在几何教学中可以要求学生先说明道理，然后回答问题的依据（根据某个公理或定理），进而用文字语言叙述推理过程，再对照翻译成使用符号推理的格式；要求学生会进行一两步推理，会写出简单问题的已知和求证，最后写出严谨的几何证明过程。

（二）注重逻辑推理的基本方法的培养

可以用综合法（由因导果），也可以用分析法（执果索因）。对于较复杂的几何问题，可以将逻辑推理过程中综合法与分析法合并使用去寻求证明的途径。

（三）其他能力的培养

在平时的几何教学中，要注重培养学生的审题能力与读图和画图的能力。备课时，要精心设计问题，层层递进，逐步培养学生缜密的逻辑推理能力，使学生受益终身。

点评：从整体上看，这节课的设计符合教材对这部分内容的要求。教学背景分析、教学目标分析、教学过程、教学反思和对初中学生几何推理能力的诊断与培养的设想几部分的论述结构完整，内容充实，体现了教师对教材、课标的熟练把握。对两种推理在教学中的应用价值给予了阐述，但如果能更具体，反思部分更突出，效果会更好。

（1）对数学教学价值的要求和课程标准的要求分析比较到位，强调了教学内容的基础价值，对推理的教学要求和掌握层次分析到位。强调了合情推理和演绎推理在这部分教学中的相互作用。

（2）对本学段教学内容要求和学情要求的分析应该更具体。对于教学内容中如何体现合情推理和演绎推理的分析不够。

（3）在教学目标的分析中，教学内容的确定部分强调了知识前后之间的联系和本节课的具体教学目标。

（4）教学过程部分给出了三个教学活动，这三个教学活动是如何体现教师培养学生逻辑推理的、哪个方面是合情推理、哪个方面是培养演绎推理的分析内容不清。

（5）从教学反思部分可以看出教师本节课的重点是通过三个教学活动让学生自己动手画图，充分利用直尺和三角板等工具，进行合情推理探索，进而得出结论。教学活动突出和学生的实际生活相联系，符合学生的年龄特征，能够激发学生们参与的积极性，那么在教学实际生成过程中在哪个环节、哪个点上教师或学生在推理的处理上比较得当或出现失误的分析不够。

在"相交线与平行线"教学实践中加强初中学生几何推理能力的诊断与培养教学的实践与思考案例分析与教学点评

撰写者：王亚凤　张艳芳

一、教学背景分析

（一）数学教学价值的要求

数学教学应根据具体的教学内容，使学生在获得间接经验的同时能够有机会获得直接经验，即从学生实际出发，创设有助于学生自主学习的问题情境，引导学生通过实践、思考、探索、交流等，获得数学的基础知识、基本技能、基本思想、基本活动经验，促使学生主动地、富有个性地学习，不断提高其发现问题和提出问题的能力、分析问题和解决问题的能力。数学活动经验的积累是提高学生数学素养的重要标志。帮助学生积累数学活动经验是数学教学的重要目标，是学生不断经历、体验各种数学活动过程的结果。数学活动经验需要在"做"的过程中和"思考"的过程中逐步积累。

（二）课程标准的要求

《义务教育数学课程标准（2011年版）》中指出：学生学习应当是一个生动活泼的、主动的和富有个性的过程。认真思考、动手实践、自主探索、合作交流等，都是学习数学的重要方式。学生应当有足够的时间和空间经历观察、实验、猜测、计算、推理、验证等活动过程。教师教学应该以学生的认知发展水平和已有的经验为基础，面向全体学生，注重启发式和因材施教。教师要发挥主导作用，处理好讲授与学生自主学习的关系，引导学生独立思考、主动探索、合作交流，使学生理解和掌握基本的数学知识与技能，体会和运用数学思想和方法，获得基本的数学活动经验。

课程设计要充分考虑本学段学生数学学习的特点，符合学生的认知规律和心理特征，重视学生已有的经验。为了学习而设计教学，是设计的出发点。因此，在平面几何的教学中，教师应该根据认知规律，设计符合学生认知水平的教学活动，通过学生的感知、思考、归纳和想象，形成对几何图形的认识。

基于以上思考，本节课通过画图、折纸活动，调动学生关于垂直的已有知识经验，在此基础上，经过归纳，得出画垂直的正确步骤。随后学生又通过观察、思考认识垂线段及点到直线的距离。教学设计力求学生通过动手操作体会画图步骤，同时在已有知识与经验的基础上，进一步发展空间想象力。

（三）本学段教学内容的要求

本节课的内容属于"图形与几何"领域中的"相交线与平行线"。在《义务教育数学课程标准（2011年版）》中对本节内容的要求是理解垂线、垂线段等概念，能用三角尺或量角器过一点画已知直线的垂线；理解点到直线的距离的意义，能度量点到直线的距离；掌握基本事实：过一点有且只有一条直线与已知直线垂直。所以，本节课设计更注重使学生通过观察、操作，获得对知识的深刻理解。

（四）本学段学情要求

在《义务教育数学课程标准（2011年版）》中，本节课的知识对小学的要求是，结合生活情境了解平面上两条直线的平行和相交（包括垂直）关系。大多数学生对垂直的性质并不清楚，也不能正确画出某条直线的垂线，对于垂线的性质更没有做过深入的探讨。但在学习本节课之前学生学习了基本的图形，如点、线、角，对两直线相交也有了一定的认识，这使学生有了学习垂线的基础。所以，本节课的设计力求使学生的观察、动手操作贯穿整个学习过程，引导学生在动手实践中发现新知识和发展推理能力。

二、教学目标分析

（一）教学内容的确定

本节课讲述的是京教版数学七年级上册第三章第十节中的内容，旨在使学生通过自己画图观察、归纳两条直线相交和平行的概念，从垂直的符号语言和图形语言的表示等不同的角度进一步认识垂直。垂直是在学生对基本图形点、线、角有了初步认识的基础上学习的一种特殊位置关系，向学生渗透了由一般到特殊的思想。其学习方式和研究方法对今后认识图形、形成空间观念起到奠基的作用，特别是对今后要学习的三角形、平行四边形和圆都起着举足轻重的作用。

（二）教学目标的确定

（1）在具体情境中探索并理解垂直的概念，并学会用符号表示。

（2）通过动手画图，进一步丰富对两条直线互相垂直的认识，并且会借助三角板、量角器、画垂线，通过操作活动，探索有关垂线的性质。

（3）在探索和运用垂线段的过程中，感受学习数学图形的乐趣。

（4）理解垂线、垂线段等概念，能用三角尺或量角器过一点画已知直线的垂线。

（5）理解点到直线的距离的意义，能度量点到直线的距离。

（6）掌握基本事实：过一点有且只有一条直线与已知直线垂直。

教学重点：通过动手操作理解垂线、垂线段、点到直线的距离的概念。

教学难点：垂线性质的理解与应用。

三、教学过程

（一）复习引入

师：几何是研究几何图形的形状、大小和位置关系的学科。那我们已经学过了哪些几何图形呢？预答：点、线、面、体。师：怎样描述点与点之间的位置关系？预答：方向和距离（在引导下作答）。师：怎样描述点与线之间的位置关系？预答：点在直线上、点在直线外（在回顾了点与点之间的位置关系后，对于点和线的位置关系学生很快进行了回答）。师：直线与直线有怎样的位置关系？对于两直线之间的位置关系大部分学生暂时答不上来？

> 问答引入设计意图：教师通过"几何"的定义让学生明白几何研究的对象和对象之间的关系，既复习了之前学习的内容，又让学生明确接下来所要研究的内容，自然引入新课。

（二）探究新知

1. 活动一：画一画

每个同学在 A4 纸上画一画两条直线的位置关系。

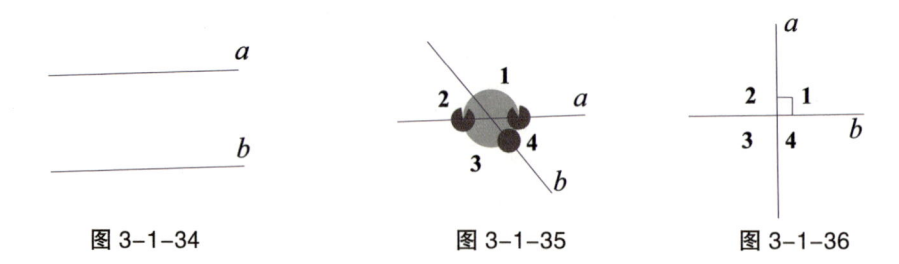

图 3-1-34　　　　　　图 3-1-35　　　　　　图 3-1-36

以上三个图是学生展示的作品,请同学们认真观察、分析所画的图有什么共同点和不同点?

预答:共同点是,都在同一平面内,都有两条直线。不同点是,图 3-1-34 两条直线没有公共点,图 3-1-35、图 3-1-36 两条直线有一个公共点。

定义:如果两条直线只有一个公共点,我们就说这两条直线相交。该公共点叫这两条直线的交点。在同一平面内不相交的两条直线叫平行线。平行用符号"∥"表示,如图 3-1-34 所示中直线 a 平行于直线 b,可以记为 $a \parallel b$。

继续观察图 3-1-35 和图 3-1-36 有什么共同点和不同点?

预答:共同点是,图 3-1-35 和图 3-1-36 两条直线相交,只有一个交点,两条相交线所成小于平角的角共有 4 个。不同点是,图 3-1-35 两条相交线所成的四个角的度数是大于 0°、小于 180° 的任意度数,而图 3-1-36 两条相交线所成的四个角的度数都是 90°。(需要适当引导)

定义:两条直线相交所成的四个角中,如果其中一个角的度数等于 90°,就称这两条直线互相垂直,其中的一条直线叫另一条直线的垂线。垂直用符号"⊥"表示,这两条直线的交点叫垂足。如图 3-1-36 所示中直线 a 垂直于直线 b,可以记为 $a \perp b$。

思考:定义中为什么只要求满足一个角的度数等于 90°,就称这两条直线互相垂直,而不是两条直线相交所成的四个角都要求满足 90° 呢?

预答:因为只要一个角的度数等于 90°,其他三个角的度数都可以根据平角的定义推算出来也是 90°。

> 活动设计意图:通过自己动手画图感知两条直线相交只有一个公共点,平行线没有公共点,以此提高学生的动手画图能力,从而降低几何概念教学的难度。

2. 活动二：折纸

（1）任意给一张长方形的白纸，你能折出一个直角吗？请同学们拿出准备好的长方形白纸折一折，说一说你是怎样折的？

（2）请指出你所折直角的边与顶点，为什么说这个角是直角？

> 活动设计意图：通过折纸活动激发学生的学习兴趣，通过追问增强学生学习数学的严谨性。

3. 活动三：继续折纸

（1）如图 3-1-37 所示，在一张长方形的白纸上有一条直线 l 和一个点 A，你能折出一个直角使它的顶点为 A，一条直角边在直线 l 上吗？说一说你是怎样折的？

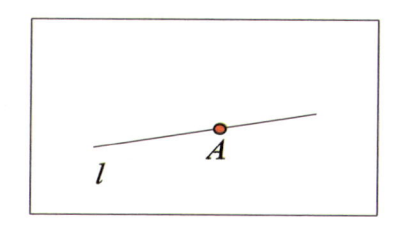

图 3-1-37

（2）如图 3-1-38 所示，在一张长方形的白纸上有一条直线 l 和一个点 A，你能折出一个直角使它的一条直角边经过点 A，另一条直角边在直线 l 上吗？说一说你是怎样折的？

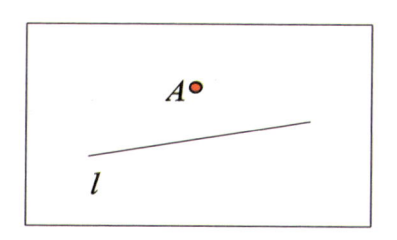

图 3-1-38

（3）请你说一说以上折纸过程有什么共同点？

> 活动设计意图：通过三次折纸活动，使学生从中体会垂线的基本步骤，通过折纸→观察→猜想→归纳的探究过程进一步提高学生的自主探究能力。同时，通过步骤回顾，使学生体会折纸与画图的联系，为后面的画图做好准备。

4. 活动四：画图

（1）请你画出一个直角，使这个直角的一条边在直线 l 上，另一条边过点 A。

（2）如图 3-1-39 所示，过点 A 分别画直线 l 的垂线，这样的垂线能画出几条？

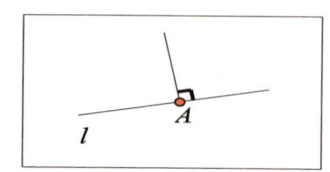

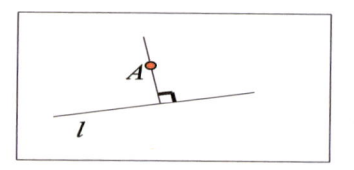

图 3-1-39

（3）通过以上画图，你有什么发现？请试着用自己的语言叙述。

归纳小结：过一点有且只有一条直线与已知直线垂直。

一点：这一点可能在直线上也可能在直线外；有：存在；只有：有唯一的一条。

活动设计意图：规范画图步骤，并通过画图→观察→猜想→归纳的探究过程进一步提高学生的自主探究能力。

5. 活动五：探索

（1）如图 3-1-40 所示，在体育比赛中，如何测量运动员的跳远成绩？

图 3-1-40

（2）以小组为单位，说一说我们测量跳远成绩时，所画的线和前面所学的垂线有什么相同和不同之处？你能为这条线段命名吗？怎样给垂线段下定义？用自己的文字语言并结合图形进行叙述。

归纳小结：从直线外一点向这条直线引垂线，该点到垂足之间的线段叫垂线段。

（3）如图 3-1-41，P 是直线 l 外一点，从点 P 向直线 l 引 PA，PB，PC，PD 等几条线段，其中只有 PA 与直线 l 垂直。你能在图中找出垂线段吗？量一量,这几条线段中,哪一条最短?

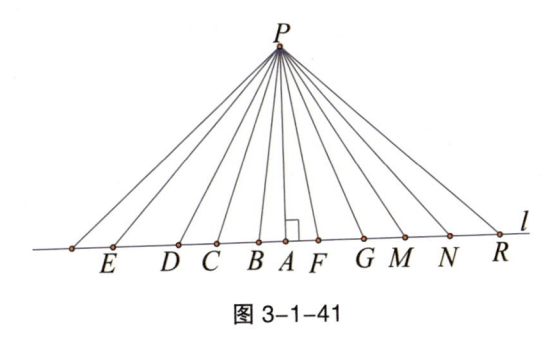

图 3-1-41

在实践中发现,直线外一点与直线上各点连接的所有线段中,垂线段最短。从直线外一点到这条直线的垂线段的长度,叫点到直线的距离。(用几何画板演示)

(4)请一名同学上讲台结合黑板上的图形说明一下什么是点到直线的距离?

(5)垂线、垂线段、点到直线的距离这三者之间有什么关系?

> 活动设计意图:引出垂线段的性质,测量是有误差的,用几何画板演示,使学生清楚数学学习是严谨的,巩固垂线短的概念。使学生清楚垂线段是图形,而点到直线的距离是长度(是数量)。

6. 活动六:实践

如图 3-1-42,点 A 在直线 a 上,点 B 在直线 b 上。

(1)怎样量出 A,B 两点间的距离?

(2)怎样量出点 A 到直线 b 的距离?

(3)怎样量出点 B 到直线 a 的距离?

(4)过点 A 作直线 b 的平行线。

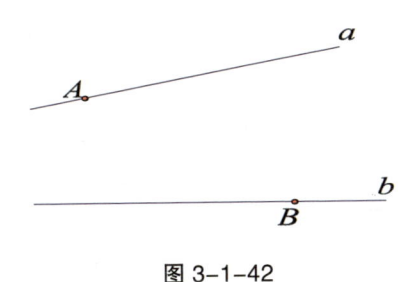

图 3-1-42

7. 活动七：课堂小结

师：通过本节课的学习，同学们有什么感悟？

学生预总结：

（1）学习经历：画图（折纸）→观察→分析→提炼→概括→应用。

（2）知识内容：①相交线的定义和平行线；②垂线定义和性质、垂线段定义、点到直线的距离。

（3）思想方法：由一般到特殊的思想。

四、课堂评价的实施

合格：知道相交线、平行线、垂线、垂线段、点到直线的距离的概念；能判断两条直线的位置关系。

良好：理解点到直线的距离的意义，能度量点到直线的距离。

优秀：运用直线外一点与直线上各点连接的所有线段中，垂线段最短的性质，解决与距离有关的数学问题。

五、教学反思

（一）本节课的反思

（1）本节课将实物纸片、图形、文字、数学符号等多种形式结合起来。以平常所见的折纸入手，抽象成数学图形，分析数学图形，动手画图，感受图形的变化过程，抓住解决这类问题中不变的解题方法。

（2）课前准备：为每位学生准备矩形纸片，整节课学生动手折、剪矩形纸片，合作动手测量、画图、分析，层层递进，步步深入，体现由合情推理向严谨逻辑思维能力的训练过程。

（3）通过课前测试了解学生的知识基础，依据测试数据进行教学设计。

（4）新教材的理念之一是让学生去体验知识的生成过程。结合学生实际，本节课设计的三次折纸活动，让学生通过动手操作，发现折纸与画图的联系，这样既解决了学生今后学习几何中画垂线的困难，又引出了新课。

（5）《义务教育数学课程标准（2011年版）》中指出，数学教学活动，特别是课堂教学应激发学生兴趣，调动学生积极性。因此，根据七年级学生活泼好动的特点，让他们测量熟悉的跳远成绩，极大地调动了他们的积极性。

数学理论内容变化多端，初中生要真实了解并清楚数学理论内容，进而更好地学习数学理论内容。学生在学习数学时，切勿完全依赖教师，如果学生持续较长时间应用同一方式学习数学，其就不会学习到相对灵活的理论知识。所以，初中生在学习数学的过程中开展活动探究是十分必要的，此种方式能让初中生更清楚数学理论知识的本质，并感受到学习数学的趣味。

本节课的作业：活动六：实践。通过作业的完成，使学生经历画图的过程。经过画图，教师会发现学生的作图能力有了很大提升，根据文字语言阐述画出几何图形的能力有所增强。

（二）对初中学生几何推理能力的诊断与培养的认识

让学生初步学会在具体的情境中从数学的角度发现问题和提出问题，并综合运用数学知识和方法等解决简单的实际问题，增强应用意识，提高实践能力。通过从不同角度寻求分析问题和解决问题的方法的过程，使学生掌握分析问题和解决问题的一些基本方法；在与他人合作和交流的过程中，能较好地理解他人的思考方法和结论；能针对他人所提的问题进行反思，初步形成评价与反思的意识。第一，几何教学课应该是基于生活创设活动情境，教学通过实际生活中的例子引出研究问题，以提问的形式促进学生思考，鼓励学生就相关问题勇敢地阐述自己的看法，接下来引导学生动手实践，画出两条直线的位置关系，观察分析、提炼总结出相交线和平行线的概念，通过让学生用折纸找到垂线的方式来激发学生的学习热情。学生认为，可以以折纸、画图等方法来验证过一点有且只有一条直线与已知直线垂直，通过画图测量几何画板的演示过程，能让学生认识到直线外一点与直线上各点连接的所有线段中，垂线段最短。第二，几何教学课还应该基于学生的学情设计活动过程，使本节课的教学与学生的知识结构、教材的基本内容以及学生所具备的认知水平相联系，让学生体会到生活为数学的源泉，数学为生活服务，以此激发学生对数学学习的积极性。教师应用启发探索法组织教学，让学生动手操作、自主观察、探究、对比、想象，进而将感性的认识上升到理性的高度，获得正确的结论以及技巧。该流程展现了知识生成的整个过程，可以让学生体会数形结合、猜想等数学常用思想。

六、对初中学生几何推理能力的诊断与培养的设想

（一）帮助学生构架知识体系，培养学生的几何知识核心素养

在课堂教学中，教师往往只着眼于当堂课的教学内容，而忽视了该课堂的教学内容与前后教学内容之间的关系，对于整个几何知识体系更是缺乏深入的

研究，以至于学生学习了当堂课的内容，而遗忘了之前所学习的内容，对于今后所要学习的几何知识更是不知所措，只能被动地等待教师的教授，这不利于学生核心素养的培养。因此，教师在几何教学中要以整个几何知识体系为依托，教授学生研究几何知识的方法。上述一节课的教学对我们研究几何教学有一定的启示作用。学生在具备了这种研究几何知识的核心素养以后，当他们遇到三角形、四边形、圆等几何内容的时候，便能类比之前的研究方法，做到举一反三，从整个几何知识体系考虑研究的内容，渐渐地，几何知识体系便架构起来。

（二）加强渗透数学思想，培养学生数学思维能力

在数学课堂教学中，数学思想是整个数学教学的灵魂，数学思想隐藏于数学知识的每个角落，几何教学中更是蕴含了大量的数学思想方法。因此，在几何教学中教师要不断渗透数学思想，让学生在无形中感知数学思想方法带来的作用。经过教师不断地渗透，慢慢地，学生便能理解为什么要用这种数学思想，本节课是在学生对基本图形点、线、角有了初步认识的基础上学习的一种特殊位置关系，初步向学生渗透由一般到特殊的思想，使学生今后学会运用这种数学思想解决相关的数学问题。

（三）加强折纸、画图、观察归纳的练习，培养学生直观思维能力

（1）折纸：在折纸实践活动中，让学生感受到生活处处有数学，我们要用数学的眼光看生活。

（2）画图：在教学中，先让学生自己动手画图，然后教师引导规范画图，画出标准图形。教师引导学生进一步感知图形，归纳出图形的特征。

（3）观察归纳：即认识图形。首先，在学习新概念和定理时，要将文字语言和图形语言结合起来；其次，要通过长期训练，使学生"眼中有形"，掌握基本的作图能力，能观察图形特征并用自己的语言（符号语言和文字语言）表述出来。

（四）培养学生的几何直观能力

在几何教学课上，学生在经历动手操作探究问题后，还要进行恰当的信息技术演示，信息技术的发展对数学教育的价值、目标、内容以及教学方式产生了很大的影响。数学课程的设计与实施应根据实际情况合理地运用现代信息技术，在几何教学中要注意信息技术与课程内容的整合，注重实效。要充分考虑信息技术对数学学习内容和方式的影响，开发并向学生提供丰富的学习资源，

把现代信息技术作为学生学习数学和解决问题的有力工具，有效地改进教与学的方式，使学生乐意并有可能投入具有探索价值的数学活动中去。利用信息技术，可更好地培养学生的几何直观能力。

在初中几何课教学中，采取"活动探究"教学模式需要围绕"生活数学""活动思考"等线索组织课程内容，重视生活和数学两者的关系，给予学生具有可视性、真实可感的基本素材，以学生的生活经验和所存在的知识背景为切入点，结合生活讲述数学，让学生结合生活实际学习数学。除此之外，教师还要为生活经验赋予更多的数学气息，为数学问题增添生活的色彩，呈现出"数学源于生活，且应用于生活"的思想，让学生感受到数学无处不在，体会到数学的趣味性，发现数学的风采，最终实现让学生产生数学学习热情的目的。

点评：

（1）教学背景分析全面细致，分别从数学教学、课标、教师教学和学生四个角度分析，从学生实际情况出发，通过画图、折纸活动，调动学生的数学学习兴趣，经过观察归纳总结出相同点和不同点。活动形式多样，设计体现了对知识的综合应用，为更好地培养学生的几何推理能力奠定基础。

（2）教学目标清晰、具体、有条理性，具体分析了教学的主要内容和对学生学习的要求。教学内容主次分明，结构合理。对学生的要求具体明了，详细说明学生对不同知识的学习程度和达到什么水平。

（3）教学过程设计完整有序、十分详细，通过问答导入引起学生的思考，通过画图、折纸和情景导入等活动，调动学生的数学学习兴趣，经过观察归纳总结出相同点和不同点，引导学生动口、动手、动脑，活动形式丰富多样，设计体现了对知识的综合应用。同时，关注教学过程中的预设和生成，注重学生已有的数学知识经验，以旧引新，寻找新旧知识的关联和生长点，注重知识的发展过程，调动学生积极参与数学学习活动，积累更多的数学知识和经验，形成良性循环，为更好地培养学生的几何推理能力奠定基础。此外，在教师教学过程中合理使用信息技术，如用希沃助手及时直观地展示学生的数学思维，用几何画板演示动态过程帮助学生形象直观地理解垂线段定义和性质。

本研究结合实际的教学案例和学生的学习情况，提出对初中学生几何推理能力的诊断与培养的设想，从实际上升到理论层面，为相交线和平行线的教学提供依据，为进一步培养学生几何能力奠定基础。

第二节　在观察、猜想与证明的教学中加强初中学生几何推理能力的诊断与培养教学的实践与思考案例分析与教学点评

一、教学目标

（1）初步学会通过观察、实验、归纳、类比、猜想认识事物之间的关系。

（2）初步学会运用说理的方法处理生活中、数学中的逻辑关系。

（3）了解定义、命题、定理的意义；了解反例的作用，知道利用反例可以判断一个命题是错误的。

（4）知道证明的意义和必要性，知道证明要合乎逻辑，知道证明的过程可以有不同的表达形式，初步学会综合法证明的格式。

（5）理解对顶角、余角、补角等概念，掌握对顶角相等、同角（或等角）的余角相等、同角（或等角）的补角相等的性质。

（6）能用三角尺和直尺过已知直线外一点画这条直线的平行线。

（7）了解同位角、内错角、同旁内角的概念。

（8）掌握基本事实：①两条直线被第三条直线所截，如果同位角相等，那么两直线平行。②过直线外一点有且只有一条直线与这条直线平行。

（9）掌握平行线的判定定理和平行线的性质定理；了解平行线性质定理的证明；了解平行于同一条直线的两条直线平行。

（10）通过本章的学习，逻辑思维能力有一定的提高。

二、教材分析和教学建议

观察、猜想与证明，是对几何推理的结论由感性认识到理性认识的上升，是以后学生学习几何推理的重要依据。学生的感性认识并不一定准确，还需要上升到理性认识，即推理证明。

观察与实验、归纳与类比、猜想与证明，借助生活中的实例展示每一种类型，通过代数中已学过的解方程等知识，运用逻辑的方法去重新加以认识，从而在复习旧知识的过程中，赋予它新的含义，为几何中的证明做好铺垫。

几何推理的证明过程对学生来说是个难点，学生要参与到证明的过程中来，就要先清楚题目条件，从条件入手分析可求的结论，尝试说出思路，逐步

接触并熟悉几何题目的证明思路、证明步骤和证明格式。从"简单说理"到"简单推理"再到"用符号表示推理"分阶段逐步加深。在教学中要注意准确把握教学要求，对推理能力的培养要有一个循序渐进、逐步提高的过程。

观察、猜想与证明在合情推理的基础上，引出演绎推理的必要性，以相交线、平行线为载体，学习演绎推理的一般方法，属于推理的入门阶段。

在"对顶角"教学实践中加强初中学生几何推理能力的诊断与培养教学的实践与思考案例分析与教学点评

撰写者：张海涛　王志芳

一、教学背景分析

（一）本节知识的数学价值

在学习过程中，学生逐步意识到要从不必证明提升到需要证明，这一过程会使学生感受到理性的震撼，最终使学生体会到要从公理（基本事实）出发，进行逻辑推理的演绎证明这一重要思想。同时，学生在通过这节课得到的理性震撼，则是基本数学活动经验的重要组成部分，"对顶角相等"这个定理在数学思想方法中的价值就体现得淋漓尽致了。

（二）课程标准的要求

《义务教育数学课程标准（2011年版）》中指出：本章对于推理的要求还处在初级阶段，从"生活中的说理"到"数学中的说理"，从"简单说理"到"简单推理"再到"用符号表示推理"分阶段逐步加深，对推理能力的培养要有一个循序渐进逐步提高的过程，要鼓励学生用自己的语言说明理由，可以用自然语言，可以结合图形进行说明，可以用箭头等形式表明自己的思路，也可以用数学符号语言表示说理、简单推理的过程，等等。总之，要注意逐步提高，不急于要求学生用数学符号语言进行书写。

（三）本学段教学内容的要求

在教材中把这部分内容分成几个层次，便于使学生从困惑中解脱出来。

第一个层次是生活中的说理。列举的实例会使学生感到亲切、不陌生，目的是让学生学会讲道理，以理服人。

第二个层次是数学中的说理。通过代数中已学过的解方程等知识，运用逻辑的方法去重新加以认识，从而在复习旧知识的过程中，赋予它新的含义，为几何中的证明做好铺垫。

在介绍了定义、命题、基本事实、定理的基础上，进入第三个层次——推理实践，使学生参与到证明的过程中来，逐步接触并熟悉几何题目的证明思路、证明步骤和证明格式，这是非常重要的一个阶段，务必从思想上予以重视，这一章只是入门，到了三角形部分，再继续深化。只要过了这一关，后面的教学将会比较顺利，学生也会逐渐体会到这部分内容对他们的思维方式和思维的品质所产生的影响，而这些也许会使他们终身受益。解决这一困难的关键是循序渐进，从学生熟悉的实例出发，帮助学生克服思想上的困惑，增强他们的学习信心，使他们感到"我能学好证明，我必须学好证明，它会使我的头脑更聪明，使我思考问题的方式更严谨、更富有逻辑性"。

（四）学情分析

本节内容是在学生学习了角的相关知识后对图形进行的进一步研究。本节从生活中的图形形成的角引出对顶角的概念，引导学生通过观察和度量，先取得对顶角相等的感性认识后再利用"同角的补角相等"推导出对顶角相等的性质，最后对这一性质加以应用。学生在初一上学期只学习了图形的基本知识，对图形的认识大多只停留在感性认识的层面上，对对顶角相等这一性质的运用难以用准确的几何语言加以描述，解题过程的书写是其中的难点。

学生在学习了对顶角后很容易联想到相邻两角的关系，同时通过测量发现对顶角相等的性质后，其推导的过程会用到相邻两角的关系，所以在此引入邻补角是十分有必要的。

在图形中寻找对顶角和邻补角的对数时，学生会出现重复和遗漏的情况，部分同学会觉得无从下手。笔者让学生先掌握两条直线相交有几对对顶角和邻补角，由简到繁，依次探索三条直线相交于一点、四条直线相交于一点，直至 n 条直线相交于一点的情况，提示他们既然已经知道两条直线相交对顶角和邻补角的对数，那么这些图形可以分解成多少个两条直线相交？同学们恍然大悟，结合组合规律快速地判断出对顶角和邻补角对数。在此基础上再出示一些直线相交的情形让学生找对顶角和邻补角对数，学生自然也就知道如何处理了。

二、教学目标分析

（一）教学设计说明

本节课以新课程理念为指导思想，本着"人人学习有用的数学"的观点，重视培养学生探索、发现知识和应用、解决问题的能力。课堂模式由单一的知识型向复合的应用、实践型转变，采用"引导—发现"的教学模式。这种模式的基本程序是问题—猜想—验证—应用，让学生体会到数学是来源于实际、应用于实际的工具。这种应用既体现在生活中又体现在整个知识网络中。教学手段由教师讲授的单一渠道拓展为多途径、多手段的复合渠道，让学生的各个感知器官积极、协调地运转，达到事半功倍的效果。该操作的理论依据是布鲁纳的"发现学习"理论和杜威的"活动学习"理论。布鲁纳认为发现不仅限于寻求尚未知晓的事物，它包括用自己的头脑亲自获得知识的一切形式。学生在数学学习的过程中只有通过亲身体验，才能掌握方法；他们在学习过程中应该是积极的探索者，教师要精心设置一个个问题链，创造一个适合学生探索的环境，通过不同的途径引导其自主探索。本节课先建立文字语言的问题情境，探究过程为猜想—验证—证明—归纳（性质）—几何语言（如何写解题步骤），在应用拓展中设计了过关训练，每一个步骤都与课标紧密相连，真正地把新课程理念落到实处。

（二）学习目标与重点难点

1.学习目标

（1）知识与技能：理解对顶角概念；掌握对顶角的性质。

（2）过程与方法：经历观察、猜想、验证、证明、应用等数学活动，进一步发展合情推理演绎推理的能力；通过对对顶角性质的探索，逐步体会学习数学知识的方法。

（3）情感态度价值观：

①创设和谐、民主、自由、平等的学习环境，让学生在活动中真正体会到社会主义核心价值观的丰富内涵。

②在学习中让学生体会数学中的概念与社会主义核心价值观均具有高度概括的特性。

③通过对数学活动的参与，培养学生的合作精神，提高其学习数学的兴趣。

2. 重难点

（1）重点：理解对顶角的概念，掌握对顶角相等的性质定理。

（2）难点：探索对顶角相等的过程。

（三）单元（或主题）整体教学思路（教学结构图）

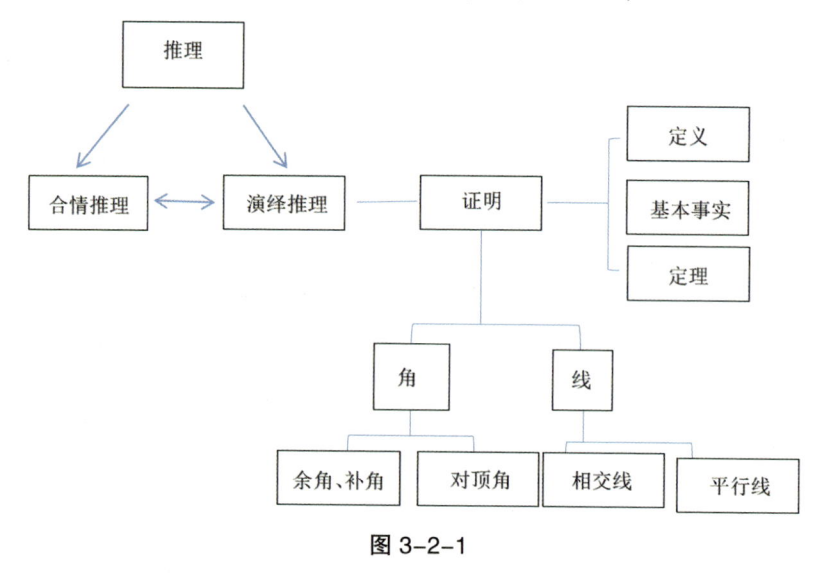

图 3-2-1

3. 学习活动设计

环节一：复习。

教师活动1：回忆我们学过的一些数学概念，比如平方差、完全平方和（差）公式、因式分解……

学生活动1：从字面上理解这些概念。

> 活动意图说明：回顾一些从字面上可以理解其含义的概念，同时渗透社会主义核心价值观高度概括的特性。

环节二：新授。

教师活动2：

（1）从文字层面理解"对顶角"这一概念。

（2）阅读书本，明确"对顶角"的概念，纠正上一题中的错误理解。对顶角的概念：如果两个角有共同的顶点，并且其中一个角的两边分别是另一个角的两边的反向延长线，那么称这两个角互为对顶角。

（3）识别对顶角。判断∠1和∠2是对顶角吗？

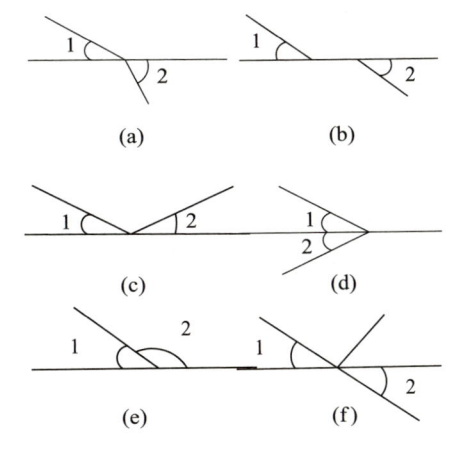

图 3-2-2

（4）生活中的对顶角，如图 3-2-3 所示。

图 3-2-3

学生活动 2：
（1）让学生从词的表面意思进行理解。
（2）结合书本纠正自己的理解。
（3）判断并说明原因。
（4）观察图片，找到对顶角。

活动意图说明：结合生活实际加深学生对刚刚掌握的概念的理解。

环节三：探究对顶角性质。
教师活动 3：
（1）探究对顶角在数量之间的关系并给予证明。

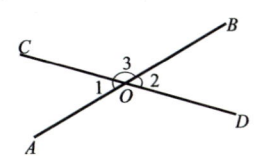

图 3-2-4

已知：如图 3-2-4 所示，直线 AB，CD 相交于点 O。

求证：∠1=∠2

证明一：

∵点 O 是直线 AB 上一点，

∴∠1+∠3=180°（平角的定义）。

∵点 O 是直线 CD 上一点，

∴∠2+∠3=180°（平角的定义）。

∴∠1=∠2（同角的补角相等）。

证法二：

∵点 O 是直线 AB 上一点，

∴∠1+∠3=180°（平角的定义）。

∵点 O 是直线 CD 上一点，

∴∠2+∠3=180°（平角的定义）。

∴∠1=180°-∠3。

∠2=180°-∠3（已证）。

∴∠1=∠2（等量减等量差相等）。

（2）明确对顶角的性质。

文字语言：对顶角相等。

符号语言：

∵直线 AB，CD 相交于点 O（已知），

∴∠1=∠2（对顶角相等）。

学生活动3：用不同的方法进行证明，从而体会猜想—验证—证明—归纳（性质）—几何语言这一几何学习的方法。

> 活动意图说明：体现几何证明的灵活性，同时逐步培养学生学习几何的基本素养，明确性质，便于运用。

环节四：运用性质。

教师活动4：

（1）如图 3-2-5，直线 AB，CD 相交于点 O，∠AOC=40°。

求∠BOD 的度数。

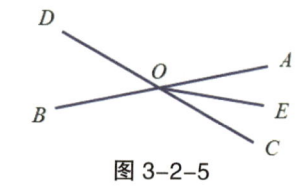

图 3-2-5

（2）如图 3-2-6 所示，直线 AB，CD 相交于点 O，OE 平分∠AOC，若∠COE=20°，求∠BOD 的度数。

学生活动 4：运用性质进行解题。

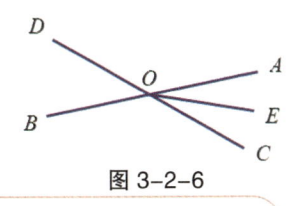

图 3-2-6

活动意图说明：考查学生对性质的理解与运用情况。

（四）作业与拓展学习设计

（1）作业：129 页 练习 1、2。

（2）拓展：如图 3-2-7 所示，要测量两堵墙所成的∠AOB 的度数，但人不能进入围墙，如何测量？

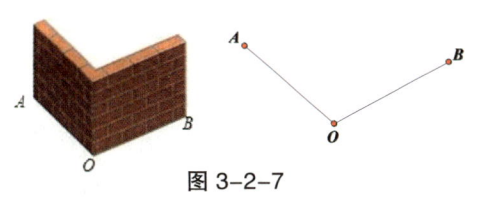

图 3-2-7

（五）教学反思与改进

（1）创设丰富的教学环境，激发学生的学习动机，培养学生的空间想象能力和学生的学习兴趣，实现教学方式和教学活动的多样化，真正发挥学生的主体作用，使他们能体会数学是人们生活、劳动和学习必不可少的工具，它来源于生活、生产，并服务于社会。让学生参与课堂的实践，引导学生在做中获取知识，领悟道理，学会方法，发展能力，陶冶情操。同时，利用合作学习营造了一个轻松、和谐的交流氛围，使学生学会倾听、交流，体现互帮互助的团结协作精神。加上教师适当的评价，让学生充分体验成功的喜悦。

（2）在教学过程中，构建民主、平等、和谐的师生关系，形成一个学习共同体，让学生们在自由、平等、公正的教育环境下进行探究和学习，让学生真正理解社会主义核心价值观中自由、平等、公正的含义。

（3）以学生为主体，尊重学生的差异，尊重各层次学生的创新思维和创新劳动成果，以小组为单位，用交流合作的形式，鼓励学生大胆猜想，对每个学生的回答以欣赏的态度进行认真的研究分析，引导全组同学一起去辨析、探究，肯定正确的部分、分析错误的原因，使提出这种大胆想法的同学体验到成功的喜悦。教师只是一个组织者和引导者，他们的目的是使每个学生的潜能发挥出来，使他们能充分享受到成功的乐趣。

（4）学生在学习中再一次体会到了社会主义核心价值观与数学的相关概念都具有高度概括的本质特性。以社会主义核心价值观为根本，推进和谐文化建设，是意识形态工作的一个崭新课题。初中阶段是学生世界观、人生观和价值观的形成阶段，加强学生的思想道德教育，是关系到国家命运的大事，教师要积极把社会主义核心价值体系融入教学中，让班级教育、课堂教育成为宣传社会主义核心价值观的主阵地，从而更好地践行社会主义核心价值观。

这节课存在的问题与不足：

（1）导学案设计的测评反馈较简单，起不到测评效果。

（2）在几何问题解决上，对已知条件分析不到位，导致学生不知如何运用已知条件，推理思维重视不够。

（3）在小组讨论过程中，学生不懂得如何进行讨论，讨论的作用没有发挥出来。

（4）对解决问题的方法总结得不到位。

今后努力方向：一方面，在教学上认真钻研课本和新课标，抓住教学内容的本质；多做一些练习，揣摩教学重难点，抓住出题方向，总结教学方法。另一方面，要立足学生，站在学生立场上去备课和设计教学过程。同时，注重对学生进行循序渐进的练习，不要急于求成，有意识地培养学生有条理的思考和表述，训练学生的逻辑思维能力。另外，注意总结分析和解决问题的方法。最后，多听课，多向其他教师请教，不断学习，提高专业素质和教学技能。此外，还需养成会反思、勤反思的习惯，不断思考自己在教学过程中出现的问题和不足。

点评：本节课研究的是两直线相交产生的角的关系。

（1）在课堂中引导学生抓住角的顶点和边这两个元素，根据这一特殊性，研究对顶角的概念，并对概念进行辨析。

（2）运用相交线产生的邻补角，使学生在经历观察、猜想、证明的过程中，探究对顶角的性质，并进行简单应用。

对顶角是学生学习余角、补角之后的又一个重要概念，与余角、补角不同的是，对顶角先有特殊位置关系得出概念，才具有的相等数量关系这样的性质。所以，在教学中，辨析概念尤其重要。要想有效提升学生的几何推理能力就需要教师在引导学生认知图形的同时，使学生运用规范的数学语言。

在"余角"教学实践中加强初中学生几何推理能力的诊断与培养教学的实践与思考案例分析与教学点评

撰写者：王志芳

一、教学背景分析

（一）数学教学价值的要求

推理能力在数学中属于数学思考（思维）能力中的一种，教师在教学活动中，要整体把握教材，关注几何推理能力上的薄弱点，寻找解决问题的落脚点；要积极引导学生，使学生不仅做到现在受益，还做到终身受益。

数学教学的最终目标，是要让学习者会用数学的眼光观察现实世界，会用数学的思维思考现实世界，会用数学的语言表达现实世界。而数学的眼光就是抽象，数学的思维就是推理，数学的语言就是模型。

（二）课程标准的要求

1. 课程标准的要求

义务教育数学课程标准（2011年版）中指出：数学是人类文化的重要组成部分，数学素养是现代社会每一个公民应该具备的基本素养。作为促进学生全面发展教育的重要组成部分，数学教育既要使学生掌握现代生活和学习中所需要的数学知识与技能，更要发挥数学在培养人的思维能力和创新能力方面的不可替代的作用。

2. 本学段教学内容的要求

推理是研究图形性质的有效工具，推理能力的形成和提高需要一个长期的、循序渐进的过程。在本学段，应把证明作为探索活动的自然延续和必要的发展。"证明"的教学应关注学生对证明必要性的感受，对证明基本方法的掌握和证明过程的体验。还可以恰当地引导学生探索证明同一命题的不同思路和方法，进行比较和讨论，激发学生对数学证明的兴趣，发展学生思维的广阔性和灵活性。通过有条理、有逻辑的证明培养学生的推理能力。

3. 本学段学情要求

由学生已学过的两直线相交关系入手，研究直线所成角之间的位置关系和数量关系，以图形为实例，通过问题串的形式为学生铺设台阶，引导学生用所学的知识和方法，观察、猜想、证明新的几何基本知识和性质，归纳总结概念及其本质，经历探究推导的过程，初步接触和体会演绎推理的方法和表述，灵活运用余角、补角、邻补角和对顶角的相关内容，结合已学过的角平分线、直角和平角等几何知识，能进行两步到四步的几何推理，尝试分析、解答、反思几何推理过程，培养学生逻辑推理能力和空间想象能力。

二、教学目标分析

（一）教学内容的确定

本节课是继点、线之后需要学习的内容，是平面几何中的基础知识。

这节课要求学生理解余角概念，为继续学习三角形做准备；强调互为余角的两个角只和这两个角的度数有关，与两个角的位置无关。对于证明部分，不要急于求成，要循序渐进，适当搭建桥梁，给予帮助，要手把手地引导学生迈进"证明"的大门，然后再逐步展开。

教师要由浅入深地训练学生用分析法和综合法证明几何题，并在教学中渗透逻辑推理思想，培养严谨的思维方式和推理能力。

教材的内容编排切实体现了数学来源于生活又服务于生活的思想，主要通过生活中的数学问题或身边的数学事例总结数学中知识的发展与形成过程。学生只有在课堂上动起来，课堂才会有气氛，学生才会逐渐喜欢数学，才能对数学有更深一步的了解。

（二）教学目标的确定

在本节课，教师要使学生通过拼图、画图理解余角概念；经历观察、实验、猜想、证明探究同角（等角）的余角相等的性质；运用同角（等角）的余角相等的性质，解决与角度有关的数学问题；体会合情推理与演绎推理有机结合、相辅相成的过程，培养学生的推理能力。

三、教学过程

（一）活动一：从字典中查到余角概念，使学生分组读概念

依据条件画图：直线 $AB \perp CD$ 于点 O，OE 平分 $\angle AOC$，数一数图中有几个角，计算一下两个角的和，有互为余角的关系吗？

活动设计意图：动手查字典，是数学课上极少经历的，以此可激发学生的学习兴趣，降低几何概念教学的难度；画图、数角、做和，得出特殊的两个角的和为90°，或两个角的和为180°的特殊结果。

（二）活动二：找一找，画一画

（1）在手中的矩形纸片中存在互为余角的角吗？怎样解释？怎样用文字语言叙述呢？

（2）在三角板的角度中，存在这样的关系吗？怎样用几何推理说明呢？

（3）画一画，在图形里，你能找到余角吗？试一试，用符号语言写出两角互余的关系。

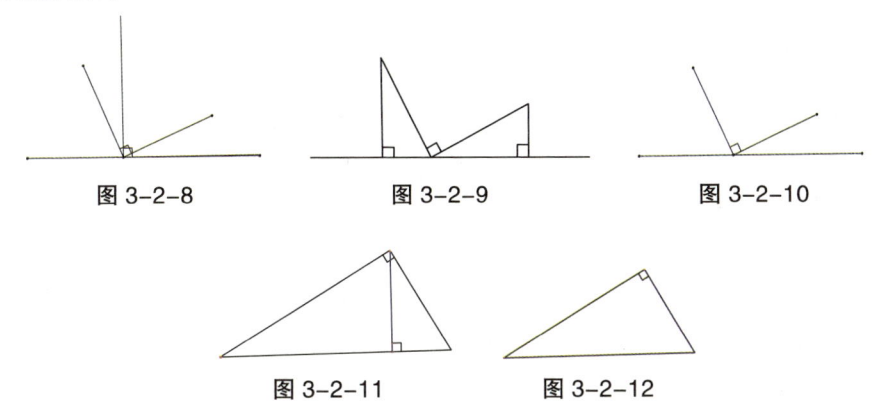

图 3-2-8　　　　　图 3-2-9　　　　　图 3-2-10

图 3-2-11　　　　　图 3-2-12

活动设计意图：通过剪纸、拼图、画图，写出符号语言表达式，体会文字语言、图形语言、符号语言的表示方法，加强直观几何能力的培养；完成余角概念的教学。

（三）活动三：分组练习

一位同学负责出题：求一个角的余角。其他同学负责讨论和回答问题。同学们进行小组内部练习和小组之间练习，学会求一个角的余角（已知一角度数，求余角；已知两个互余角之间的关系，求两个角的度数；在图形中寻找互余角）。

> 活动设计意图：通过小组活动，使学生进行利用余角概念解决问题的能力训练，培养学生利用已学知识解决问题的能力。

（四）活动四：在图形中，除了有互余角，还有相等的角

验证同角（等角）的余角相等。通过在图中找到的相等角，运用度量、剪下来对比等方法，说明猜想的正确性。独立完成已知、求证、证明、画图的过程，再以小组的形式分享交流。

> 活动意图：引导学生运用合情推理探索、发现图形性质，进而给出证明，体会演绎推理的严密性，完成余角性质的教学。

四、课堂评价的实施

合格：知道余角、补角、对顶角的概念；能求一个角的余角、补角、对顶角；知道同角（等角）的余角相等，同角（等角）的补角相等；知道对顶角之间存在不变的位置和数量关系。

良好：能用对顶角相等、同角（等角）的余角相等、同角（等角）的补角相等的性质判断两角之间的数量关系；知道对顶角概念中"互为"的含义。

优秀：能运用对顶角相等、同角（等角）的余角相等、同角（等角）的补角相等的性质，解决与角度有关的数学问题。

五、教学反思

（一）本节课的反思

本节课讲解的是义务教育教科书《数学》七年级下册第七章第七节的内容，在教材中，余角、补角是放在一起进行讲述的。

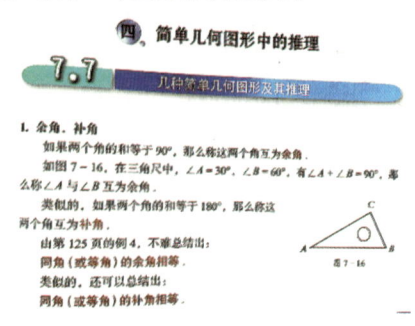

图 3-2-13

笔者将本部分分为余角和补角两节课进行，本节课概念部分的教学是运用查字典的方法引出余角定义，也是对小学学过的余角概念的回顾。在讲解余角定义时，从文字语言入手，引导学生通过查相关材料，理解余角定义；再通过剪切矩形纸片的顶点、三角尺等图形从图形语言上理解余角定义；最后通过引导学生叙述理由，运用几何语言理解余角。本节课要先让学生了解余角讲述的是两个角的数量关系。在本节课中，教师以平常所见的纸片入手，将其抽象成数学图形，让学生分析数学图形，动手画图，感受图形的变化过程，通过剪纸、拼图、运用合情推理探索、发现图形性质，进而给出证明，让学生理解证明的含义，了解证明是得出结论的延续。

在本节课中，教师在余角性质的指导过程中，将合情推理与演绎推理进行有机结合，给予学生充足的自主探索时间，使学生经历动手度量、合理猜想，然后利用演绎推理证明猜想的正确性。在讲解余角性质时，先通过在图形中找余角为切入点，进而询问：如果∠1与∠2互余，∠1与∠3互余，那么∠1与∠2互余，∠2与∠3有数量关系吗？学生猜想：相等。"验证一下你的猜想？"学生们有的度量两个角，有的把其中一个角剪下来，进行叠合，结果是相等的。老师进一步提问："能给出严谨的几何证明吗？"于是，学生开始进行几何语言的叙述与书写。整个过程下来，学生经历了合情推理与演绎推理的融合，体会到在不同情境中，两大推理起到的作用，从而为学生的思维发展创造基础。

本节课的作业是，类比今天学习的研究余角的方法，自主研究补角和对顶角。通过作业的完成，学生经历了研究角的概念、性质的过程。教师经过试验发现学生的推理论证能力有了很大提升，运用几何语言阐述几何图形的性质能力有所增强。学生从原来的不会说，不知道怎么说，到有条理地叙述，几何推理能力逐渐生成并增强。

（二）对初中学生几何推理能力的诊断与培养的认识

数学教学的最终目标，是要让学习者会用数学的眼光观察现实世界，会用数学的思维思考现实世界，会用数学的语言表达现实世界。

几何知识的教学是整个初中数学的重点，但是几何又比较枯燥，学习起来也是有很大难度的。在初中阶段，学生将首次系统学习几何知识，并学会用标准的几何语言进行推理、描述与论证。数学教学要引导学生阅读例题，给学生审视例题的时间。学生要从例题中捕捉信息，抓住关键、分析条件、揭示所求、寻求联系、形成设想、构建方案。

六、对初中学生几何推理能力的诊断与培养的设想

（一）帮助学生建立几何概念

在进行概念教学时，教师要引导学生归纳概括，使学生经历概念的形成过程。在进行定理教学时，要使学生经历猜想、画图、分析推理的过程，使其掌握定理的内容、弄清适用范围，并注意结合图形进行理解。

（二）加强数学语言训练，培养学生理解能力

教师在平时的数学教学中不断对学生进行三种语言的互译训练，引导学生动脑、动手、动眼、动口，把语言训练与推理能力有机结合起来，训练学生运用数学语言的连续性、严密性、逻辑性。

（三）加强画图、识图、用图，培养学生的直观思维能力，增强推理意识

（1）画图：强调规范性。在教学中，教师要规范画图，画出标准图形。教师指导学生画图，重视画图依据的叙述，可以写出画图的步骤以及每一步的依据。

（2）识图：即认识图形。首先，在进行新概念和定理的教学时，要将文字语言和图形语言结合起来；其次，要通过长期训练，使学生"眼中有形"，能从复杂图形中找出基本图形。最后，训练学生拆出基本图形，并把基本图形画出来，看看能够获得什么结论。

（3）用图：训练学生用图形表示出题目的条件并进行标记。

（四）培养学生的推理能力

（1）"说"和"写"结合，突出"说"的作用。强化"说"的训练，让学生说方法；说解题过程，鼓励学生大胆地"说"。"说"不是目的，最终要落实到"写"上。教师在课堂上要重视板书的示范作用，"说"完要适当给"写"的机会。同时，要重视纠正学生的书写错误，常抓不懈。

（2）渗透数学方法，培养几何推理的三种思维方式。一是正向思维，从已知条件出发，探究能得出什么样的结论；二是逆向思维，从结论入手，一环环追溯，推得已知条件；三是正逆结合，即"两头凑"思想。

（3）要培养学生缜密的思维习惯。学生审题要认真，不能忽视任何一个条件，识图要细，能从图形中挖掘隐含条件，并寻找解题方法；推理证明不跳步、不重复，符合逻辑性。

点评：本节课通过两角和的结果特殊性，得出余角概念，进而探究余角的性质。

（1）在课堂上对比字典中查到的结果，关注角的倍数关系即角平分线，到角的和与差的关系，从运算结果的特殊性得出两角和为90°，有助于学生理解概念。

（2）通过识别三角板中两锐角的数量关系，理解数学用具中的特殊角，借助矩形纸片的直角顶点折叠纸片，得到一般性结论。

（3）通过图形的不断变化，使学生经历对具体图形的观察、猜想、度量、证明，探究余角的性质，类比探究余角的过程。

本节课从运算结果的特殊性入手，发现两角的互余、互补关系，进而提出它们有怎样的性质。提出命题过程容易，但是验证命题，尤其是严谨的推理过程是困难的。本节课是学生书写严谨推理的入门，是培养学生推理能力，进行数学语言转化的重要环节。

第三节　在三角形的教学中加强初中学生几何推理能力的诊断与培养教学的实践与思考案例分析与教学点评

一、教学目标

（1）使学生理解三角形的边角位置关系，运用三角形内角和定理计算有关角度的问题，理解三角形及其内角、外角、中线、高线、角平分线等概念，了解三角形的稳定性。

（2）使学生了解全等图形的概念，熟练掌握全等三角形的判定（三个基本事实和一个定理），熟练掌握运用全等三角形的知识去证明线段的相等和角度的相等，进一步证明垂直与平行的问题。

（3）了解特殊与一般的关系，掌握等腰三角形、等边三角形、直角三角形的性质与判定。

（4）会用尺规完成基本作图，并写出作法，能根据全等三角形的判定方法作出三角形。

（5）掌握勾股定理，了解利用拼图验证勾股定理的方法，掌握判断一个三角形是直角三角形的条件，结合根式的知识能够熟练计算直角三角形的边长，并能够解决一些实际问题。

（6）通过观察、操作和设计图形，使学生理解轴对称图形的概念，了解轴对称图形的性质，借助作图工具完成相关的问题。

（7）通过对图形的观察，发现图形所具有的性质，进一步培养学生观察、归纳、猜想的能力。

（8）理解原命题与逆命题的关系，能够将一个命题分解成条件、结论两部分，并构造原命题的逆命题。

二、教材分析和教学建议

三角形的教学，从三角形的边角关系开始，先后学习全等三角形、等腰三角形、直角三角形等许多图形的性质与判定。

三角形是最简单的封闭多边形，通过对简单图形的研究，感受几何推理的严谨与证明的必要性。对于图形的研究，教师要充分利用其直观性的特点，通过观察、作图、试验等不同的手段，发现、归纳图形所具有的性质，再给出证明，展示知识形成的过程，也符合学生的认知水平。对于一个图形，要先给出严格的定义，再根据定义去研究图形的性质定理和判定定理。

教师要通过三角形的教学，使学生在逻辑推理的能力上达到九年义务教育阶段的较高要求。虽然在后面的学习中还有四边形、圆等平面图形的研究，但是其对逻辑推理的要求与三角形学习没有显著的差异。

推理证明是几何学习中的重要内容之一，虽然在前面平行线的学习中学生已经接触到了推理证明，但那只是初步的、浅显的。学生在系统地学习与三角形相关的内容的同时，要重点开展逻辑推理能力训练。

在"三角形内角和定理"教学实践中加强初中学生几何推理能力的诊断与培养教学的实践与思考案例分析与教学点评

撰写者：李雪梅　宋国强

一、教学背景分析

（一）课程标准的要求

《义务教育数学课程标准（2011年版）》中指出：数学是人类文化的重要组

成部分，数学素养是现代社会每一个公民应该具备的基本素养。作为促进学生全面发展教育的重要组成部分，数学教育既要使学生掌握现代生活和学习中所需要的数学知识与技能，更要发挥数学在培养人的思维能力和创新能力方面的不可替代的作用。

推理是数学的基本思维方式，一般包括合情推理和演绎推理。在解决问题的过程中，两种推理功能不同，相辅相成。合情推理用于探索思路、发现结论；演绎推理用于证明结论。推理能力的发展应贯穿整个学习过程，贯穿于三个学段。第一学段，在观察、操作等活动中能提出简单猜想；第二学段，在观察、猜想、验证等活动中发展合情推理能力，能进行有条理的思考；第三学段，体会通过合情推理探索数学结论，运用演绎推理加以证明的过程，在多种形式的数学活动中，发展合情推理和演绎推理能力。

（二）本学段教学内容的要求

推理是研究图形性质的有效工具，推理能力的形成和提高需要一个长期的、循序渐进的过程。在本学段，应把证明作为探索活动的自然延续和必要的发展。"证明"的教学应关注学生对证明必要性的感受、对证明基本方法的掌握和证明过程的体验。此外，还可以恰当引导学生探索证明同一命题的不同思路和方法，进行比较和讨论，激发学生对数学证明的兴趣，发展学生思维的广阔性和灵活性，通过有条理、有逻辑的证明培养学生的推理能力。

（三）本学段学情要求

学生在前两个学段已经学过三角形的一些性质，对三角形内角和定理的内容也有所了解，在本学段又学过线段、角，以及相交线、平行线等知识，通过推理证明了一些图形的性质，如同角（等角）的补角相等。在本节课中继续加强推理能力的培养，既要提高学生已有的思维水平，也为学习全等三角形、等腰三角形、平行四边形等后续知识打好基础。学生仍处于进一步熟悉证明的阶段，学习通过推理的方法证明有关结论有一定难度。因此，教师在课堂教学中要善于发现学生的认知障碍，并且积极研究障碍产生的原因，运用科学的方法予以诊断，注意分析思路，通过多提问题，留给学生足够的思考时间；证明思路的分析有助于学生学好推理证明，培养推理能力。

二、教学目标分析

（一）教学内容的确定

本节课的主要内容是探索和证明三角形内角和定理。三角形内角和定理是几何中的一个很重要的结论，也是"图形与几何"必备的知识基础，它从"角"的角度刻画了三角形的特征。三角形内角和定理的探究体现了由实验几何到论证几何的研究过程，同时说明了证明的必要性。

对于三角形的内角和等于180°的结论，学生在前两个学段已经学到，但当时是通过实验得出的。这种实验验证不是数学证明，不能完全令人信服；同时，由于形状不同的三角形有无数个，不可能一一验证所有的三角形的内角和等于180°。所以，需要通过推理的方法去证明任意一个三角形的内角和都等于180°，而定理的证明是以平行线的相关知识为基础的。

要证明三角形的内角和等于180°，可以引导学生思考以前学过的平面几何知识中与180°有关的有哪些，尝试把180°几何化，找到三角形和平角以及两条平行线被第三条直线所截形成的图形之间的联系。在教学中渗透推理思想，培养严谨的思维方式和推理能力。对于利用平角证明定理时，要循序渐进，适当引导，用运动的观点来看待转化成平角的问题。

（二）教学目标的确定

探索并证明三角形内角和定理；能运用三角形内角和定理解决简单问题；培养严谨的思维方式和推理能力。

三、教学过程

（一）探索并证明三角形内角和定理

问题1：在小学我们已经知道任意一个三角形的内角和等于180°，你还记得是怎么发现这个结论的吗？

师生活动：学生思考回答。可以通过度量得出结论，可以通过裁剪、拼图，还可以通过折叠的方法得出结论。

追问1：运用度量的方法得出的三角形的三个内角的和都是180°吗？为什么？

师生活动：学生思考回答。不全是，有的大于180°，有的小于180°，有的等于180°。因为测量可能会存在误差。

追问2：运用度量、裁剪、拼图或折叠的方法验证了三角形纸片的内角和等于180°，这只是所有三角形中有限的几个，而形状不同的三角形有无数个，如何说明所有的三角形都满足这个结论呢？

师生活动：学生思考、交流，达成共识：需要通过推理的方法去证明。

> 设计意图：通过回顾小学得出三角形内角和定理的过程，一方面发现实验操作的局限性（视觉误差、度量误差、实验有限性与三角形个数无限的矛盾），进而了解证明的必要性；另一方面，实验的过程也给下一步证明提供了思路。

问题2：在我们学过的平面几何的知识中，与180°有关的几何知识有哪些？

师生活动：学生思考回答。平角等于180°，两直线平行，同旁内角互补。

> 设计意图：把180°几何化，引导学生找到三角形和平角，以及两条平行线被第三条直线所截形成的图形之间的联系。

追问1：你能利用"平角等于180°"，想出证明"三角形内角和等于180°"的方法吗？

师生活动：学生独立思考，然后回答问题。

学生从小学的操作过程中受到启发，结合平角等于180°，容易想到图3-3-1的做法——通过添加与边 BC 平行的辅助线 l，利用平角的定义和平行线的性质即可证明结论。图3-3-1和图3-3-2的区别体现在拼图上，一种拼法是把其余两个角拼在∠A 的两侧，一种拼法是把其余两个角拼在∠A 的同侧。对于图3-3-2，则需要添加平行线实现∠B 和∠C 的转移。

图 3-3-1　　图 3-3-2

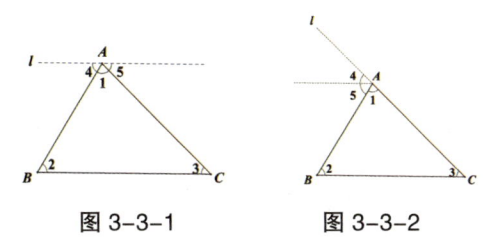

> 设计意图：学生反思操作过程，结合平角等于180°，体会添加辅助线的方法，获得证明思路，感悟辅助线在几何证明中的重要作用。

追问 2：结合图 1，你能写出已知、求证和证明吗？

师生活动：学生回答，教师写板书，师生共同完成证明过程。教师指出，经过证明的这个结论称为"三角形内角和定理"。

设计意图：让学生通过严格的逻辑推理证明"任意一个三角形的三个内角的和都等于 180°"，感悟几何证明的意义，体会几何证明的规范性。

追问 3：通过前面的证明，你能受到什么启发？你能用其他方法证明此定理吗？

师生活动：学生独立思考，然后进行小组交流，并汇报不同的作辅助线的方法和不同的证明思路。

学生可能从图 3-3-1、图 3-3-2 中受到启发，在三角形的一条边上任取一点构造平角（图 3-3-3）完成证明，也可以在三角形内部（图 3-3-4）或三角形外部（图 3-3-5）任取一点构造平角完成证明。

教师可以引导学生从运动变化的角度分析，当过三角形的一个顶点 A 构造平角时，尝试让直线 l 绕点 A 旋转，出现图 3-3-6 和图 3-3-7 的情形，可以继续利用平角的定义和平行线的性质证明结论。

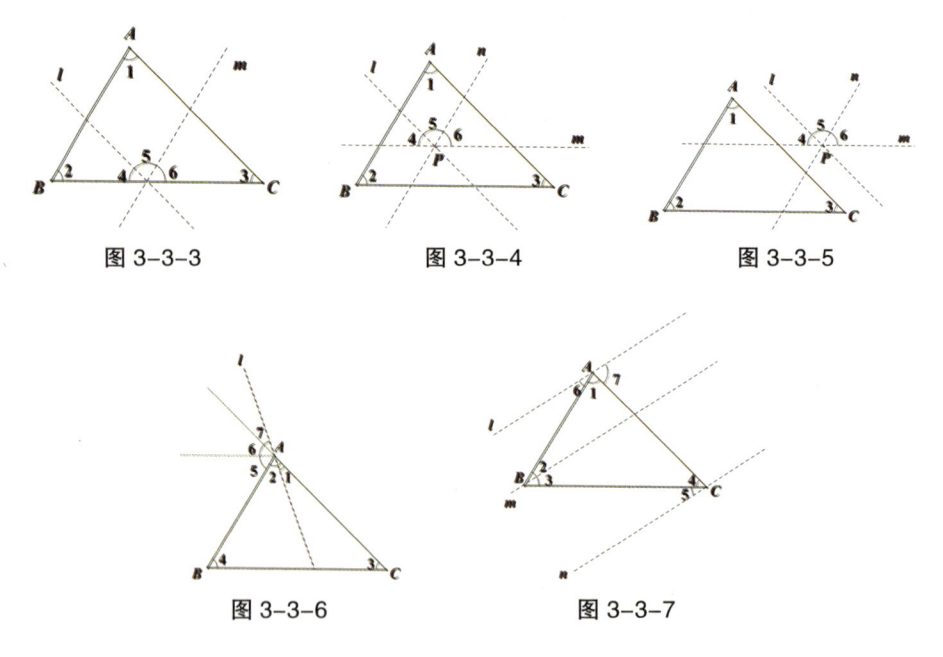

图 3-3-3 图 3-3-4 图 3-3-5

图 3-3-6 图 3-3-7

设计意图：鼓励学生从不同的角度思考问题，引导学生探索思路、证明结论，培养学生的推理能力。

追问4：你能利用"两直线平行，同旁内角互补"，想出证明"三角形内角和等于180°"的方法吗？

师生活动：学生思考证明方法。

学生尝试建立平行线和三角形之间的联系，学生可能直接过三角形的一个顶点作对边的平行线，通过构造和为180°的同旁内角（图3-3-8）证明结论，也可能通过构造过两个顶点的平行线（图3-3-7）证明结论。

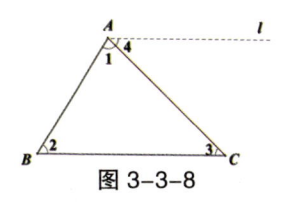

图3-3-8

设计意图：从两直线平行，同旁内角互补的角度再次证明三角形内角和定理，完善学生的证明思路，使学生进一步体会作辅助线的方法，丰富学生的解题经验，进一步发展推理能力。

（二）运用三角形内角和定理

例：如图3-3-9所示，在$\triangle ABC$中，$\angle A = 100°$，$\angle B = \angle C$。

求：$\angle B, \angle C$的度数。

师生活动：学生独立完成解题过程。

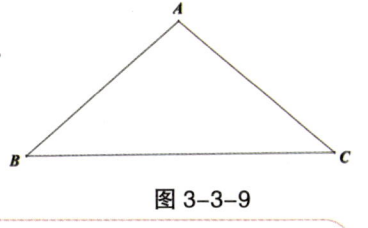

图3-3-9

设计意图：运用三角形内角和定理求相关角的度数，促进学生进一步巩固定理内容。

（三）小结

教师和学生一起回顾本节课所学的主要内容，并请学生回答以下问题：

（1）本节课主要学习了哪些内容？

（2）你是怎么找到三角形内角和定理的证明思路的？

设计意图：通过小结，使学生梳理本节课所学内容，掌握本节课的核心内容，感悟辅助线的添加方法和在几何证明中的作用，总结证明思路，提升推理能力。

四、教学反思

本节课是义务教育教科书北京版《数学》八年级上册第十二章"三角形"第二节"三角形的性质"的内容。三角形是一种基本的几何图形，是认识其他图形的基础。学生在前两个学段就已经学习了三角形的一些知识，对三角形的许多重要的性质有所了解。从数学内容来看，研究三角形的性质就是研究组成它的元素，即边和角的性质。更重要的是，这一内容对学生推理能力的培养有着非常重要的价值。三角形内角和等于180°的结论，学生在前两个学段已经知道，只是当时是通过实验得出的。本节课借助这个结论的探索与证明让学生体会证明的必要性，提高对推理证明的认识，提升其推理能力。与前两个学段通过操作得到结论不同，本节课重在通过严格的几何推理得到结论，实现由实验几何到论证几何的转变，完成由合情推理发现结论到演绎推理确认结论正确性的过程。

在本节课的教学中，教师将合情推理和演绎推理进行有机结合，通过回顾小学得出三角形内角和定理的方法，体会合情推理在发现结论时的作用，然后通过演绎推理证明猜想的正确性。对于结论的证明，教师关注学生的思维起点，从学生的已有知识出发，寻找与180°有关的几何知识，尝试把180°几何化，找到三角形和平角，以及两条平行线被第三条直线所截形成的图形之间的联系，在教学中渗透推理思想，培养严谨的思维方式和推理能力。同时，在学生证明结论后，进行思维的提升，用运动的观点重新来看待转化成平角的问题，培养学生思维的广度和灵活性。

平面几何知识的教学是整个初中数学的重点，但是几何学习起来难度很大。在代数的学习中，模仿的比例比较大，而在几何的学习中，对思维的要求较高。所以，几何学习不仅仅是使学生掌握知识本身那么简单，而是要能够把知识变成学生自身的精神财富，转化为学生的思维能力。

五、对初中学生几何推理能力的诊断与培养的设想

（一）关注学生的真实起点，落实推理能力

初中阶段学生思维活跃，爱思考，有利于进行数学猜想，同时思维的抽象性、逻辑性还处在逐步发展的过程中，对通过推理的方法进行证明还需要进一步熟悉。培养推理的严谨性需要从平时教学的点滴做起，因此在教学中要关注学生的真实起点，要在学生已有推理论证经验的基础上，培养其有根有据，有

条有理的思维习惯，把能力培养落到实处。

（二）突出图形性质定理的探索与发现过程，发展推理能力

在教学中，教师要突出图形性质定理的探索与发现过程，通过合情推理发现结论，形成猜想，运用演绎推理证明猜想，把合情推理和演绎推理有机结合起来。

（三）从数学本身提出问题，注重知识间的联系

几何是建立在公理和逻辑基础之上的学科体系，任何新的定理的探究和证明都需要以已经验证了的定理为依据。新旧知识间存在必然的联系，所以在学习新的内容时，从数学本身提出问题，找到新知识的起点，新知和旧知的联系，使学生的知识和思维都能得到提升。

（四）加强数学语言训练，培养学生的理解能力

在平时的数学教学中不断进行三种语言的互译训练，教师要做好示范，引导学生动脑、动手、动眼、动口，把语言训练与推理能力有机结合起来，使学生认识到数学语言的连续性、严密性、逻辑性。同时，把推理能力训练落到实处，引导学生分析条件与结论的关系，书写严谨的证明格式，对于以文字形式给出的几何命题，从具体问题的证明中总结出证明的一般步骤，切实提高学生的推理论证能力。

在教学过程中，教师要整体把握教材，使几何图形的基本思想和方法贯穿教学过程，让学生明确研究的对象和方法。同时，关注学生认知的起点、思维的关键点、推理的薄弱点，寻找解决问题的突破口；合理利用合情推理和演绎推理，使学生获得终身受益的能力。

点评：

三角形的有关知识是平面几何中最为核心、最为重要的内容，它不但是最基本的平面图形，而且几乎是研究所有其他图形的工具和基础。而三角形内角和定理又是三角形中最为基础、学生最为熟悉且能与小学、中学知识相关联的知识，看似简单，但其实是提升学生推理能力的很好契机，是将学生的几何思维由小学的定性观察到初中逻辑推理的一次升华。本节课对这方面的处理比较好，开头的引入，回顾小学学习内角和的历程，既增加了学生对几何证明的亲切感，又调动了学生的学习积极性。

（1）实现了教学目标：通过温习度量、裁剪、拼图等操作活动让学生回忆小学三角形内角和的直接经验，然后从学生的直接经验出发，逐步引导学生思考如何得到更一般性的结论，再过渡到用符号表述自己的观点，最后达到推理论证的目的。让学生积极思考，大胆发言，营造生动有趣、活泼和谐的课堂气氛。教师在课堂教学中要充分调动学生的积极性，将知识形象化、生动化、具体化；重视数学思想方法的引导，并及时指导和归纳总结；尊重学生的个体差异，鼓励学生合作交流，激发学生学习数学的兴趣；重视培养学生观察问题、发现问题、思考问题、归纳问题的能力和一题多思、一题多解的创新能力，使不同程度的学生都有不同的收获和发展。这样的教学设计不仅让学生在探究过程中体验到了解决问题的成就感，还培养了学生的理性思维意识、转化意识和逻辑推理能力，从而实现了本节课的教学目标。

（2）充分展示了学生的个性，体现了"学生是学习的主人"这一主题。在整个过程中，学生都是在教师的引导下自己探究、自己发现、自己交流、自己总结，极大限度地发挥了学生的积极主动性。

（3）为了突出重点、突破难点，教师引导学生从动态角度，如直线 l 的旋转，与平行线、平角知识进一步联系，使学生直观地思考问题，抽象出平行线同位角、内错角、同旁内角的基本几何图形，从而帮助学生正确添加辅助线，用不同的方法解决问题，完善了学生的解题思路，增加了学生思考问题的灵活性，提升了学生多角度思考相同问题的意识，从而有效培养学生几何推理能力。

在"三角形内角和 180°"教学实践中加强初中学生几何推理能力的诊断与培养教学的实践与思考案例分析与教学点评

撰写者：白悦琳

依据《义务教育数学课程标准（2011年版）》要求："将数学建立在学生的认知发展水平和已有的知识经验基础之上，教师应激发学生学习的积极性，向学生提供充分从事数学活动的机会，帮助他们在自主探索和合作交流的过程中真正理解和掌握基本的数学知识与技能，获得广泛的数学活动经验。学生是数学学习的主人，教师是从事数学学习活动的组织者、引导者和合作者。"

一、学生背景分析

学生对平面图形和立体图形已有简单的认识，已学习直线、射线、线段与角的基本概念和性质（如线段中点和角平分线）和两直线相交和平行的位置关系，有一定的几何基础知识和能力，能正确使用直尺三角板、量角器、圆规等，能画一些简单的几何图形和补充图形，有一定的空间想象能力。但学生的数学几何基础比较薄弱，代数和空间想象能力不够，对于几何图形的变化缺少动态的观点和思维，对于几何图形基本性质的推理和探索思路不足，不能正确使用数学符号语言进行推理。因此，应关注几何基础概念和性质的理解和规范几何表示过程，不断提高逻辑思维能力和推理能力，进一步提高学生空间想象能力和数学符号语言的表达能力。

二、数学活动设计

在小学时，学生就知道三角形内角和为 180°，与图形大小、材质无关并已通过量、拼、折等实验的方法得出了三角形内角和等于 180° 这一结论，只是没有从理论的角度去研究它。在这一学段学生已具备了研究本节内容的基础，并具备了简单说理的能力，同时学生已学习了平行线的性质和判定及平角的定义，这为自主探究、动手实验、讨论交流、尝试说理等学习过程做好了准备。

为此，讲授这节课时，笔者设计了如下活动。

（一）活动一：三角形中已知两个角的度数，你会计算第三个角的度数吗

你是如何计算的？依据是什么？

你是如何知道三角形内角和是 180° 的？

证明一个真命题的步骤是什么？

> 活动设计意图：在回忆的基础上，引导学生体会演绎推理的严谨性和必要性。

（二）活动二：证明三角形的内角和等于 180°

已知：∠A，∠B，∠C 是△ABC 的三个内角，求证：∠A+∠B+∠C=180°。

证明思路分析：

（1）证明的结论有什么特点？

（2）我们学习过哪些和 180° 相关的知识？

（3）你有什么办法可以将它们与三角形的三个内角联系在一起？

（4）如何把黑板上这个三角形的三个内角转化为平角或两平行线间的同旁内角呢？

加强初中学生几何推理能力的诊断与培养教学的实践与思考

> 活动设计意图：通过问题引领，加强对学生直观几何能力的培养，体会合情推理在证明题中的重要作用。

（三）活动三：学生尝试验证

1. 方法一：测量

因为知道三角形内角和为 180°，所以在测量时反复修改测量的值，取估计值，力求得到满意答案。

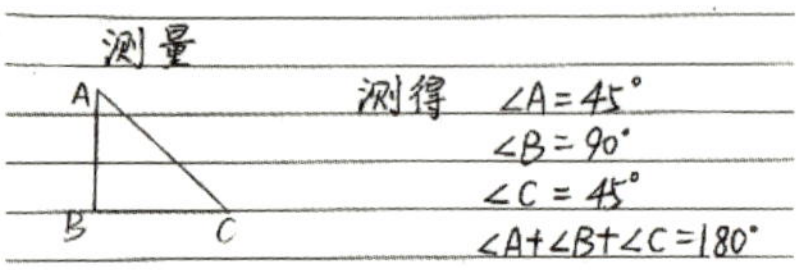

结论是此法不精确，有误差。

图 3-3-10

2. 方法二：折叠

折叠手中三角形纸片，将三个内角折到一条边上，构成平角，得出结论。

结论是画图有困难。

图 3-3-11

3. 方法三：剪拼

由折叠得到启发：将三角形的三个内角搬家，构造 180° 的角。

（1）将一个内角搬家。

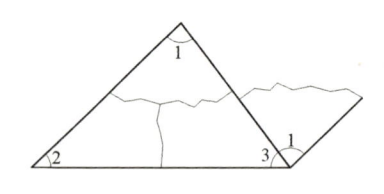

图 3-3-12

（2）将两个内角搬家。

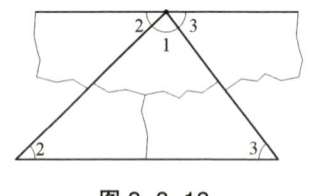

图 3-3-13 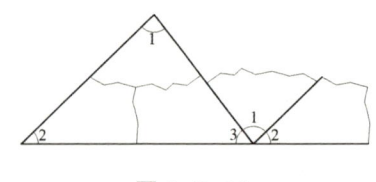   图 3-3-14

（3）将三个内角搬家。

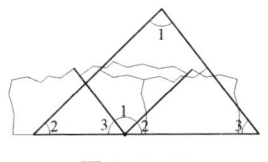

第三章 加强初中学生几何推理能力的诊断与培养教学的实践与思考案例分析与教学点评

图 3-3-15

能否从剪拼中得到一些启发呢？

活动设计意图：培养学生的合情推理能力和直观几何能力。

（四）活动四：探究三角形内角和的证明

请同学们通过小组合作，共同探究三角形内角和的证明。

（1）将一个内角搬家：运用平行线，转移内角，构造角同旁内角，得出结论。

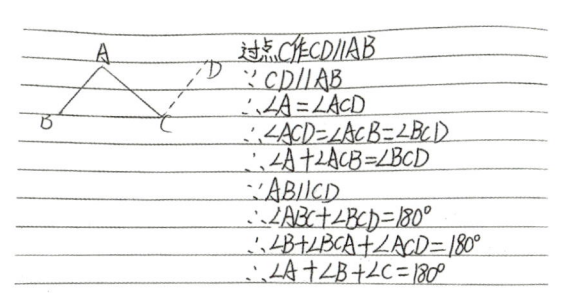

图 3-3-16

（2）将两个内角搬家：运用平行线，在三角形一个顶点上构造平角，得出结论。

图 3-3-17

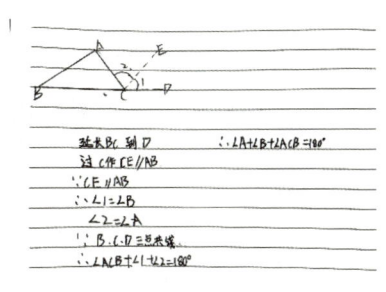

图 3-3-18

（3）将三角形的三个内角搬家，将角的顶点放到三角形的一条边上，构造平角，得出结论。

归纳：现在我们学习了三角形三个内角和是180°，并且归纳了一些研究几何问题的方法，因此在我们运用定理去解决问题时，关键是掌握好方法。

图 3-3-19

> 活动设计意图：在直观几何的基础上，把图形分解，完成几何推导，引领学生体会演绎推理的严谨性。

笔者设计的活动是让学生在已有知识经验的基础上，通过形象识别做出判断，即看上去像；然后是操作性精确判断，即通过实验验证是正确的。从而完成合情推理与演绎推理的有机结合，培养了学生的推理能力。

那么，过三角形内的任意一点或三角形外的任意一点，能证明三角形内角和是180°吗？

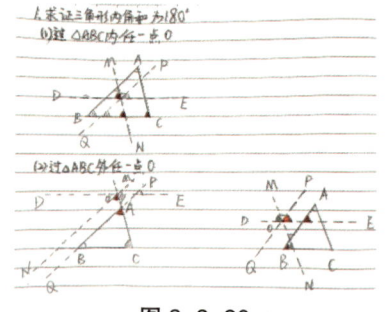

图 3-3-20

三、反思

本节课注重运用合情推理，通过衔接小学知识，借助动手操作，找到辅助线的做法，引导学生，关注合情推理、演绎推理的有机结合，培养学生的推理能力。

合情推理离不开现实生活，要靠学生大胆推测和猜想，然后进行归纳、比较，最后得出结论。合情推理的结论不一定正确，还有待于利用演绎推理去证明，演绎推理是从已有的事实出发，按照规定的法则、定律，证明演绎推理的结论一定正确。

演绎推理的思考过程离不开合情推理的猜想和推测，因此合情推理与演绎推理是相辅相成的。教师在教学中要重视学生动手操作的能力，让学生通过观察、度量、实验操作、图形变换等手段研究图形的性质，培养学生的观察、比较、分析、推理等能力，逐步提高学生的核心推理能力和演绎推理能力。

点评：本节课将学生折纸拼图的已有知识经验转化为添加辅助线，验证三角形内角和是180°。在辅助线数学问题的探索、发现和解决过程中所蕴含的数学思维和思想方法，对促进学生科学发展和提高学生创新能力有帮助。

（1）通过提问：已知三角形两个内角的度数，你能求出第三个角的度数吗？你是如何计算的？依据是什么？你是如何知道三角形内角和是180°的？证明一个真命题的步骤是什么？引领学生意识到，几何定理的得出是要经过严谨的证明的，只有证明正确，才能作为学习应用的依据。

（2）操作探究得到的结论，一般只是一种合情推理基础上的猜想，其中包含有一定程度近似运算的思想。在剪拼中发现三个内角拼成一个平角，这里的"拼成一个平角"更多依靠的是操作者在观察的基础上的近似判断。在教学中，教师引导学生认识到这种动手操作是发现数学结论的常用手段之一。但教学的重点不在如何剪拼上，而是如何从剪拼前后图形变化中发现隐藏的一般性规律，并将这个规律用数学符号语言或文字叙述表述成相对精炼的一般结论。教师要在教学中引导学生认识到这一点，使学生能充分理解推理证明的必要性。

在课堂上，教师的"导"立足于学生的"学"，学生通过动手操作和合作交流，主动参与到知识形成的思维中，将抽象的逻辑证明和直观探索联系起来，成功实现了从合情推理到演绎推理的转变。

在"三角形内角和定理的推论"教学实践中加强初中学生几何推理能力的诊断与培养教学的实践与思考案例分析与教学点评

撰写者：周子夏　侯海全

一、教学背景分析

本节课选自北京市义务教育教科书《数学》八年级上册第十二章第二节76页至77页的内容。在小学阶段的学习中，学生运用度量、剪拼及折叠三种方法验证了三角形内角和定理，对三角形的内角已经有了初步的认识；在上节课三角形内角和定理的学习中，学生又从逻辑推理的层面对三角形内角和进行证明。本节课研究的主要内容是三角形外角的概念及其性质。本节课将从三角形内角入手，引出外角的概念，使学生从发现三角形的一个外角与其相邻内角的关系，思考三角形的一个外角与其他不相邻的两个内角的关系，最终得出本节课的重点——三角形内角和定理的两个推论。

加强初中学生几何推理能力的诊断与培养教学的实践与思考

学习三角形内角和定理的两个推论，可以使学生更加快速地计算出几何图形中的相关角度，进一步发现图形中角与角的关系，为后续初中所学习的全等三角形和相似三角形打下基础，也为高中将学习的正弦定理、余弦定理和立体几何提供知识储备，以便于解决更多的几何问题。

本节课是在学习了平行线的判定与性质、三角形的边、顶点和三角形内角和定理的基础之上进行的，虽然学生已有一定几何推理证明的基础，但对几何问题还停留在感性认识的层面上。本节课需要学生运用逻辑推理的数学思想来解决几何问题，所以要求在课堂中要基于学生的实际基础，进行分层次的问题推送。同时，需要在课堂中注意学生在几何符号语言表达中的严谨性与规范性。

二、教学目标分析

（一）教学目标

（1）理解三角形外角的概念，掌握三角形内角和定理推论：三角形的一个外角等于与它不相邻的两个内角的和。

（2）通过观察、分析、画图、测量、证明等数学活动来渗透几何直观的思想。

（二）教学重点与难点

教学重点：通过三角形外角的学习来渗透几何直观思想。
教学难点：画图及逻辑推理。

三、教学过程

（一）活动一

问题：

（1）请你画出任意一个 $\triangle ABC$，并且向一个方向延长 $\triangle ABC$ 的其中一条边。

（2）观察所画的图中，$\triangle ABC$ 的内角分别是哪几个角？有什么关系？

（3）观察这一组图形中的标注角和延长三角形其中一边所形成的角在图中的位置，你发现它们有什么共性？（挑出几名学生所画的图，利用投影仪进行展示）

（a）　　　　　（b）　　　　　（c）　　　　　（d）

图 3-3-21

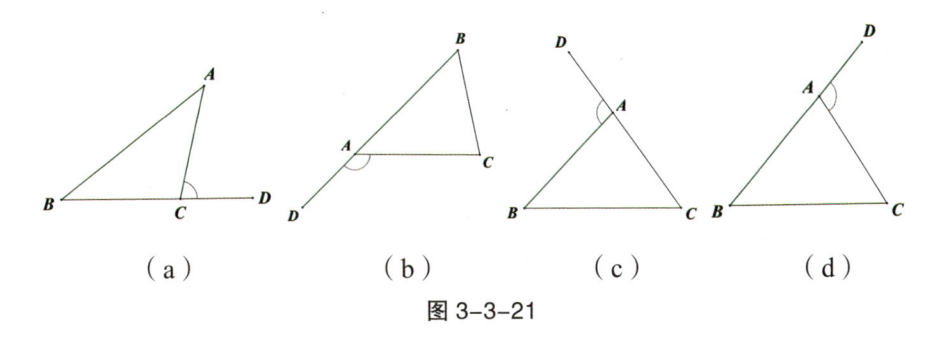

学生活动：

（1）学生根据要求，画出几何图形。因为要求画出任意一个三角形，所以学生所画的图形将各不相同。

例如：

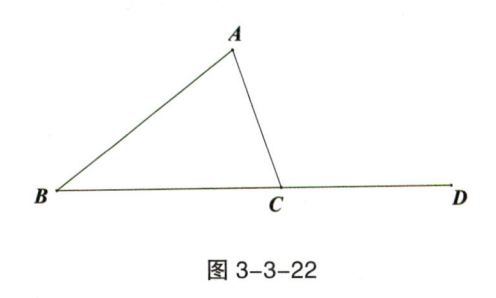

图 3-3-22

（2）学生观察图形，根据上节课所学的知识，可以回答出 △ABC 有 3 个内角，分别是 ∠A、∠B 和 ∠C，且 $\angle A + \angle B + \angle C = 180°$。

学生 1：学生观察图 3-3-21 和自己所画的图，说出这些标记的角都在三角形外面。

学生 2：学生观察 3-3-21 和自己所画的图，说出这些标记的角在位置上与相邻内角互为邻补角。

学生 3：学生可以从角的组成元素方面答出外角的定义。

（3）学生归纳外角的定义：顶点是三角形其中一个顶点，且由三角形一边和一边的延长线组成的角叫作三角形的一个外角。

活动意图说明：通过学生自己画图，发现三角形外角与相邻内角的位置关系及数量关系，归纳出三角形外角的概念。学生可通过画图培养几何直观的能力，并积累画图—观察—发现—归纳的学习经验。

（二）活动二

问题：记∠ACB = ∠1，∠BCD = ∠2。

（1）与∠2不相邻的内角是哪个？

（2）在∠A，∠B和∠2这三个角中，哪个角最大？让学生进行讨论，讨论后进行展示。通过大家讨论，你还有什么发现？

（3）通过证明，你发现△ABC的一个外角与其不相邻的两个内角有什么关系？

（推论：由定理直接推出的结论，可以作为推理的依据。）

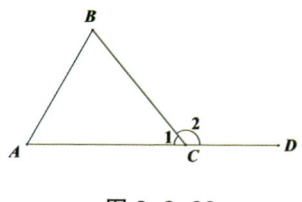

图 3-3-23

三角形内角和定理的推论1：三角形的一个外角等于与它不相邻的两个内角的和。

几何语言：$\angle A + \angle B = \angle 2$。

三角形内角和定理的推论2：三角形的一个外角大于与它不相邻任意一个内角。

几何语言：$\angle 2 > \angle A$或$\angle 2 > \angle B$。

学生活动：

（1）学生观察图形。

（2）如图 3-3-24 所示：

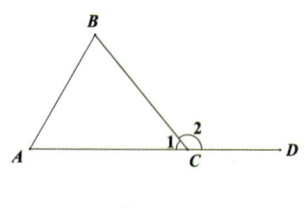

图 3-3-24

学生1：学生通过使用量角器测量的方法，直接比较∠2与∠A，∠B的度数大小。

学生2：学生运用上节课所学的三角形内角和定理进行说理。

∵ ∠A+∠B+∠1=180°（三角形内角和定理）

∠2+∠1=180°（平角的定义）

∴ ∠A+∠B=180°－∠1

∠2=180°－∠1

∴ ∠A+∠B=∠2（等量代换）

学生3：学生通过作辅助线的方法，证明∠2与∠B的大小关系。过点C作CE//AB，记∠ECD=∠3，∠BCE=∠4。

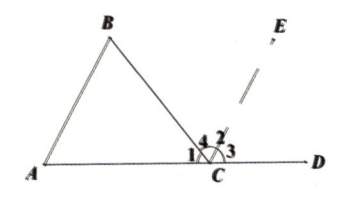

图 3-3-25

学生4：过点B作EF//AD，记∠FBC=∠3，∠FBA=∠4。

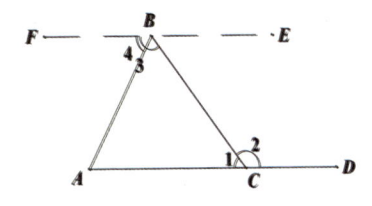

图 3-3-26

学生5：过点A作AE//BC，记∠BAE=∠3。

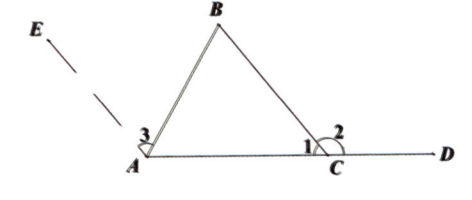

图 3-3-27

学生6：过△ABC上任意一点O，作AB和AC的平行线。

· 111 ·

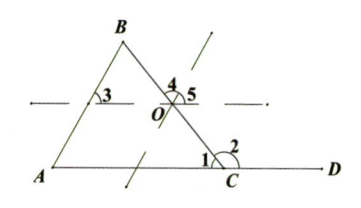

图 3-3-28

学生 7：过平面内任意一点 O，作 AB 和 AC 的平行线。

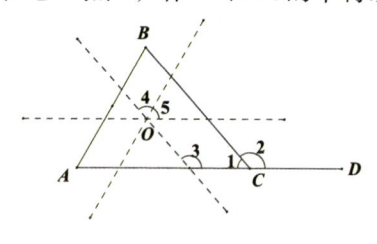

图 3-3-29

（3）学生通过讨论与证明第二个问题，便可以回答第三个问题。

> 活动意图说明：通过学生间的讨论，思考三角形的外角与三角形不相邻的两个内角之间的关系，培养学生的语言表达能力及分享精神。学生在展示不同的证明方法过程中，不断完善自己对三角形外角与不相邻的两个内角关系的认识，最终归纳出三角形内角和定理的两个推论。

（三）活动三

例 1：已知，在 △ABC 中，$\angle C = 60°$，$\angle B = 90°$。

（1）请你根据已知条件，画出符合要求的几何图形。

（2）若 BD 平分 $\angle ABC$，与 AC 交于点 D，请你补全图形，并求出 $\angle ADB$ 的度数。

例 2：请你画出任意一个 △ABC，并画出 △ABC 的所有外角。

问题：

（1）观察所画图形，你有什么发现？

（2）每个顶点保留一个外角，求这三个外角的度数和。

学生活动：

例 1：学生读题并分析，画图并观察图形，求角的度数。

图 3-3-30

解：

∵ BD 平分 ∠ABC，∠B = 90°（已知）

∴ ∠DBC = $\frac{1}{2}$∠ABC = 45°（角平分线的定义）

∵ ∠C = 60°（已知）

∴ ∠ADB = ∠DBC + ∠C = 105°（三角形内角和定理的推论1）

例 2：学生读题并分析，画图并回答。

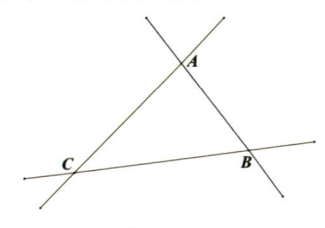

图 3-3-31

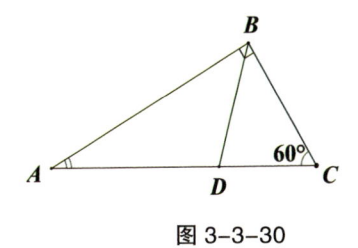

（1）学生观察图形，回答下列问题。

①对于任意一个三角形，一共有 6 个外角。

②三角形的三个顶点分别对应两个外角，且这两个外角互为对顶角。

（2）学生画图。

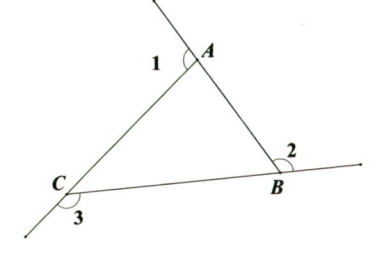

图 3-3-32

∵ ∠1 = ∠ACB + ∠ABC（三角形内角和定理的推论1）
∠2 = ∠BAC + ∠ACB
∠3 = ∠BAC + ∠ABC
∴ ∠1 + ∠2 + ∠3 = 2(∠ABC + ∠BAC + ∠ACB) （等量加等量和相等）
∵ ∠ABC + ∠BAC + ∠ACB = 180°（三角形内角和定理）
∴ ∠1 + ∠2 + ∠3 = 360°

> 活动意图说明：通过两道练习题来巩固学生对三角形内角和定理的推论的运用，并规范学生几何符号语言的表达方式。培养学生逻辑推理能力和语言表达能力，会将文字表达转化为几何图形，并转化为符号语言。

四、教学反思

本节课旨在培养学生运用逻辑推理的数学思想来解决几何问题。教师通过参考学生的课堂反馈，要加强学生的画图、识图能力，培养学生的观察力、直观思维能力，并增强推理意识。如图3-3-33所示是学生在课堂上将60°标在较小的角上。

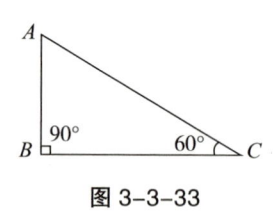

图3-3-33

通过学生在课堂上回答问题的情况，教师发现部分学生在将图形语言转化为符号语言的过程中缺乏严谨性，需要在课堂中注意学生在几何符号语言表达中的规范性，并在例题中给出规范的证明过程。

点评：

一般认为初中数学教材的几何部分教学分为三个阶段：直观几何阶段、实验几何阶段和论证几何阶段。学生在学习三角形内角和定理的过程中已经通过实验操作以及几何论证对三角形的内角和定理有了较为充分的认识，并且引入了辅助线，在此基础上，本节课探索三角形内角和定理的推论，教学的主要策略是实验探究与演绎说理相结合。

学生通过点、线、面、角、三角形等几何概念的学习，对逻辑推理方法有了初步的认识，知道从已有的概念和事实出发、符合逻辑地思考，可以推出新的正确结论，并把说理用推理的语言表达出来。在数学概念和原理获取的过程中，要让学生尽量经历探索获得新知的过程，在本节课的教学设计中，活动二中设计了这样的一个问题，在∠A，∠B和∠2这三个角中，哪个角最大？这个问题的设计意图是在学生动手测量的过程中，引导学生"看图说话""用话说图"，从而初步感知三个角的关系，也就是无论三角形的形状如何，∠2始终为三个角中的最大角，学生自然产生证明∠2最大的想法，此时部分学生合情合理地想到∠A，∠B和∠2这三个角可能存在着固定的数量关系，引导学生用符号表示几何关系等，进一步建立图形、文字、符号之间的联系。同时，关注学生的合作交流，开阔学生的思路，让学生在经历整个探索过程的同时，体会数学的严谨性，培养学生的逻辑思维和解决问题的能力。关注学生自主学习、合作交流的过程，让学生体会数学知识发展的合理性，在获得数学活动经验的同时，提高学生探究、发现和创新的能力。

  本节课实施的教学设计，充分发挥了学生的主体作用，运用问题逐步引导，给学生创造一种自然的问题情境、思维情境，一系列动脑、动手、动口的机会，使学生在开放、民主、愉悦和谐的教学氛围中发现问题、解决问题，获取新知识，提高能力，促进思维发展。一方面，教师通过完整的例题讲解，为学生起到了很好的示范作用，规范了全体学生的几何书写格式，通过习题的梯度设置，及时反馈和诊断了不同学生掌握知识的情况，通过辅助线的不同添加方法，拓展学生的思维，提升学生的归纳推理和演绎推理的能力；另一方面，教师在解题过程中注意培养学生合理地思考问题、清楚地表达思想和有条不紊的学习习惯。同时，随时注意纠正学生在学习过程中的偏差，对学有困难的学生给予及时的帮助和鼓励。

加强初中学生几何推理能力的诊断与培养教学的实践与思考

在"全等三角形的判定（SAS）"教学实践中加强初中学生几何推理能力的诊断与培养教学的实践与思考案例分析与教学点评

撰写者：王志芳

一、背景分析

G. 波利亚在他的《数学与猜想》中指出：数学被人视为一门论证科学。然而，这仅仅是它的一个方面，以最后确定的形式出现的定型的数学，好像是仅含证明的纯论证性的材料，其实数学的创造过程是与任何其他知识的创造过程是一样的，在证明一个数学定理之前，要先猜测这个定理的内容、推测证明的思路，把观察到的结果加以综合后进行类比。数学家的创造性工作成果是论证推理，即证明；但是这个证明是通过合情推理和猜想而发现的。只要数学的学习过程稍能反映数学的发明过程，就应当让猜测、合情推理占有适当的位置。正是从这个角度，我们说数学的确定性是相对的、有条件的，实际上是突出了初中学生几何推理能力的诊断与培养研究中观察、实验、分析、比较、类比、归纳、联想等思维过程的重要性。

《义务教育数学课程标准（2011年版）》中指出：推理能力的发展应贯穿于整个数学学习过程中。推理是数学的基本思维方式，也是人们学习和生活中经常使用的思维方式。

从总体上来说，学生几何推理能力是一个动态的过程，是一个"思维的实验过程"，是数学真理的抽象概括过程，是初中学生几何推理能力的诊断与培养这一过程的一种自然结果。

初中数学的内容，主要包括运算和推理两大部分。用数学语言描述推理：主要表现为在掌握推理规则的基础上，综合运用图形语言、文字语言、符号语言表达推理。伴随几何学习始终的是这三种语言的相互转化，学生要在理解的基础上，能用自己的语言表述出来。

二、教学目标分析

数学推理能力素养不是指具体的知识与技能，也不是一般意义上的数学能力。数学推理能力素养基于数学知识技能，又高于具体的数学知识技能。数学推理能力素养反映数学本质与数学思想，是在数学学习过程中形成的，具有综合性、整体性和持久性的特点。推理能力素养与数学课程的目标和内容直接相关，对于理解数学学科本质、设计数学教学以及开展数学评价等有着重要的意义和价值。

本节课是一节几何推理课——"全等三角形的判定（SAS）"。基本事实：有两边和它们的夹角分别相等的两个三角形全等，简记为边角边或SAS。

基本事实是人们在长期实践中认为是正确的、不加以证明而直接引用的内容。全等三角形判定的基本事实要具备三个条件，而且这三个条件的位置是有限制的，并不是随意给出的，这对于现阶段学生来说是个难点。

三、教学过程分析

（一）自主研学

已知，如图 3-3-34 所示，请你添加两个条件，使得△ABD≌△ACD。

引导学生：

第一步：读文字。读题目，标出已知和未知。

第二步：读图形。读出图形中的隐含条件，公共边：AD=AD。

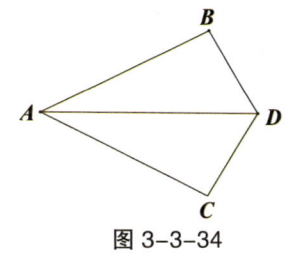

图 3-3-34

第三步：结合图形和文字的阅读，回忆已学知识，完成题目。

第四步：运用符号语言叙述证明过程。

> 设计意图：通过阅读，来回答："我看见了什么？我想到了什么？我决定怎么办？我的依据是什么？我的结果是什么？"

思考：能否利用两边一角分别相等来判定两个三角形全等？

> 设计意图：引出新问题——两边一角三个元素，这三个元素需要满足相应的位置关系。

（二）合作探究

第一题：画△ABC，使AB=6 cm，BC=8 cm，∠B=60°，与周围同学比一比，它们能重合吗？

第二题：画△DEF，使DE=6 cm，DF=10 cm，∠D=45°，与周围同学比一比，它们能重合吗？

加强初中学生几何推理能力的诊断与培养教学的实践与思考

第三题：画△MNP，使 MN=6 cm，MP=4 cm，∠N=30°，与周围同学比一比，它们能重合吗？

> 设计意图：引导学生经历知识的形成过程，渗透数学语言之间的相互转化。

思考：通过画图和与周围同学的比对，你得到什么信息？怎样叙述你的发现？

> 设计意图：合作交流，培养学生运用数学语言解释问题的能力。

（三）精讲点拨

板书学生叙述的基本事实：有两边和它们的夹角分别相等的两个三角形全等（简记为边角边或 SAS）。

图形语言：

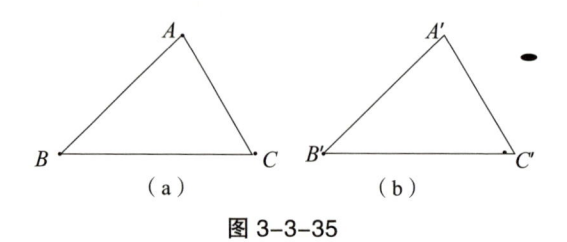

图 3-3-35

符号语言：

在△ABC 和△A'B'C' 中

$$\because \begin{cases} AB=\underline{\quad\quad} \\ \underline{\quad\quad}=\angle B' \\ \underline{\quad\quad}=\underline{\quad\quad} \end{cases}$$

∴△ABC≌△A'B'C'（SAS）

提问：观察图形，还有其他书写方式吗？学生通过观察图形，得出分别以∠A 和∠C 为夹角的另外两种写法。

> 设计意图：进一步培养学生数学语言的转化能力，引导学生感知数学语言的规范性，增强数学语言的相互转化是解决几何问题的关键意识，进一步强调三个元素的位置关系，引导学生体会数学语言的严谨性。

关键点：位置关系，两边和它们的夹角。
数量关系：对应相等。

（四）变式演练

第一题：已知：$AC=AD$，AB 平分 $\angle CAD$。
求证：（1）$\triangle CAB \cong \triangle DAB$。
　　　（2）$\angle C = \angle D$。

图 3-3-36

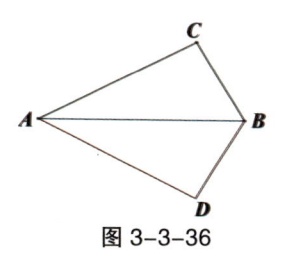

设计意图：引导学生感知边角边的应用，培养学生通过阅读图形得出隐含条件，进而转化为符号语言，运用符号语言完成严谨的证明过程。

第二题：如图 3-3-37 所示，AB、CD 交于点 O，$OA=OC$。试添加一个条件，证明：$\triangle AOD \cong \triangle COB$。

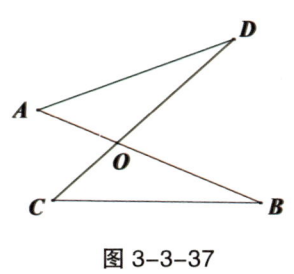

图 3-3-37

设计意图：开放性问题，培养学生数学语言之间的转化能力。培养学生解题后反思的习惯，培养学生数学语言的有效表达能力。

第三题：解决实际问题。
阅读教材 90 页综合与实践。
关于鱼塘大小的测量：刘大伯承包了一个鱼塘，他想知道鱼塘的宽 AB 究竟有多长。用你学过的知识帮助刘大伯解决这个问题。

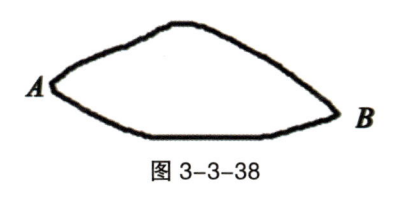

图 3-3-38

设计意图：培养学生应用的意识，通过阅读文字，将生活中的事实描述转化为数学问题，运用图形语言和符号语言书写出来，再用学到的数学知识和符号语言完成证明与求解的过程，引导学生通过有效阅读体会数学语言的有效转化是学习数学的重要途径。

（五）小结与作业

（1）小结：判断三角形全等的方法。

①已知两边和它们的夹角。

②已知两角和它们的夹边。

（2）作业：阅读教材 85 页，独立完善小结内容；完成教材 90 页第 3、4 两题。

> 设计意图：阅读教材，巩固本节课所学知识，建立知识间的联系。

四、本节课反思

文字语言：文字语言是将生活事实描述为数学问题，是第一次抽象。通过阅读文字，来回答："我看见了什么？我想到了什么？我决定怎么办？我的依据是什么？我的结果是什么？"

图形语言：是第二次抽象。数学核心素养中提到的几何直观，一是指几何图形，二是指直观。几何直观就是依托、利用图形进行数学思考和想象。图形解决：在教学中培养学生的画图习惯，把文字图形化是解释文字的方法。课上请同学们读题、读图，标出图形中的已知条件。从学生已有知识出发，尊重学生已有知识和认知规律。

符号语言：是第三次抽象。符号是数学特有的元素，它既是数学的语言也是数学的工具，更是数学的方法。它具有抽象性，这使数学能够超越数学对象的具体属性，从形式化的角度进行逻辑推理，并进一步把数学引向更深层次。数学符号的意义一旦被赋予，它就在特定的意义下被应用，不会含糊，这就是数学极大的严谨性。数字、字母、图形、关系式构成数学的符号系统。符号意识是学习者在感知、认知、运用数学符号方面做出的一种主动性反应，也是一种积极的心理倾向。

例如：为什么总说负负得正？这个问题可以用符号解释：我们都知道 $+2×(+3)=6$，那么 2 变化为它的相反数 -2，则：$-2×(+3) = -6$，那对于 $(-2)×(-3) = ?$ 如果等于 -6 就和上面冲突了，所以得 6。

$\triangle ABC \cong \triangle ABD$ 是用符号语言表达两个三角形的对应关系，学生经过学习，将看到的东西描述出来，再用数学语言写出来，描述分局部描述和整体描述，那么数学符号语言"$\cong$"既叙述部分也叙述了整体，表达了全等的本质，体现了数学语言的严谨性。

第三章　加强初中学生几何推理能力的诊断与培养教学的实践与思考案例分析与教学点评

从初一开始，教师就利用几何知识对学生进行系统的逻辑推理的学习、训练。几何知识的教学是整个初中数学的重点和难点，学生将系统地学习几何知识，并学会用标准的几何语言进行推理、描述与论证。初中学生几何知识掌握得牢靠与否、几何推理能力强弱与否，将直接影响他们今后的进一步学习。

将数学核心素养与数学课程的目标和内容紧密联系起来，对于理解数学学科本质、设计数学教学以及开展数学评价等有着重要的意义和价值，能有效提升学生的推理能力。

点评：全等三角形是初中几何教学中的重要内容，高效地学习全等三角形知识，不仅能为日后的数学教学打下坚实的基础，还能有效地培养学生的数学逻辑推理能力，促进学生的全面发展。

（1）让学生利用画一画、比一比的形式理解基本事实。学生按照条件画出三角形，经过比对发现：想要得到全等三角形，两条已知的边与一个已知的角必须符合某种特定的位置关系才可以。即必须要将两条边相连，使已知角是这两条边的夹角。

（2）当学生掌握全等三角形的构造关系时，很容易利用全等三角形的知识来寻找几何图形的其他位置关系，从而有效发散学生的思维，培养其几何构造能力。

几何证明问题一直都是学生学习的重难点，积极地将三角形全等知识作为学生踏入几何世界的敲门砖，能够引导学生发现数学几何的奥妙，提升数学学习效率，关注推理过程中几何语言的转化，从而培养其逻辑推理与自主解决问题的能力。教师积极地根据全等三角形的判定定理引发学生深入思考：要考虑两个三角形是否全等，只要考虑它们各自顶点之间的相对位置是否相同。要描述顶点之间的相对位置，必然涉及顶点之间的距离和方向，这就启发学生借助三角形的边和角寻找三角形全等的判定条件。

在"全等三角形的判定"教学实践中加强初中学生几何推理能力的诊断与培养教学的实践与思考案例分析与教学点评

撰写者：宋国强　王志芳

一、教学背景分析

（一）数学教学价值的要求

数学教学的最终目标之一，是要让学习者会用数学的眼光观察现实世界，会用数学的思维思考现实世界，会用数学的语言表达现实世界。而数学的眼光就是抽象，数学的思维就是推理，数学的语言就是模型。

数学是文字、符号、图形相互联系的学科，在掌握推理规则的基础上，综合运用图形、文字、符号语言表达推理，是本节课主要讲述的内容。

（二）课程标准的要求

关于推理能力的培养，《义务教育数学课程标准（2011年版）》中明确提出了几点内容，现归纳如下：首先，推理能力的发展应该贯穿整个教学的学习过程中；其次，通过多样化的活动，培养学生的推理能力；最后，使学生多经历"猜想—证明"的问题探索过程。在教学中，要始终以这三点为依据，设计所有教学环节、教学活动，并贯穿整个教学始终，长期培养孩子们的推理能力。

（三）本学段教学内容的要求

发展学生的合情推理和初步的演绎推理能力是《义务教育数学课程标准（2011年版）》的重要要求之一。本章是在七年级下册第七章出现证明和证明格式的基础上，进一步介绍了推理论证的方法。通过定理内容的规范化书写，并在例题和习题中注重分析思路，让学生学会思考，学会清楚地表达思考的过程，可以进一步培养学生的推理能力。同时，"三角形全等的判定"中几种判定方法是作为基本事实提出来的，通过画图和实验，让学生确信其正确性，符合学生的认知水平。这样的分析问题、解决问题的方法，对全章乃至以后的学习都是至关重要的。

三角形全等的条件不仅是"全等三角形"知识体系的重要组成部分，其在探索过程中所体现的思想方法，也为学生主动获取知识、感悟三角形全等的数学本质、积累数学活动经验、体验运用类比的方法研究问题等提供了很好的素材。通过本节课的学习，学生可以加深对已学几何图形的认识，并为今后的学习奠定基础。

（四）本学段学情要求

中学阶段重点研究的两个平面图形的关系是全等和相似。本章以三角形为例研究全等。研究全等三角形的方法将为后面相似的学习提供思路，因为全等是一种特殊的相似。全等三角形的内容是学生学习相似三角形的重要基础。此外，本章还借助全等三角形进一步培养学生的推理能力，主要包括用分析法分析条件与结论的关系、用综合法书写证明格式，以及掌握几何证明题的一般过程。由于利用全等三角形可以证明线段、角等基本几何元素相等，所以本章内容也是后面将要学习的等腰三角形、平行四边形、圆等内容的基础。

在七年级的几何学习中，学生学习了线段、角等基本几何元素，研究了相交线与平行线、三角形等基本几何图形，积累了一些几何研究的经验。在七年级学习的"平行线的性质与判定"有利于学生理解全等三角形的性质与判定，对研究几何图形的思想和方法有了一定的认识。因此，教师在教学中要充分利用学生已有的研究几何图形的思想方法，使几何思想贯穿教学，并通过本章的学习达到强化经验。另外，经过一年的师生相处，师生彼此相当熟悉，配合默契，对一些问题的处理和教学活动的安排已然形成了一定的做法，对一些固有的规则和要求学生的心里也很明确，这为教学活动的顺利开展奠定了良好的基础。

二、教学目标分析

（一）教学内容的确定

全等三角形是研究图形的主要工具，学生只有充分掌握并能灵活运用全等三角形的知识，才能学好相似、圆等相关知识。本节的主要教学任务是探索构建三角形全等条件的思路，它既是前面所学知识的拓展与延伸，又为学生今后学习其他图形的判定定理打下基础，帮助学生积累学习几何知识的经验。

全等三角形是研究图形的重要工具，只有掌握全等三角形的有关内容，并且能灵活地加以运用，才能学好等腰三角形、四边形和圆等内容，同时为今后研究轴对称、旋转等全等变换打下良好的基础。研究全等三角形，使学生理解证明的基本过程，掌握用综合法证明的格式，既是本章的重点，也是教学的难点。

（二）教学目标的确定

引导学生识别、转化题目中的文字语言、图形语言和符号语言，会用符号语言书写和表达判定三角形全等的证明过程

（三）教学重难点

（1）本节重点：总结寻找"等边""等角"的途径，会进行三种数学语言的转化，能根据已知条件和图形，找出自己所需要证明三角形全等的直接条件，会将间接条件转化为判定所需的"等边""等角"，梳理解题思路，规范解题格式

（2）本节难点：含进行三种数学语言的转化，规范书写过程中符号语言的运用。

（四）整体教学思路

本节课的首要任务是让学生通过练习找出判定三角形全等所需的"等边""等角"的途径，能将已知中的文字语言、符号语言和图形语言中的隐藏条件转化为所需的"等边""等角"符号语言。会在解题格式里，用标准的符号语言进行书写和表达。在讲解几何证明题的解题思路的同时，让学生体会语言描述推理的具体形式，在掌握推理规则的基础上，综合运用图形、文字、符号语言表达推理。

三、教学过程

（一）例题解析

已知：在三角形 OAB 中，延长 BO 至点 D，使 $OB=OD$，线段 $AB \perp BD$ 于点 B，线段 $CD \perp BD$ 于点 D，求证：$\triangle OAB \cong \triangle OCD$。

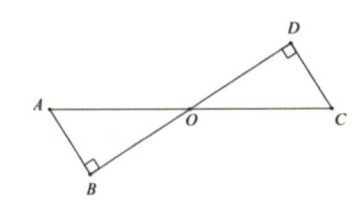

图 3-3-39

阅读这道题目，需要从三方面入手：

（1）"$OB=OD$"这个已知条件转化为学生理解的文字语言是"OB 和 OD 两条线段相等"；"$CD \perp BD$"这个已知条件转化为学生理解的文字语言是"CD

和 BD 两条线段垂直且∠CDO=90°"; "△OAB≌△OCD"这个所求转化为学生能理解的文字语言是"需要证明△OAB和△OCD全等"。读懂两个已知条件和一个所求问题，均要将数学符号语言转化为文字语言。

（2）"线段 AB 垂直 BD 于点 B"这个已知条件转化为学生理解的符号语言是"∠ABO=90°"，这个已知条件属于文字语言和符号语言的转化。

（3）看题目所给图形，从图形可以直观地读出一个隐藏条件即∠AOB 和∠COD 是对顶角。这个隐藏条件属于几何中的图形语言转化，要转化为∠AOB=∠COD，类似于英语，要进行不同语言间的翻译，才能理解。

（4）要综合（1）和（2）中的符号语言和文字语言到题目所给的图形中去，即要综合文字语言、符号语言、图形语言，将其转化成自己理解的数学语言，与图形相互对应，判断三个已知条件是否符合学过的三角形判定定理的位置关系才能解决这道题。

综上所述，教师在几何问题的新授课过程中，不仅要带领同学阅读题干，将题干中的文字语言和符号语言转化为自己能理解的数学语言，内化为已知条件，还要配合图形，读懂图形中的隐藏条件，并且要综合文字语言、符号语言到图形语言中去，即图形语言、几何直观是处理几何问题的核心所在。而几何语言，不是以学生可以读懂的语言文字呈现的，而是以图形的方式呈现。这对学生来说是一次理解上的升华，是几何推理能力提升的起点，授课时要着重落实。

（二）归纳判定三角形全等的几类重点图形语言

1. 阅读和转化两条线段平行的几何语言

（1）若已知条件有 AB∥DE，AC∥DF，则可以在图形中找出∠B=∠DEC，∠ACE=∠F。即把题目中两线平行的符号语言与图形中的同位角相等相对应上，"已知给两条线平行，翻译为两角相等"。

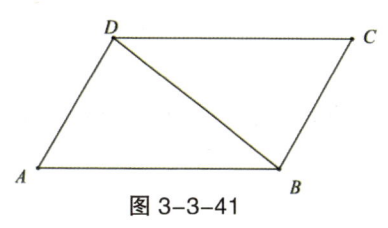

图 3-3-40

（2）若已知条件有 DC∥AB，则在图形中找出∠CDB=∠ABD、∠A+∠ADC=180°。即把题目中的两直线平行的符号语言与图形中的内错角相等、同旁内角互补的图形语言对应上。"已知给两条线平行，翻译为不同位置角之间的数量关系"。

图 3-3-41

综上所述，理解题目中的符号语言，要配合图形语言，加工、翻译为自己所需的数学语言。

2. 阅读和转化公共边、公共角的几何语言

（1）题目中 $\triangle AEB \cong \triangle ADC$ 所需的条件往往会用到两个三角形的 $\angle A$ 为公共角。

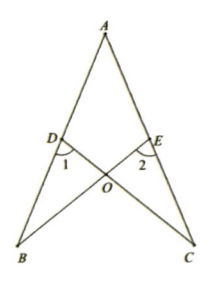

图 3-3-42

（2）题目中 $\triangle ABD \cong \triangle ACD$ 所需要的条件往往会用到两个三角形的 AD 为公共边。

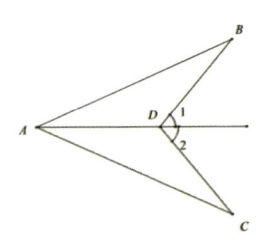

图 3-3-43

综上所述，题目中往往有不用符号语言而间接利用图形语言给出的隐藏条件，因此要引导学生观察图形，利用几何直观找全所需条件进行解题。

3. 需要加工题目中的符号语言和图形语言

（1）等量加等量和相等。

① 证明 $\triangle DCE \cong \triangle ACB$，除了用到已知条件 $\angle 1 = \angle 2$，还要对两角相等进行加工推导。观察图形，$\angle ACE$ 为两个三角形的公共角，即从等式性质角度看：$\angle 1 + \angle ACE = \angle 2 + \angle ACE$，所以 $\angle DCE = \angle ACB$（角的等量加等量和相等）。

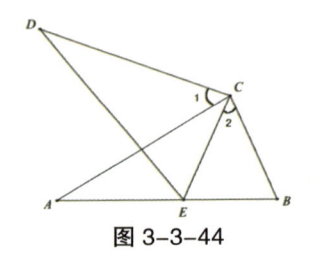

图 3-3-44

②证明△ABF≌△DCE，除了用到已知条件BE=CF外，还要对两条线段相等进行加工推导。观察图形，EF是两个三角形的部分公共边，即从等式性质角度看：BE+EF=CF+EF，所以BF=CE（边的等量加等量和相等）。

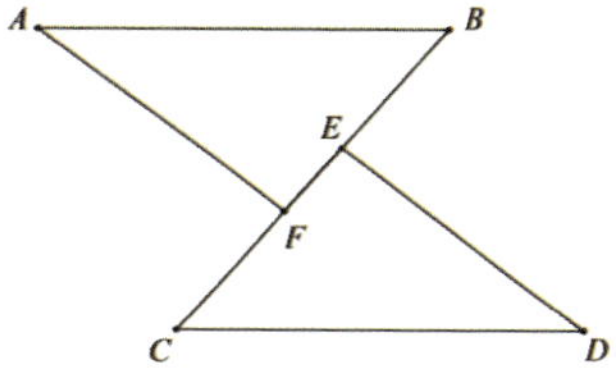

（2）等量减等量差相等

①证明△ABD≌△ACE，除了用到已知条件BE=CD外，还要对两条线段相等进行加工推导。观察图形发现，DE为公共边，即从等式性质角度：BE-DE=CD-DE（边的等量减等量差相等）。

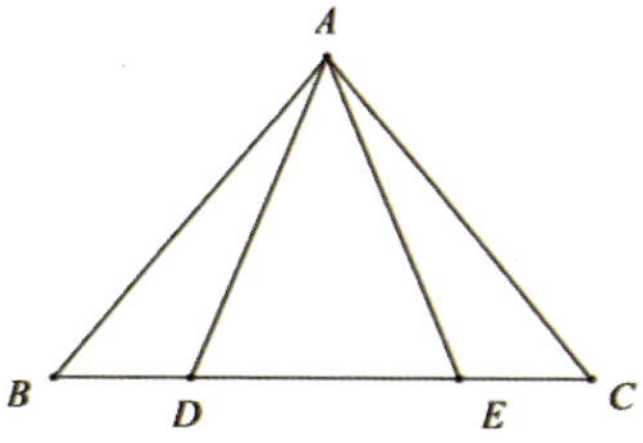

图3-3-45

②同样的图形，证明△ABD≌△ACE，已知条件变式为∠BAE=∠CAD，发现∠DAE为公共角，要对两个角相等进行加工推导。即从等式性质角度：∠BAE-∠DAE=∠CAD-∠DAE（角的等量减等量差相等。）

图3-3-46

综上所述，想要解决三角形全等的判定问题，除了要将已知条件中的文字语言和符号语言与已知图形语言进行对照，还要对已知图形中的边、角等量关系进行加工整理，挖掘图形中的隐藏条件，提升推理能力。几何直观中的图形语言既是几何推理的起点，也是提升几何推理能力的重要载体。

（三）日常教学渗透几何语言的阅读技巧与转化

利用每一次基本事实、定理、性质的新授课，引导学生从文字语言、符号语言、图形语言入手，提升学生对几何语言的阅读理解能力，并重视课本例题的开发。

比如：讲授利用"边边边"判定三角形全等时，要从三个方面入手，引导学生熟练转化、理解。

1. 文字语言

基本事实：有三边分别相等的两个三角形全等（简记为：边边边或SSS）。

2. 符号语言

在△ABC和△DEF中，

AB=DE

AC=DF

BC=EF

∴ △ABC ≌ △DEF

3. 图形语言

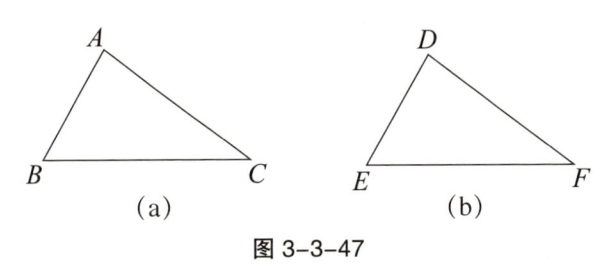

图 3-3-47

在带领学生阅读这三种语言时，要强化文字语言、符号语言与图形语言的对应关系。强调几何直观重要性的同时，要点明符号语言是最终落实在答题卡上的得分载体，一定要注意思维的严密性和书写的解题格式。另外，应将这种方式统一到每节新授课当中，引导学生每次新授都要从这三方面入手进行理解，形成思维习惯，建构学生的几何系统，提升推理能力。

四、存在问题及对初中学生几何推理能力培养的设想

每次新授都是统一模式的学习同一几何问题，多数学生在实践中能识别已知中的文字语言、符号语言，并能结合图形，找全判定三角形全等所需的"等边""等角"条件。但落实在纸面上进行书写时仍存在一定的困难。比如，只能单独找出"等边""等角"关系，但却不能结合具体问题分清"ASA""SAS"的位置关系，造成证明混乱，随意书写，这说明学生在符号语言的输出上仍不过关。

另外，在授课过程中往往由于课堂时间所限没能给孩子展示判定三角形全等的解题思路提供更多机会。在后续课堂中仍应该持续关注，重点练习，引导学生体会几何证明题分析与综合的解题思想方法，学会在新情境中切入、顺利解题并提升推理能力。

部分学生在课堂规定时间内不能很好地体会由问题出发并从所求找已知的逆向分析过程，逻辑思维能力还没有得到充分发展。

此外，仍有一些同学没能很好地理解几何中的三种数学语言，不能将题目已知中的符号语言、文字语言以及图形中的隐藏条件转化为判定三角形全等所需的"等边""等角"关系；在解题过程中目标不明确，解题格式、思维比较混乱，胡乱书写。对于这些孩子，应该课下一对一辅导，关注他们对数学语言的理解和应用，减少其消极态度和畏难情绪。

第三章　加强初中学生几何推理能力的诊断与培养教学的实践与思考案例分析与教学点评

几何的推理能力，是以数学语言阅读加工，即符号语言、图形语言和文字语言之间的转化为基础的。应着重联系对于同一问题三种语言的不同表述形式之间的自由切换的熟练程度，反映同学们对所学知识的理解和运用水平。平时除了对同一问题三种语言的阅读和书写练习外，还可以让不同学生对同一问题进行阐述、板书示范，这些均能促进学生几何推理和表达水平的提高。

在授课环节设计的时间安排上，不仅要带领同学逐字、逐词、逐句地分析文字语言、符号语言，还要带领学生分析几何图形中的已知条件、隐藏条件、未知所求，使文字语言、符号语言和图形语言逐一对应起来，利用标注图示等手段，增加学生的几何直观能力。在初期阶段，课堂上应增加分析、思路引导时间，但不能忽视解题格式书写的训练，每道例题都应该示范到位，如可以让达到标准的优生到前面板书，逐渐培养孩子们利用数学语言表述的能力。

学生的几何推理能力培养，不仅要从文字语言、符号语言、图形语言的相互转化入手，还要考虑到学生的接受能力，利用每一次新授课中的例题和系列练习，强化对三种语言的理解，做好打持久战的准备。同时，要注意检查学生的书写规范程度，关注学生的语言表述的输出，落实学生对三种数学语言的应用，增强学生的阅读能力。另外，要兼顾学生的几何思维培养，将从未知找已知的一般解题思路在日常点滴中渗透到位，全方面提升学生的几何能力。

点评：

研究几何图形的性质常常需要借助图形之间的全等关系，其中全等三角形是最常用的重要基本工具。掌握全等三角形及相关知识是后续学好等腰三角形、四边形和圆等内容的基础，也是今后研究轴对称、旋转等全等变换的良好铺垫。此外，全等三角形及相关知识在日常生活中也有着广泛的应用。本节课重点呈现了在三角形全等的证明过程中数学语言的转化，应有效引导学生进行转化，培养学生的推理能力。

本节课属于章节复习课，复习课的目标要求是梳理章节的知识结构，养成回顾与反思的习惯。鉴于课时有限，本节复习课仅以核心知识点为抓手，从不同角度培养学生的数学语言运用。在引导学生回顾全等三角形的各种判定与性质的基础上，用更多的时间去灵活运用这些判定和性质，提出并解决实际问题；关注不同学生的设问与解题方法的多样性，促进直观想象能力、探究问题能力的数学素养落地。在实际过程中，要以数学核心素养为根本，以指导学生深度学习、自主学习为策略，促使学生理解与运用所学知识，建立内部逻辑，培养学生学科素养，实现每一位学生数学思维的自主发展。

在"全等三角形的性质"教学实践中加强初中学生几何推理能力的诊断与培养教学的实践与思考案例分析与教学点评

撰写者：黄 丽 王志芳

一、教学背景

全等三角形是认识了三角形以后学习的，是三角形这一章的重点内容。要用几何符号表示全等三角形及它们的对应元素，培养学生的符号意识，进行简单的几何推理和计算，为学习全等三角形的判断方法奠定基础；从学生的接受能力考虑，设计的问题要使每个学生都有思考的空间，使数学教学面向全体学生，突出体现数学课程的特点。

二、教学分析

（一）教学目标

（1）理解全等三角形的概念，能识别全等三角形的对应顶点、对应边和对应角。

（2）掌握全等三角形的性质，并运用性质解决有关的问题，培养学生的符号意识。

（3）通过给学生创造思考的空间和展示自己的机会，激发学生的数学学习兴趣。

（二）教学重难点

教学重点：能在全等三角形中正确地找出对应顶点、对应边和对应角。

教学难点：会用几何符号表示全等三角形的性质，进行简单的推理和计算。

三、教学过程

（一）活动一：看一看（学生口答）

问题1：观察如图3-3-48所示两组图形能够重合吗？

图 3-3-48

教师小结：像这样能够完全重合的两个图形叫作全等形。

问题2：你还能举出生活中常见的全等形吗？（学生回答，小红花等）

教师小结：全等形与图形的形状、大小有关，与位置无关。

像这样能够完全重合的两个三角形叫作全等三角形。

全等三角形的表示方法："全等"用符号"≌"表示，读作"全等于"。记作：△ABC≌△DEF

图 3-3-49

当两个三角形全等时，互相重合的顶点叫作对应顶点；互相重合的边叫作对应边；互相重合的角叫作对应角。

注意：两个三角形全等时，通常把表示对应顶点的字母写在对应的位置上。

全等三角形的性质：全等三角形的对应边相等；全等三角形的对应角相等。

几何语言：

∵ △ABC≌△DEF

∴ AB=DE，BC=EF，AC=DF

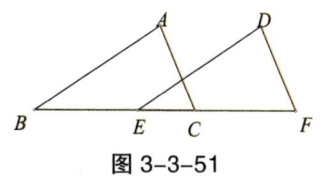

∠A=∠D，∠B=∠E，∠C=∠F

图 3-3-50

（二）活动二：说一说（学生口答，教师及时纠错）

（1）如图3-3-51所示，将△ABC平移至△DEF，那么△ABC≌_____，指出对应顶点、对应边和对应角。

几何语言：

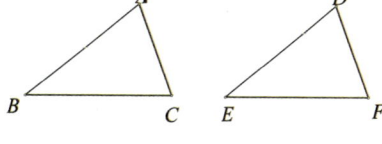

∵ △ABC≌△DEF

图 3-3-51

∴ AB=DE，BC=EF，AC=DF（全等三角形的对应边相等）

∠A=∠D，∠B=∠DEF，∠ACB=∠F（全等三角形的对应角相等）

（2）如图 3-3-52 所示，将△ABC 沿 AC 翻折至△ADC，那么△ABC≌_____，指出对应顶点、对应边和对应角。

几何语言：

∵ △ABC≌△ADC

∴ AB=AD，BC=DC，AC=AC（全等三角形的对应边相等）

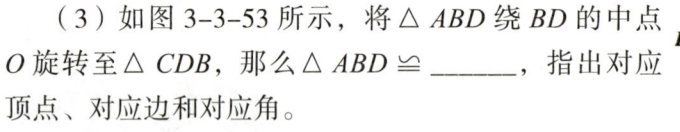

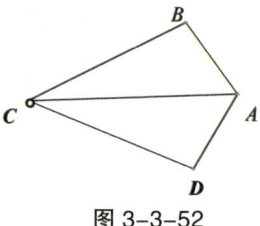

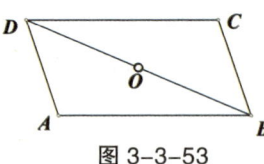

∠BAC=∠DAC，∠B=∠D，∠ACB=∠ACD（全等三角形的对应角相等）

图 3-3-52

（3）如图 3-3-53 所示，将△ABD 绕 BD 的中点 O 旋转至△CDB，那么△ABD≌_____，指出对应顶点、对应边和对应角。

几何语言：

∵ △ABD≌△CDB

∴ AB=CD，AD=CB，BD=DB（全等三角形的对应边相等）

∠BDA=∠DBC，∠A=∠C，∠ABD=∠CDB

（全等三角形的对应角相等）

图 3-3-53

图 3-3-54

诊断：对于复杂的图形可以拆分，拆分后的图形更易找出全等三角形的对应边和对应角。

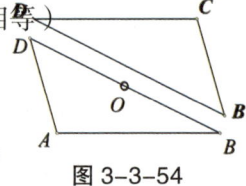

（4）如图 3-3-55 所示，△ABC≌△DEF，∠A = 70°，∠B = 50°，BF = 4，EF = 7，求∠E 的度数和 CF 的长。

解：∵ △ABC≌△DEF，∠B = 50°，EF = 7，

∴ ∠E = ∠B = 50°

（全等三角形的对应角相等）

BC = EF = 7

（全等三角形的对应边相等）

∵ BF = 4，

∴ CF = BC - BF = 7 - 4 = 3

图 3-3-55

（三）活动三：试一试（学生口答，教师及时纠错）

请用几何语言分别叙述下列图形中两个全等三角形的对应边和对应角的数量关系。

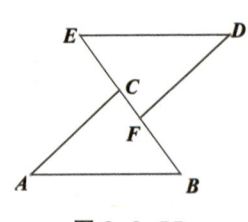

图 3-3-56 几何语言：

∵ △ABC ≌ △ADE

∴ AC=AE，AB=AD，BC=DE

（全等三角形的对应边相等）

∠B=∠D，∠C=∠E，∠BAC=∠DAE

（全等三角形的对应角相等）

图 3-3-56

图 3-3-57 几何语言：

∵ △ABC ≌ △ADE

∴ AB=AD，AC=AE，BC=DE

（全等三角形的对应边相等）

∠B=∠D，∠C=∠E，∠BAC=∠DAE

（全等三角形的对应角相等）

图 3-3-57

图 3-3-58 几何语言：

∵ △ABC ≌ △DBE

∴ AB=DB，BC=BE，AC=DE

（全等三角形的对应边相等）

∠B=∠B，∠C=∠E，∠BAC=∠BDE

（全等三角形的对应角相等）

图 3-3-58

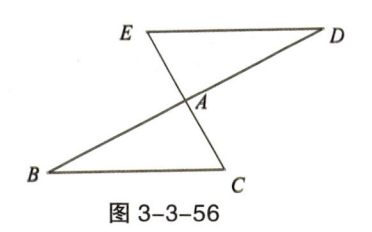

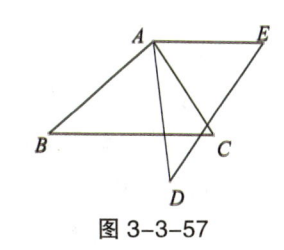

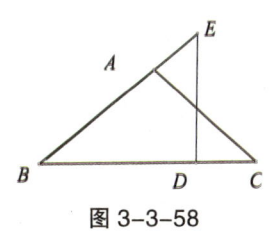

诊断：注意多种基本图形的识别，使学生熟练掌握全等三角形的对应边和对应角；注意几何语言的训练，为学生进行逻辑推理做铺垫。

小结对应元素的确定方法：

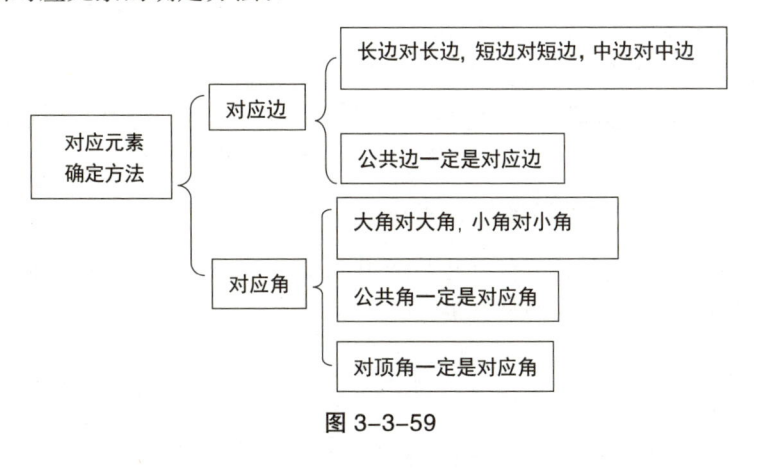

对应元素确定方法
- 对应边
  - 长边对长边，短边对短边，中边对中边
  - 公共边一定是对应边
- 对应角
  - 大角对大角，小角对小角
  - 公共角一定是对应角
  - 对顶角一定是对应角

图 3-3-59

（四）活动四：练一练（学生口答，教师及时纠错）

（1）△ABC ≌ △DCB，如果 AB=6，DB=3，BC=5，那么 DC 的长（　）。

A. 5　　　　　B. 6　　　　　C. 3　　　　　D. 无法确定

（2）在上题中，如果∠DBC = 80°，∠BCD = 35°，那么∠ACD 的度数（　）。

A. 55°　　　　B. 35°　　　　C. 45°　　　　D. 80°

（3）判断题：

①全等三角形的对应边相等，对应角相等。（　）

②全等三角形的周长相等，面积也相等。（　）

③面积相等的三角形是全等三角形。（　）

④周长相等的三角形是全等三角形。（　）

（五）活动五：课后小结，思考归纳（学生交流，教师归纳）

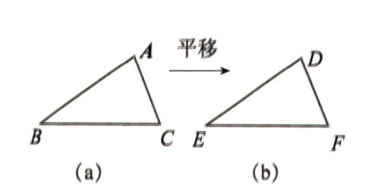

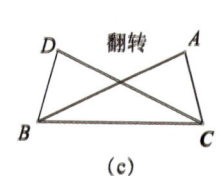

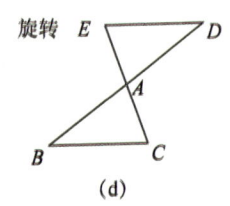

图 3-3-60

（1）归纳：一个三角形经过平移、翻折、旋转后，____变化了，但____、____都没有改变，所以平移、翻折、旋转后的三角形_____，这也是我们通过运动的方法寻找全等的一种策略。

（2）全等三角形的定义、对应顶点、对应边和对应角。

（3）全等三角形的性质：全等三角形的对应边相等，全等三角形的对应角相等。

（六）活动六：课后作业（学生独立完成）

请同学们画出一对具有公共边或公共角的全等三角形，并用几何语言分别叙述图中对应边和对应角的数量关系。

四、教学反思

"全等三角形的性质"这节课是学生认识三角形的基础知识后进行学习的，为下面学习全等三角形的判断方法奠定基础。当两个三角形的边角都互相重合时，两个三角形全等，进而知道全等三角形的对应角和对应边相等；学生能够准确地找出全等三角形的对应顶点、对应角和对应边是学习本章所必需的一项基本要求，也是本节课的重中之重。本节课通过认识全等三角形的定义和性质展示多种图形，充分利用图形直观性的特点，让学生通过观察、归纳、拆分复杂图形等手段，注重每一环节的训练，突破了教学难点。注重不同学生发展的需要，配备多种基本图形，丰富问题的呈现方式，学生反复识别、及时纠错，使每一位学生能够正确找出全等三角形中相等的对应边和对应角，为学习全等三角形的判定打下坚实的基础。

点评：本节课在研究全等图形的基础上对全等三角形的性质进行教学。

（1）教师引导学生通过比对图片，借助几何直观和空间想象感知事物的形态与变化，认识全等图形，利用图形理解和解决数学问题进而引导学生通过比较两个三角形得出三角形全等的结论，再抓住三角形的边、角两个元素展开讨论，得出全等三角形的性质。

（2）在教学中，教师注意对学生几何语言的转化的培养，在数学核心素养的指导下，在课堂教学中适时引导学生进行有效的自主探究。教师关注每位学生的思考，对于有一定难度的问题，先铺垫、再启发，让学习水平一般的学生也能积极有效地深入学习，有效培养学生推理能力。

在"尺规作图：作一个角等于已知角"教学实践中加强初中学生几何推理能力的诊断与培养教学的实践与思考案例分析与教学点评

撰写者：王　建　孙宝英

一、教学背景分析

（一）数学教学价值的要求

尺规作图是几何证明的另一种呈现方式，其根本目的是发展学生的推理能力，是对几何证明的拓展与延续。一直以来，尺规作图都是初中数学教与学的一个难点，其中作图思路的分析与形成是教学的关键。教材对这一部分内容的设计，不能很好地满足学生学习的需要。以"作一个角等于已知角"的作图思路分析为例，并结合北京课改版教材进行设计分析，丰富教学内容，使学生得到充分的学习，使知识得到串联。

（二）课程标准的要求

新课标在教学要求上降低了几何证明的难度，也降低了对尺规作图的要求。尺规作图是在对几何证明进行综合应用的同时发展学生的逆向思维能力，实际上是几何证明的另一种呈现方式，其根本目的是发展学生的推理能力和知识点的综合应用能力，是对几何证明的延续。

（三）本学段教学内容的要求

教材设计中只要求学生能看懂步骤，按照步骤进行正确的操作，利用测量、比较等手段说明所作图形的正确性，失去了对推理能力的培养这一教学目标。处理几何作图时，应该注意并不是要求以一定的精确度把图画出来，而是从理论上说明只用圆规和直尺能否找出画图的方法，并且能运用理论证明画出的角就是已知角，而且方法不唯一。圆规和直尺肯定是作图最简单的工具，但是在几何中从来就没有只限于用这些仪器。从实际看，任何一个尺规作图方法的作图效果都不如用好的半圆仪等仪器那样令人满意。如果只把尺规作图视为一种机械化操作，只要求学生会"依葫芦画瓢"，那么学生学完之后就会是一种"知其然而不知其所以然"的感觉，这显然与尺规作图的根本目的相违背。尺规作图的要求就是学生能利用学过的所有知识点进行画图，"作一个角等于已知角"适合新授课也适用于初三综合复习。

4. 本学段学情要求

八年级学生是正处于形象思维向抽象思维过渡的时期，初步涉及较复杂几何图形（三角形），具有较强的好奇心和求知欲，学生间相互合作、相互提问的积极性也比较高，同时他们已经具备了一定的归纳总结、表达的能力，而且具有自己的审美观，因此他们对于学习这部分知识的热情应该是比较高涨的。

二、教学目标分析

（一）教学内容的确定

教材在八年级上册第十二章第八节第二课时安排了"作一个角等于已知角"的尺规作图。教材在学习了三角形全等的条件的情况下安排了这一内容，给出了规范的尺规作图的做法书写，并让学生进行模仿。对这一内容的教学要求给出了如下说明：作一个角等于已知角的作图过程比较复杂，教学时应要求学生按照操作步骤亲自操作,同时对于"已知、求作和做法"的书写要求应循序渐进,此时可以只要求学生能看懂步骤,按照步骤进行正确的操作。按照步骤完成作图后,教师应鼓励学生利用测量、比较等方法验证新作的角是否等于已知角。教材在本节内容中第一次给出尺规作图的定义,并在其后开门见山地指出怎样利用直尺和圆规作一个角,使它等于已知角,随后给出了具体的做法和相应的图形:作一个角等于已知角,学生在七年级上册第三章已经接触过,不过当时只要求应用量角器作,而本节限定用直尺和圆规来作,在原理和方法上都有较大的区别。教师可稍做引导,也就是构造出一对三边相等的全等三角形,使其中一个含有已知角,而另一三角形中这个角的对应角就是所求的角,然后把这一思路转化成具体做法。

然而,教材直接介绍怎样利用直尺和圆规做一个角等于已知角,并给出了规范的作图与作法,尽管教参指出对做法的思路教师可做些引导,但对于这个思路的形成只能停留于老师的引导和分析,学生很难想到。因此,对于这样的教学设计,只能由教师一边引导一边讲解作图的原理,对学生而言缺乏探究性。这样的设计使学生知道怎样作图及作图所用的原理,即达到了让学生"知其然而知其所以然"的目的,但却不清楚作图思路是如何形成的?解决这种问题的方法是怎样形成和提炼出来的?这些问题对学生而言还是一片空白,而这正是数学本质的东西,离开方法而追求知识本身,知识就失去了其应有的价值与灵性。

针对以上分析中出现的问题,教师应在实际教学中整理、了解该基本作图的思路,循序渐进地分课时教学。

(二)教学目标的确定

会利用三角板、量角器、圆规和直尺等画图工具画一个角等于已知角,经历探索尺规作图画一个角等于已知角的过程,体会类比和划归的数学思想,并让学生经历尺规作图操作步骤知识点的形成与应用过程,获得成功的体验,建立学习数学的自信心。

三、教学过程

(一)预案示范

已知 $\angle AOB$,作 $\angle \alpha$,使 $\angle \alpha = \angle AOB$

引例：

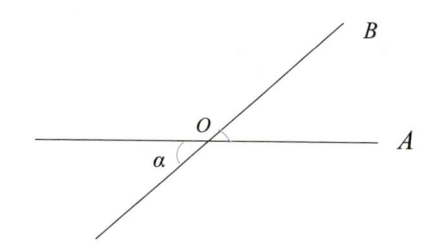

图 3-3-61

作法：反向延长 AO、BO，如图 3-3-61 所示，$\angle \alpha$ 即为所求。
依据：对顶角相等。
预案一：

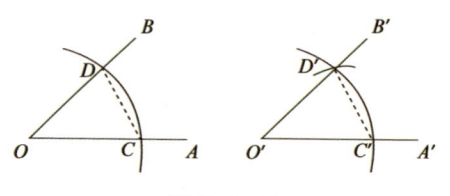

图 3-3-62

作法：如图 3-3-62 所示，以 O 为圆心，任意长为半径画弧，分别交 OA、OB 于点 C，D；画一条射线 $O'A'$，以点 O' 为圆心，OC 长为半径画弧，交 $O'A'$ 于点 C'；以点 C' 为圆心，以 CD 的长为半径画弧，两弧交于点 D'；过点 D' 画射线 $O'B'$，则 $\angle A'O'B' = \angle AOB$。
依据：三边对应成比例两三角形全等。
预案二：

图 3-3-63

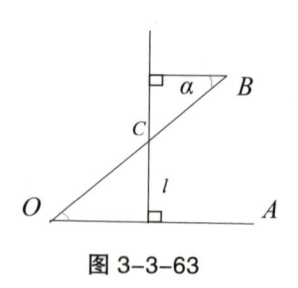

作法：在 OB 上取一点 C，过 C 作 OA 的垂线 l，过 B 作直线 l 的垂线，如图 3-3-63 所示 $\angle \alpha$ 即为所求。
依据：内错角相等，两直线平行；两直线平行，内错角相等。

· 138 ·

（垂直于同一条直线的两直线平行；两直线平行，内错角相等）

（对顶角相等、等角的余角相等）

预案三：

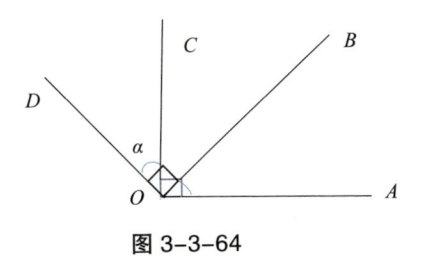

图 3-3-64

作法：过 O 作 OC 垂直于 OA，过 O 作 OD 垂直于 OB。如图 3-3-64 所示 $\angle\alpha$ 即为所求。

依据：如果两个角的和为 90°，两角互为余角。同角的余角相等。

预案四：

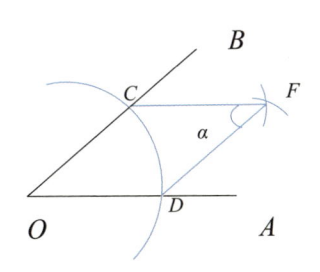

图 3-3-65

作法：以 O 为圆心，任意长为半径画弧，分别交 OA、OB 于 C、D；分别以 C、D 为圆心，以 OC 或 OD 长为半径作弧；两弧交于点 F，连接 CF、DF；如图 3-3-65 所示 $\angle\alpha$ 即为所求。

依据：四条边相等的四边形是菱形，菱形的对角相等。

预案五：

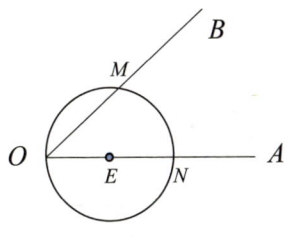

图 3-3-66

作法：在 OA 上取一点 E，以 OE 为半径作圆，分别交两边于 MN。如图 3-3-66 所示∠α 即为所求。

依据：同弧所对圆周角相等。

（二）检测

（2017 年西城一模）下面是"经过已知直线外一点作这条直线的平行线"的尺规作图过程。

已知：如图 3-3-67 所示，直线 l 和直线 l 外一点 P。

图 3-3-67

求作：直线 l 的平行直线，使它经过点 P。

作法：如图 3-3-68 所示。

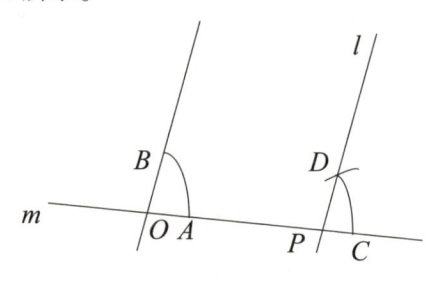

图 3-3-68

（1）过点 P 作直线 m 与直线 l 交于点 O。

（2）在直线 m 上取一点 A(OA < OP)，以点 O 为圆心，OA 长为半径画弧，与直线 l 交于点 B。

（3）以点 P 为圆心，OA 长为半径画弧，交直线 m 于点 C，以点 C 为圆心，AB 长为半径画弧，两弧交于点 D。

（4）作直线 PD。

所以直线 PD 就是所求作的平行线。

请回答：该作图的依据是 _____

（三）小结

总结作图步骤。

（四）布置作业

中考零距离第 69 页 1 ~ 10 题。

四、教学反思

（一）尺规作图"贵"在作图思路的形成

在解答作图问题时，许多教师一般直接给出作法再给出证明，有时教师边介绍作法边让学生动手完成整个操作过程，几乎停留在机械的模仿操作阶段。教师在其中只充当了解说员的作用，学生对知识的学习就如同"建造空中楼阁"，学生的思维不能得到根本上的发展。

对于作图问题，不能仅仅要求学生知道作法、证明作法、解答相关习题，更不应该用仪器测量尺规作图是否标准，而应充分挖掘作法产生的原因，弄明白作图思路的形成过程。"作一个角等于已知角"教材指出，教师可对作法的思路进行一定的引导。然而，对于这个思路的形成只能停留于老师的引导和分析上，学生很难想到。为此，教师应引导学生作图思路就是从角的定义出发，其分析思路与学生已有的知识和经验（作一个角等于已知角和全三角形全等的条件或者其他学习过的能使角相等的条件）紧密相连。新知识的获取建立在学生已有的知识和经验上，符合学生学习的需求，同时也能使学生的能力得到新的发展。会解决作图问题的重要标志是明白其作图背后的思路，尺规作图问题教学的关键在于帮助学生分析作图思路的形成，从而真正意义上发展学生的思维并提升学生的能力。

（二）有限的教材，创造性地使用

学生使用的教材从编排体系和教材内容安排上都经过精挑细琢，各章节内容都各有特色，令人耳目一新。但是，任何一种教辅资料或教材都难以达到完美的境界，所以作为一线教师应该深刻领会教材的编写意图，吸取各种教材在编写与设计上的优点并为我所用，在必要的时候对某些内容进行加工处理，力争做到创造性地使用教材。

例如，有的教材在没有学习三角形全等条件的情况下安排了"作一个角等于已知角"这一内容，使该尺规作图缺乏了理论支撑，学生在学完之后是一种"知其然而不知其所以然"的感受。这就应该在实际教学中调整部分教学内容的顺序，将"作一个角等于已知角"调整到学完三角形全等条件之后。而有的教材从编排顺序上是符合学生认知规律的，但教学内容是否适量也值得商榷，

加强初中学生几何推理能力 的诊断与培养教学的实践与思考

尤其对基础薄弱的学生,更应减少教学容量,以确保课堂教学质量。

对于教学参考用书上的教学目标和要求的完成,尤其是其指出的"对于作图思路的形成教师可做些引导",可做怎样的引导,如何引导都需要一线教师继续做深刻的分析与思考。

尽管教材呈现给我们的文字、图片、例题、习题是非常有限的,但是每一段文字、每一张图片背后所蕴含的深意都值得我们去思考、挖掘,它们留给我们思考的空间是无限的。我们应学会创造性地使用教材,以达到良好的教学效果。

五、对初中学生几何推理能力的诊断与培养的设想

在几何教学过程中,教师往往对于几何直观缺乏应有的重视。教师习惯于关注推理的方法和结论,对学生推理的思考过程有所忽视。而一个完整的思考过程往往是从对事物的初始认识开始的,尤其对初中生而言,其正在经历从算术到数学、从具体到抽象的过渡。受学生逻辑思维能力的限制,很多学生在几何推理的学习上是有一定困难的。因此,在教师的几何教学过程中,应借助于几何直观、几何解释,让学生眼见为实,帮助学生更好地理解和接受抽象的内容和方法,通过图像语言、符号语言、数学语言三结合的方式去学习几何,尤其是进行几何推理的学习。在探究教学的过程中,可以让学生根据作图对结论进行直观判断,再对结论进行严格证明。这样的学习过程对于培养学生的几何直观能力和借助几何直观进行推理论证的能力有很大的促进作用,使用这种先直观,后推理的方式就可以解决很多类似的尺规作图问题。

点评:

从本节课的设计可以看出,教师对教学内容有着深刻的认识和理解,可以根据学生的需求,创造性地使用教材的内容。在教学过程中,教师不满足于知识与技能的教学,更注重学生思维习惯和能力的培养,充分挖掘方法产生的原因,理清思路的形成过程,从学生已有的知识和经验出发,引导和启发学生学会观察分析研究对象,从而发展提出问题并探究解决问题的能力。相比于画图技能,教师更着眼于培养和提升学生的思维能力和综合应用知识的能力;不满足于"知其然而知其所以然",而是从学生思维能力的发展入手,探求数学的本质,从而渗透类比、划归等基本思想,力求使学生的思维能力得到提升。在这样的精心设计与引导下,学生进行基本作图的思路分析,教师循序渐进地分课时教学,并使学生实现对"作一个角等于已知角"会做、会写出理由的程度。

此外，教师注重发展学生的几何直观，在教学过程中注重培养学生图形语言、符号语言、数学语言三种语言的转化，为今后培养学生的推理能力奠定基础。

在"勾股定理"教学实践中加强初中学生几何推理能力的诊断与培养教学的实践与思考案例分析与教学点评（一）

撰写者：王志芳

一、教学背景分析

对于数学核心素养下的初中学生几何推理能力，《义务教育数学课程标准（2011年版）》中指出：数学是人类文化的重要组成部分，数学素养是现代社会每一个公民应该具备的基本素养。作为促进学生全面发展教育的重要组成部分，数学教育既要使学生掌握现代生活和学习中所需要的数学知识与技能，更要发挥数学在培养人的理性思维和创新能力方面的不可替代的作用。提出10条数学素养：数感、符号意识、空间观念、几何直观、数据分析观念、运算能力、推理能力、模型思想、应用意识和创新意识。其中，推理能力对于初中数学的学习有着重要意义。

数学核心素养可以理解为学生学习数学应当达成的有特定意义的综合性能力，核心素养不是指具体的知识与技能，也不是一般意义上的数学能力。核心素养基于数学知识技能，又高于具体的数学知识技能。核心素养反映数学本质与数学思想，是在数学学习过程中形成的，具有综合性、整体性和持久性。数学核心素养与数学课程的目标和内容直接相关，对于理解数学学科本质、设计数学教学以及开展数学评价等有着重要的意义和价值。

在几何学的发展过程中，勾股定理虽是一个基本几何定理，但却是数学定理中证明方法较多的定理之一。它的证明吸引着古今中外各界人士，如商高、毕达哥拉斯、赵爽、加菲尔德……形式上如此简单的一个定理，为什么这么吸引人们不厌其烦地寻求各种证明方法？勾股定理不同的证明方法带给我们怎样的思考？其中体现哪些数学思想？基于初中学生几何推理能力培养，在追寻勾股定理相关历史资料中，笔者确定了"勾股定理"这节课，探讨勾股定理的价值与运用。

在我国，勾股定理也称商高定理，《周髀算经》中的"勾广三，股修四，经隅五",正是勾股定理的一个特例($3^2+4^2=5^2$)。书中还有学者陈子与荣方的一段对话:"若求邪至日者,以日下为勾,日高为股,勾股各自乘,并而开方除之,得邪至日者。"陈子已经不限于"3,4,5"的情形,而是推广到了一般。三国时期,吴国的数学家赵爽创制了"勾股圆方图",运用面积的出入相补最早对勾股定理进行了证明。

在西方,希腊的著名数学家毕达哥拉斯发现了这个定理,因此世界上许多国家都称勾股定理为"毕达哥拉斯定理"。为了庆祝这一定理的发现,毕达哥拉斯学派杀了一百头牛酬谢供奉神灵,因此这个定理又有人叫作"百牛定理"。

它是初中阶段第一个重要定理。

从几何学的发展来看,勾股定理定义了一种计算平面上两点间距离的方法,是平面几何发展的基础。

从数的角度上看,勾股数进一步推广到求不定方程的整数解问题。

勾股定理的证明方法,采取算两次的计算方法。我们要学习的是它的证明方法的独特性——等面积法证明,以后我们学很多计算公式都可以用这个方法证明公式的正确性。

在直角三角形中,勾股定理将进一步发展到一般三角形的余弦定理,从最初的单一角的关系,到边的关系,再到边角间的关系。勾股定理的逆定理从三角形边的关系来判断三角形形状,是对利用三角形内角来判断三角形形状的补充,是进一步理解图形、二次根式、几何证明的重要载体,可为后续学习平面几何和立体几何发挥重要作用。

二、教学分析

(一)教学目标

(1)了解勾股定理的历史发展过程,体会勾股定理的文化价值,掌握勾股定理的内容。

(2)学生经历观察、猜想、归纳、验证等数学活动,进一步发展推理能力,体会数形结合的思想以及数学知识之间的内在联系。

(3)运用不同的拼图方法验证勾股定理的过程,感受数学文化,进一步体会勾股定理的文化价值。

(二)教学重难点

教学重点:勾股定理的内容及在证明过程中出现的数学思想。

教学难点：勾股定理结论的发现。

三、教学过程设计

课堂讨论环节一：本节课的情境引入是北京首个"全十字路口"亮相石景山，这是为市民过路口节省时间的一项举措。由生活实际的十字路口抽象成连接对角线的矩形，形成直角三角形。走两个直角边与走斜边，哪种方式少走路？

课堂讨论环节二：在比较了几个版本的教材之后，笔者选择作图后数网格面积的方式引导学生进行观察、猜想面积。

（1）两个小正方形的面积与大正方形的面积之间有什么关系？

（2）△ABC 是什么三角形？

（3）AC、BC 与 AB 之间有什么关系？

课堂讨论环节三：从不同的数学思想出发，重新审视重要的证明方法。学生感受从严格的命题形式到勾股定理的叙述，体会等面积法的运用，验证猜想阶段。

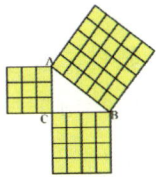

图 3-3-69

（1）为什么是正方形？

（2）为什么是四个一般全等的直角三角形？（两个全等的等腰直角三角形可以吗？四个全等的等腰直角三角形可以吗？）

（3）如何做出正方形？

最后走向证明，首先回到教材，利用代数计算验证勾股定理，并不脱离教材。然后是运用拼图证明方法，学生有了操作图形的过程，在操作中体现图形变化的作用。

两种代数计算的证法：一个是以直角边作为大正方形的边，另一个是以斜边作为大正方形的边（即赵爽玄图）。在此我们有更多的视角理解这两个证明方法：这两个证明方法中出现的图形之间有什么关系？最简单的方式是将其中一个翻进去（或翻出来），学生的创造性超出教师的认识：翻折、平移、旋转都可以解释。这个教学活动落实了勾股定理的教学中感受几何变换的价值，体现了勾股定理丰富的数学价值与数学教育价值。

课堂讨论环节四：利用勾股定理回答创设情境中的路程问题，体现勾股定理的实际应用价值。

四、教学反思

几何学发展的历史与教材的呈现方式的统一：勾股定理的几何表述与代数表述（勾股定理是几何与代数统一的经典）。数学史与数学课堂教学有效结合，一是对数学史的传承，为历史而历史；二是对数学教育的创新发展，为数学而历史，古为今用，洋为中用。

几何知识的教学是整个初中数学的重点，但是几何又比较枯燥，学习起来也有很大难度。在初中阶段，学生将首次系统学习几何知识，并学会用标准的几何语言进行推理、描述与论证。

本次对初中学生几何推理能力培养教学实践，使其更加关注数学思想的产生、发展及其应用的过程。在过程中鼓励学生思考数学家是怎样去研究这个问题的，以及体现了怎样的数学思想方法。同时，又紧密结合课程标准要求，结合教材，通过对数学史的评述指导学生怎样用数学思想学习数学问题，培养学生的几何推理能力，引导学生通过勾股定理的发现过程展开后续几何推理的学习。

点评：勾股定理被称为"几何学的基石"，它揭示了直角三角形三边之间的数量关系，体现了"数"与"形"的互相转换，进一步表明数形结合思想在数学教学中有不可忽视的作用。

（1）由实际情景入手，体现出学习数学带来的生活价值。

（2）通过引导学生"数网格"面积，猜想直角三角形三边的数量关系，进而让学生动手操作，发现三边关系，再运用面积法引导学生证明，有效理解勾股定理的代数和几何意义。这一过程中蕴含了丰富的数学思想：把直角三角形"形"的特点转化为三边之间"数"的关系，体现了数形结合思想；用"割""补"的方法探究三个正方形面积的关系等，这些思想承载着数学学科核心素养的养成。

从整体数学知识框架来看，"勾股定理"章节的学习在初中教育阶段的着重点是培养学生的逻辑推理、数学建模、数学运算等素养。在这节课上，学生有足够的时间进行实验操作、思考探索，有自由表达解决问题思路的宽松氛围，有与同伴交流的机会，本节课目标达成率高、学生收获大。教师注重把先进的理念转化为看得见、摸得着的教学行为。在课堂中，教师注重学生数学认知结构的发展，启发学生完善数学认知结构网络系统，发展数学思维，在潜移默化中培养学生的推理能力。

在"勾股定理"教学实践中加强初中学生几何推理能力的诊断与培养教学的实践与思考案例分析与教学点评(二)

撰写者:闫开疆 王志芳

一、问题提出

勾股定理(又称商高定理或毕达哥拉斯定理)是一个基本的几何定理,早在中国商代就由商高发现。据说毕达哥拉斯发现了这个定理后,即斩了百头牛作为庆祝,因此又称"百牛定理"。勾股定理指出:直角三角形两直角边(即"勾""股")边长平方和等于斜边(即"弦")边长的平方。现已发现勾股定理约有 400 种证明方法,是数学定理中证明方法最多的定理之一。勾股定理的教学有一些难度,可以提前让学生查阅资料,了解勾股定理的发展过程,阅读勾股定理的证明过程。勾股定理是初中数学中最重要的定理之一,它以其简单的形式、深刻的内容反映着自然界和谐的关系,解决了直角三角形三边之间的数量关系问题;学生通过对勾股定理的学习,可对直角三角形有进一步的认识和理解,为今后学习解直角三角形打下基础。随着北京中考的改革,数学教学更加注重概念的教学,注重学生的学习过程,注重学生对所学知识的理解。在勾股定理的教学中,学生要体验勾股定理的探究过程,经历"观察—猜想—操作—归纳—验证"的过程。

二、教学目标

(1)通过经历探索和验证勾股定理的过程,掌握直角三角形三边之间的数量关系。

(2)通过探究勾股定理的发现与证明,渗透数形结合和由特殊到一般的思想方法,增强逻辑思维能力。

(3)通过了解我国古代在勾股定理研究方面的成就,激发热爱祖国、热爱祖国悠久文化的思想感情。

三、设计思路

（一）指导思想

教师在勾股定理的教学过程中以学生为本，创设情境激发学生观察、分析、猜想、归纳、验证等思维活动，同时发展每个学生的思维个性，产生思维的独特性，达到创造性思维的效果。本节课的核心内容是通过小组交流合作探究由特殊到一般的过程，最后归纳出勾股定理的内容。直角三角形是基本几何图形，勾股定理揭示了直角三角形三边之间的数量关系，为学生学习解直角三角形的内容打下了基础。归纳证明了勾股定理的内容，才能去利用它解决问题。本节课展示知识形成的过程，符合学生的认知水平。

（二）教学流程

1. 创设情境，引发思考

（1）提问：如图 3-3-70 所示，图片上的人物是谁？

学生回答：毕达哥拉斯。

图 3-3-70

（2）观察图 3-3-71，对于图片上的树，你有什么感受？（美丽）

这棵美丽神奇的树叫作毕达哥拉斯树，它是由毕达哥拉斯根据勾股定理所画出来的一个可以无限重复的图形。同学们听说过"勾股定理"吗？这节课我们进行深入的探究。

图 3-3-71

2. 细心观察，大胆猜想

我们将毕达哥拉斯树的一小部分截取出来，同学们观察并思考。

（1）如图 3-3-72 所示，正方形的边长分别是 3、4、5，这三个正方形的面积有什么关系？

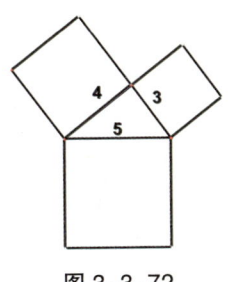

图 3-3-72

（2）学生互相讨论，验证"6、8、10"和"5、12、13"这两组数，通过验证，所有直角三角形三边都具备这样的关系，下面就来证明一下。

3. 动手操作，拼图验证

学生准备好四个全等的直角三角形纸片，如图 3-3-73 所示，分组拼图。

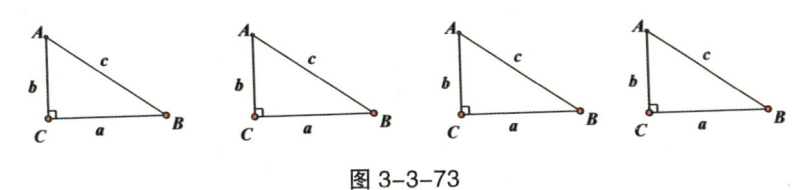

图 3-3-73

设直角三角形的直角边长为 a、b，斜边长为 c。

由以上的特殊情况，可以猜想直角三角形的三边之间的数量关系。学生们分组讨论，互相交流；教师引导学生三边长的平方与正方形的面积有关系。学生经历动手拼图和画图的过程，探究多种拼图方法（几何画板动态展示）。学生展示拼图，如图 3-3-74 和图 3-3-75 所示。

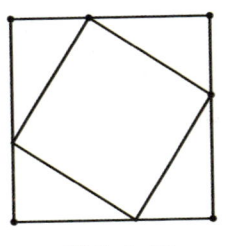

图 3-3-74 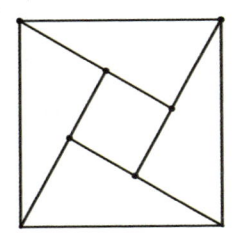   图 3-3-75

4. 归纳验证，形成定理

谈谈拼图游戏带给你的证明思路，请你将证明的过程整理给大家（图 3-3-76）。

∵（a+b）² 是大正方形的面积，c² 是小正方形的面积，$4 \times \frac{1}{2}ab$ 是四个全等直角三角形的面积

∴ $c^2 + 4 \times \frac{1}{2}ab = (a+b)^2$

∴ $c^2 = a^2 + b^2$

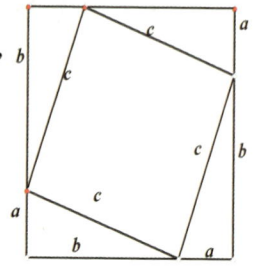

图 3-3-76

验证了我们最初的猜想，说得严谨简练！

（学生回答）在直角三角形中，两直角边的平方和等于斜边的平方。

a，b 表示两条直角边，c 表示斜边；（学生回答）$a^2+b^2=c^2$。

师：通过大家的齐心协力，我们已经发现了著名的勾股定理，我提议大家鼓励一下自己！

5. 介绍历史，分享成果

下面我们从课件上、互联网上来搜寻自己感兴趣的关于勾股定理的知识（学生们分组讨论交流）。互联网为我们提供了勾股定理的丰富背景知识，每个同学都满载而归，每个小组派一个代表，将你们组获得的知识与大家一起分享。

（1）在勾股史话中，勾股定理又叫"商高定理"，他的发现比毕达哥拉斯的证明早二百年，大家感到祖先真了不起，我们感到骄傲。

（2）奇异之树。

（3）宇宙探索。

（4）勾股名题。

6. 梳理知识，小结提高

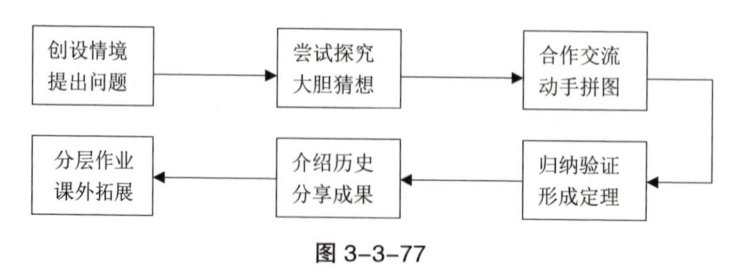

图 3-3-77

7. 分层作业，课后拓展

通过大家的交流，我们实现了对勾股定理的多层面了解，下面大家来做自

我检测。

设置不同层次的三组题目，大家根据自己的情况选取一组作为作业。这个作业活动是开放的，它不仅为每个学生搭建了进一步探索和思考数学活动的平台，而且给了他们施展自我才华的舞台。

四、教学手段

本节课符合新课程改革的要求，注重培养学生自学的能力、运用知识的能力以及合作、创新的意识；展示了学生知识形成的过程；抛弃了传统授课的形式，采用新的课堂教学模式，小组学习、互相交流、共同分享，由特殊到一般，对直角三角形进行探索。利用拼图、画图、几何画板的动态功能达到了其他教学手段不能达到的效果，使直角三角形数与形的关系展示得更为直观，更易被学生接受，从而顺利地突破难点，为学生接下来归纳结论打下基础，让学生体会到观察、猜想、操作、归纳、验证的数学学习过程，使学生分析问题和解决问题的能力得到提高，符合学生的认知规律。

五、教学反思

本节课利用两张图片作为引课的内容，直观形象地展示出这节课所探索的内容，既吸引了学生的注意力，激发了学生的兴趣，又能与学生求知若渴的心灵发生碰撞，拉近了学生与数学的距离，使学生感受到几何图形的美丽，培养学生的观察能力、审美能力、分析能力等。最后达到了借图激趣以导人，借图设问以引思的目的。在引课部分建议学生动手画图，截取出所需要的图形。

学生对于几何图形的认识始于观察、测量、比较等直观实验手段，探究勾股定理的内容时，学生不可能在未知的情况下找到直角三角形三边之间的数量关系。需要教师引导提出特殊问题，如直角三角形的三边长为3、4、5或5、12、13，这三个正方形的面积有什么关系？在进一步利用字母表示数，直角三角形的三边长为 a、b、c 时，猜想出勾股定理的内容。几何图形本身具有抽象性和一般性，一种几何概念可能包含无限多种不同的情形，勾股定理的证明方法有很多种，学生不可能直接拼出既简单直观又能用已有知识进行推理证明的图形。教师对学生所有动手拼出的图形都应该给予肯定，这说明学生开动脑筋、积极思考了。教师引导学生三边长的平方与正方形的面积有关系，协助学生完成学习任务。

学生在课堂中要特别关注以下几点：

（1）关注学生是否积极参加探索勾股定理的活动，关注学生能否在活动中积极思考，能否探索出解决问题的方法，能否进行数形结合以及能否有条理地表达活动过程和所获得的结论等。

（2）关注学生的拼图过程，以及如何想到拼图的方法，鼓励学生结合自己所拼得的正方形验证勾股定理。

（3）关注概念的形成过程，直击学生的大脑思维，使学生在做一做、画一画、拼一拼的过程中学习数学知识。

点评：

勾股定理被公认为初等几何中最重要的定理之一，定理结论奇异，形式优美；赵爽证法被认为是极其优美简洁的证明方法。教师给学生搭设了探究赵爽证法的台阶，学生小组合作发现赵爽的证明方法，对培养数学学习的自信心有特别的作用。而后再次鼓励学生用面积恒等法发现勾股定理，极大地调动学生的热情。在宽松、和谐的学习气氛中，学生探索和证明勾股定理，产生了丰富的情感体验。

几何学是突出体现兼具直观性、抽象性与逻辑性的一门科学，在初二阶段让学生掌握几何学的思想方法离不开教师的引导，执教教师注意到这一点，采用了学生动手、协作、讨论以及师生互动的形式是合理的、有效的。教师并不刻意对学生讲述数学思想方法，而是通过知识的探索过程渗透，让学生领悟数学思想方法并体验数学的美感。此外，教师能很好地利用勾股定理的文化底蕴，进行数学文化的渗透，充分发展学生的核心素养、培养学生的推理能力。

在"锐角的正弦"教学实践中加强初中学生几何推理能力的诊断与培养教学的实践与思考案例分析与教学点评

撰写者：杨春霞　王志芳

一、问题的背景分析

（一）教材分析

本节教材是北京版初中数学新教材九年级上第二十章第一节内容，是初中数学的重要内容之一。一方面，这是在学习了直角三角形两锐角关系、勾股定理等知识的基础上对直角三角形边角关系的进一步深入和拓展；另一方面，为解直角三角形等知识奠定了基础，是高中进一步研究三角函数、反三角函数的工具性内容。鉴于这种认识，本节课不仅有着广泛的实际应用，而且起着承前启后的作用。

（二）学情分析

从学生的年龄特征和认知特征来看：九年级学生的思维活跃，接受能力较强，具备了一定的数学探究活动经历和应用数学的意识。从学生已具备的知识和技能来看：九年级学生已经掌握直角三角形中各边和各角的关系，能灵活运用相似图形的性质及判定方法解决问题，有较强的推理证明能力，这为顺利完成本节课的教学任务打下了基础。从心理特征来看：九年级学生逻辑思维从经验型逐步向理论型发展，观察能力、记忆能力和想象能力也随着迅速发展。从学生有待于提高的知识和技能来看：学生要得出直角三角形中边与角之间的关系，需要观察、思考、交流，进一步体会数学知识之间的联系，感受数形结合的思想，体会锐角三角函数的意义，提高应用数学和合作交流的能力。学生在这一过程中可能会产生一定的困难，所以在教学中应予以简单明了、深入浅出的剖析。

（三）教学重难点

根据以上对教材的地位和作用以及学情分析，结合新课标对本节课的要求，将本节课的重点设置为理解正弦函数意义，并会求锐角的正弦值；难点设置为根据锐角的正弦值及一边，求直角三角形的其他边长。

二、教学目标分析

新课标指出，教学目标应从知识技能、数学思考、问题解决、情感态度等四个方面阐述，而这四个目标又应是紧密联系的一个完整的整体，学生学知识技能的过程同时应成为学会学习并形成正确价值观的过程。这告诉我们，在教学中应以知识技能为主线，渗透情感态度，并把前两者通过数学思考充分体现在问题解决中。借此结合以上教材分析，将四个目标进行整合，确定本节课的教学目标。

（一）知识技能

在了解和认识正弦（$\sin A$）的基础上，通过探究使学生知道当直角三角形的锐角固定时，它的对边与斜边的比值都固定（即正弦值不变）这一事实。

（二）数学思考

通过了解当直角三角形的锐角固定时，它的对边与斜边的比值是固定值这一事实，发展学生的形象思维，培养学生由特殊到一般的演绎推理能力。

（三）解决问题

在直角三角形中，初步建立边、角之间的关系，初步了解解决三角形问题的新途径。

（四）情感态度

使学生体验数学活动中充满着探索与创造，并使之能积极参与数学学习活动。

三、教学方法和学法分析

现代教学理论认为，在教学过程中，学生是学习的主体，教师是学习的组织者、引导者，教学的一切活动都必须以强调学生的主动性、积极性为出发点。根据这一教学理念，结合本节课的内容特点和学生的学情情况，本节课采用"三动五自主"的教学模式，以问题的提出、问题的解决为主线，始终在学生知识的"最近发展区"设置问题，倡导学生主动参与教学实践活动，以独立思考和合作交流的形式，在教师的指导下发现、分析和解决问题。在引导分析时，给学生留出足够的思考时间和空间，让学生去联想、探索，从真正意义上完成对知识的自我建构。本节课的教法采用的是情境引导和自学教学法，在教学过程中，通过适宜的问题情境引发新的认知冲突，建立知识间的联系。教师通过引导、指导、反馈、评价，不断激发学生对问题的好奇心，使其在积极的自主活动中主动参与概念的建构过程，并运用数学知识解决实际问题，享受数学学习带来的乐趣。

本节课的学习方法采用自主探究法与合作交流法相结合。本节课数学活动贯穿始终，既有学生自主探究的，也有小组合作交流的，旨在让学生从自主探究中发展，从合作交流中提高。

四、教学过程

（一）情境导入

学校操场里有一个旗杆，老师让小明去测量旗杆高度（演示学校操场上的国旗图片）。小明站在离旗杆底部 10m 远处，目测旗杆的顶部，视线与水平线的夹角为 34°，并已知目高为 1m，然后他很快就算出旗杆的高度了。

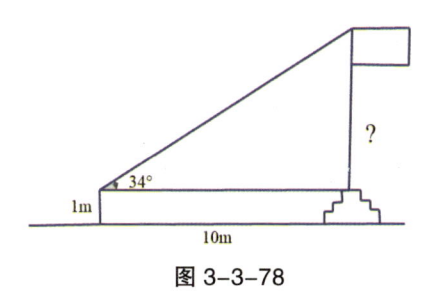

图 3-3-78

你想知道小明是怎样算出的吗？

师：通过前面的学习我们知道，利用相似三角形的方法可以测算出旗杆的大致高度。

实际上，我们还可以像小明那样通过测量一些角的度数和一些线段的长度，来测算出旗杆的高度。

这就是本章即将探讨和学习的利用锐角三角函数来测算物体长度或高度的方法。

> 设计意图：以校园中的实际问题创设情境，引起学生的认知冲突，使学生对旧知识产生设疑，从而激发学生的学习兴趣和求知欲望。通过情境创设，学生已激发了强烈的求知欲望，产生了强劲的学习动力。

下面我们大家一起来学习锐角三角函数中的第一种：锐角的正弦。

（二）探究新知

1. 认识正弦

（1）认识角的对边、邻边。如图 3-3-79 所示，在 Rt△ABC 中，∠C=90°，∠A 所对的边 BC，我们称为∠A 的对边；∠A 所在的直角边 AC，我们称为∠A 的邻边。

师：指名学生说出∠B 的对边和邻边。

巩固练习：（指名学生回答）

如图 3-3-79 所示：

①在 Rt△ABE 中，∠BEA 的对边是_____，邻边是_____，斜边是_____。

②在 Rt△DCE 中，∠DCE 的对边是_____，邻边是_____，斜边是_____。

③在 Rt△ADE 中，∠DAE 的对边是_____，邻边是_____，斜边是_____。

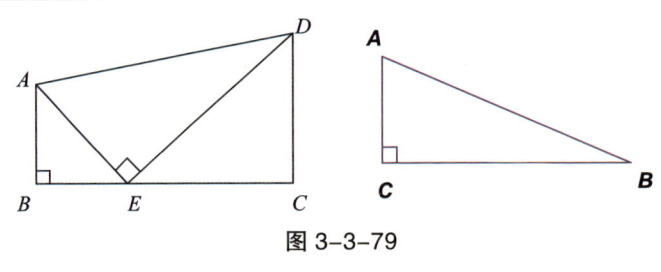

图 3-3-79

（2）认识正弦。如图 3-3-80，在 Rt△ABC 中，∠A、∠B、∠C 所对的边分别记为 a、b、c。

师：在 Rt△ABC 中，∠C=90°，我们把锐角 A 的对边与斜边的比叫作∠A 的正弦。记作 sinA。

板书：$\sin A = \dfrac{\angle A 的对边}{\angle A 的斜边} = \dfrac{a}{c}$

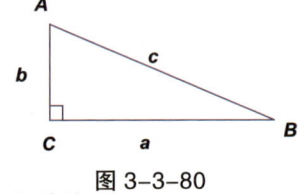

注意：① sinA 不是 sin 与 A 的乘积，而是一个整体；② 正弦的三种表示方式：sinA，sin56°，sin∠DEF；③ sinA 是线段之间的一个比值，sinA 没有单位。

图 3-3-80

提问：∠B 的正弦怎么表示？要求解一个锐角的正弦值，我们需要知道直角三角形中的哪些边？

（3）尝试练习。如图 3-3-81 所示，在 Rt△ABC 中，∠C=90°，求 sinA 和 sinB 的值。

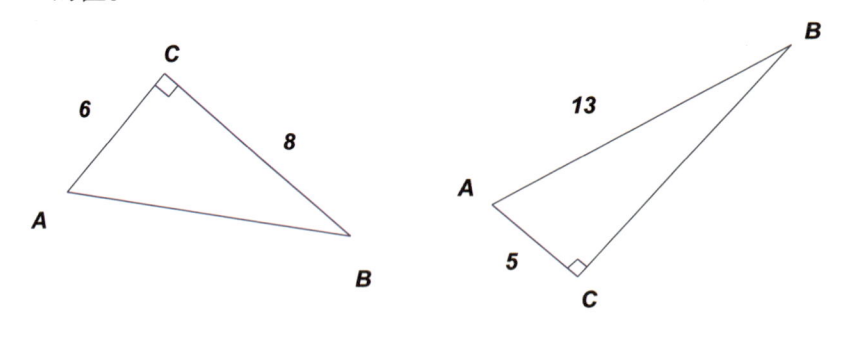

图 3-3-81

设计意图：现代数学教学论指出，数学知识的教学必须在学生自主探索、经验归纳的基础上获得，教学中必须展现思维的过程性。这里通过观察分析、独立思考、小组交流等活动，引导学生归纳。

2.探究合作

（1）求出下面每组三角形中指定锐角的正弦值，然后思考或与同桌讨论这些正弦值有何规律，由此发现了什么？（要求：分组完成）

① 在 Rt△ABC 中，∠A=30°，分别求出图 3-3-82、图 3-3-83、图 3-3-84 中∠A 的正弦值。（sinA=sin30°=$\frac{1}{2}$）

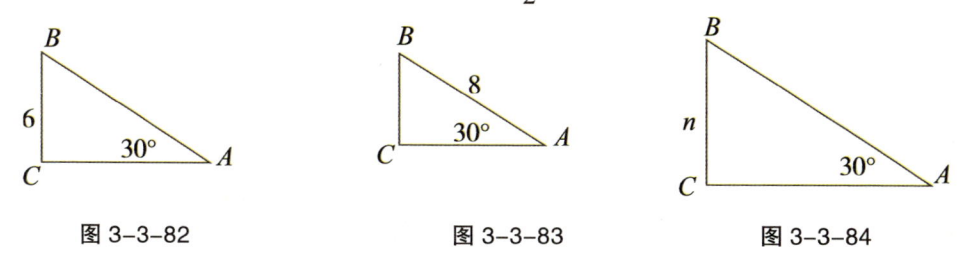

图 3-3-82   图 3-3-83   图 3-3-84

② 在 Rt△DEF 中，∠D=45°，分别求出图 3-3-85、图 3-3-86、图 3-3-87 中∠D 的正弦值。（sinD=sin45°=$\frac{\sqrt{2}}{2}$）

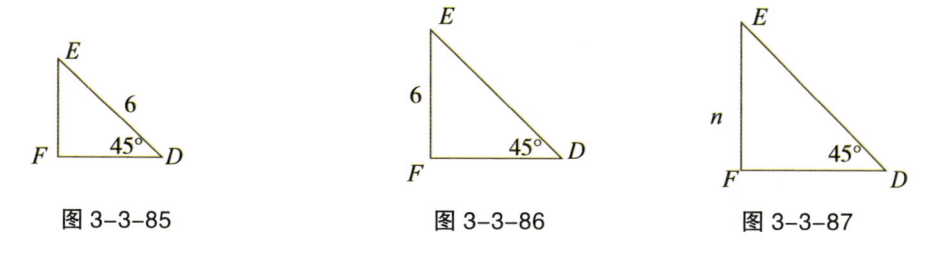

图 3-3-85   图 3-3-86   图 3-3-87

③ 在 Rt△ABC 中，∠A=60°，分别求出图 3-3-88、图 3-3-89、中∠A 的正弦值。（sinA=sin60°=$\frac{\sqrt{3}}{2}$）

图 3-3-88   图 3-3-89

· 157 ·

（2）引导归纳小结。

①每组指名学生说出计算结果（教师板书），并说出自己发现（或讨论出）的关于正弦值的规律。

（学生：一个锐角的正弦值与边的长短无关，与锐角的大小有关；锐角越大，正弦值越大，反之亦然）

②师：大家刚才所总结的内容是否正确呢？下面我们来验证一下吧！

观察图3-3-90中的Rt△AB_1C_1，Rt△AB_2C_2和Rt△AB_3C_3，它们之间有什么关系？

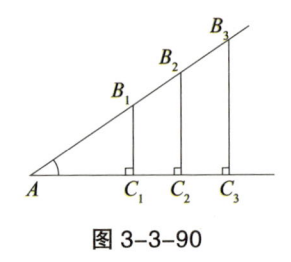

图3-3-90

分析：由图3-3-90可知Rt△AB_1C_1∽Rt△AB_2C_2∽Rt△AB_3C_3，所以有$\frac{B_1C_1}{AB_1}=\frac{B_2C_2}{AB_2}=\frac{B_3C_3}{AB_3}=k$，即sin$A=k$。

可见，在Rt△ABC中，锐角A的正弦值与边的长短无关，而与∠A的度数大小有关。也即对于锐角A的每一个确定的值，其对边与斜边的比值是唯一确定的。

3. 例题

在△ABC中，∠C为直角。

（1）已知$AC=3$，$AB=\sqrt{14}$，求sin$A$的值。（学生完成）

（2）已知sin$B=\frac{4}{5}$，求sin$A$的值。

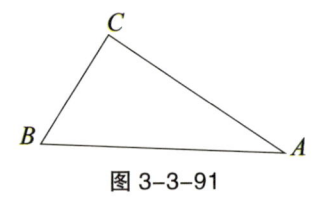

图3-3-91

解：（1）如图3-3-91所示，在Rt△ABC中，根据勾股定理可得：$BC=\sqrt{(\sqrt{14})^2-3^2}=\sqrt{5}$，所以sin$A=\frac{BC}{AB}=\frac{\sqrt{5}}{\sqrt{14}}=\frac{\sqrt{70}}{14}$。

（2）因为 $sinB=\dfrac{4}{5}$，故设 $AC=4k$，则 $AB=5k$，根据勾股定理可得：$BC=3k$，所以 $sinA=\dfrac{3}{5}$。

小结：①求正弦值或运用正弦值求线段时，要根据正弦的概念，找准相应的边，不能张冠李戴；②正弦值只是一个比值，不能直接当作边长用。

（例题及练习题由浅入深、由易到难、各有侧重，体现新课标提出的让不同的学生在数学上得到不同发展的教学理念。这一环节总的设计意图是反馈教学、内化知识）

（三）巩固练习

（1）必做题：课本课后习题。

（2）选做题：在 Rt△ABC 中，∠C=90°，$sinA=1/3$，周长为60，求斜边 AB 的长。

以作业的巩固性和发展性为出发点设计了必做题和选做题，必做题是对本节课内容的一个反馈，选做题是对本节课知识的一个延伸。总的设计意图是反馈教学、巩固提高。以上几个环节环环相扣、层层深入，并充分体现教师与学生的交流互动，在教师的整体调控下，学生通过动脑思考、层层递进，对知识的理解逐步深入。为了使课堂效益达到最佳状态，设计以下问题加以追问：① $sinA$ 能为负吗？②比较 $sin45°$ 和 $sin30°$ 的大小。

设计要求：①学生独立思考后小组内探究；②各组交流展示探究结果，并且组内或各组之间自主评价。

> 设计意图：①需要学生进行合作探究，有利于培养学生善于反思的好习惯；②学生通过互评自评，可以全面了解自己的学习过程，感受自己的成长和进步，同时对学习及时进行反思，为教师全面了解学生的学习状况、改进教学，实施因材施教提供重要依据。

（四）归纳小结

归纳小结不应该仅仅是知识的简单罗列，而应该是优化认知结构、完善知识体系的一种有效手段，为充分发挥学生的主体作用，从学习的知识、方法、体验等几方面进行归纳，设计了以下三个问题。

（1）通过本节课的学习，你学会了哪些知识？

（2）通过本节课的学习，你最大的体验是什么？

（3）通过本节课的学习，你掌握了哪些学习数学的方法？

五、设计特色

（1）本教学设计以直角三角形为主线，力求体现生活化课堂的理念，让学生在经历"问题情境—形成概念—应用拓展—反思提高"的基本过程中，体验知识间的内在联系，充分感受探究的乐趣，使学生在学中思、在思中学。

（2）在教学过程中，重视过程、深化理解，通过学生的主动探究来体现他们的主体地位。教师通过对学生参与学习的启发、调整、激励来体现自己的引导作用，对学生的主体意识和合作交流的能力起着积极作用。

（3）正弦是生活中应用较广泛的三角函数，因而在本节课的设计中力求贴近生活。同时，从测量国旗高度提炼出了数学问题，让学生体会学数学、用数学的乐趣。

六、教学反思

本节课是北京义务教育实验版的锐角三角函数的第一节课，在内容上只有正弦的知识，即只是讲正弦概念和正弦的性质和应用，但是却和学生一同经历正弦函数的知识形成过程，并且深刻剖析了概念的相关性质和注意事项，另外加上了特殊角30°、45°、60°的正弦值，以及正弦函数的灵活应用，内容比较充实。同时，在探究过程中深刻体验由特殊到一般的思想、数形结合的思想、方程的思想。在几何画板的演示中，从动态演示中发掘问题的解决，我们目前学习的知识是三角学的开端，为将来高中阶段进一步研究三角函数提供了基础保障。

本节是三角学锐角三角函数的第一节课，函数是学生学习比较难以理解和掌握的一部分知识，因此，本节课在引导学生观察总结的过程中，从特殊的30°角的对边和斜边的比值到一般锐角的对边与斜边的比值是固定值分析，引导学生发现对于任意锐角都有唯一的比值与之对应，即锐角固定，这个比值就固定，这刚好符合函数的概念。学生经历了概念的发生全过程，因此能较好地理解和掌握锐角的正弦概念。与学生一起进一步分析了正弦的概念的符号以及表示注意事项，对学生而言，概念分析比较到位，学生掌握比较好。

但是，本节课仍存在一些问题，如在观察多媒体课件演示的时候，应该尽可能地引导学生总结锐角三角函数的定义和有关性质，教师应在其中起到点拨的作用。

另外，在上课的探究过程中，教师设置了探究的问题，应该给学生思考的时间；在学生练习的时候，教师应该给予及时的点评，或引导学生来进行点评，可以师生互相评价、生生互相评价，允许学生出错，允许学生在解题的过程中暴露他们的思维和问题，从而更好地领悟锐角三角函数的概念和相关性质。

最后，教师课后也做了很多反思，概括如下。

（一）创设探索情境，促进学生实践与交流

苏霍姆林斯基说过：如果教师不想办法使学生产生情绪高昂和智力振奋的内心状态，就急于传授知识，不动情感的脑力劳动就会带来疲倦。本教学案例没有直接给出定义，而是紧密联系生活，用数学家的名言让学生感受到生活中处处有数学，然后用跷跷板问题突出情境教学，通过创设问题情境，制造一种先声夺人的教学态度，使学生对将要学习的内容产生浓厚的兴趣。再从情境中抽取出数学图形，让学生进行观察—归纳—猜想—论证，学生们在自主探索、亲身实践、合作交流的氛围中解除困惑，更清楚地明确自己解决问题的思路，并分享他人的想法。这也符合《义务教育数学课程标准（2011年版）》所指出的："有效的数学学习活动不能单纯地依赖模仿与记忆。动手实践、自主探索与合作交流是学生学习数学的重要方式。……数学学习活动应当是一个生动活泼的、主动的和富有个性的过程。"在本教学过程中，学生是在愉悦的环境中度过的，并且自始至终处于主体地位，他们的兴趣与动机、意志与自信、情感与态度都得到了很好的发展。

（二）转变教师角色，构建和谐氛围

实施素质教育的核心在课堂，关键在教师。《义务教育数学课程标准（2011年版）》倡导学生是学习的主人，教师是数学学习的组织者、引导者和合作者。所以，本节课打破了传统模式，不再是单纯地教师讲学生听，而是从以教师为课堂核心转变为以学生发展为核心，由"教师怎么教"转向"学生怎么学"，从问题情境的创设到探索成果的交流再到学习效果的反馈，都组织学生营造和保持积极的心理氛围，真正成为学生学习的引导者和合作者，与学生平等地交流，尽量多地给学习发言的机会，当学生陷入困惑时给予恰到好处的点拨。学生有了这种求知欲的愉快和创造快乐的情感体验，就会带着高涨的、积极的情绪进行学习和思考，教学就成为一个充满活力和激情的活动。整个教学活动也始终尊重学生主体地位，调动学生的主体性和积极性，让他们大胆尝试、积极思维，这也是保证营造民主、温暖、和谐的气氛，以及构建和谐课堂教学的基础。

(三）体现数学学科特色，注重数学思想方法的领悟

数学一向被称为"思维的体操"。数学教学旨在追求思维品质的提高。本节课在数学思维活动的体现、数学思想方法、学法指导上都突出体现了数学学科特色，课堂上充满了数学的味道，对学生能力培养有较好的效果。在教学过程中，将数学知识作为载体，有意识地渗透数形结合的思想，注重类比的思想方法，并渗透了观察—猜想—论证的推理方法。让学生体会从解题方法了解数学思想，反过来又用数学思想指导解题方法。比如，在两道例题的解题中，学生都非常明确地指出要画图，虽然他们并不能很准确地说出数形结合的思想，但至少已经明白可以"以形助数"，进行数式信息与形象信息的转换，这就是数学素养的反映。

(四）重视多媒体的应用，让科技服务于课堂

科技改变生活，科技也悄悄地走进了我们的课堂。《数学课程标准》指出："数学课程的设计与实施应重视运用现代信息技术……把现代信息技术作为学生学习数学和解决问题的强有力工具，致力于改变学生的学习方式，使学生乐意并有更多精力投入到现实的、探索性的数学活动中去。"妙用多媒体激发学生的学习兴趣，将抽象的知识点形象化，全方位、多角度地调动学生的感官，可以使学生产生强烈的求知欲望，使教学收到良好的效果。本课除使用PPT外，还使用了几何画板，一处是验证猜想，一处是锐角三角比的取值范围，这样用运动的观点来解释，使问题简单化，留给学生的印象更直观、更深刻。

(五）培养学生的问题意识方面有所欠缺

巴尔扎克说："打开一切科学的钥匙都毫无异议的是问号，我们大部分的伟大发现都应归功于'如何'。"可见，一切探索都始于问题的发现，问起于疑，疑源于思，问题是数学的心脏。在本课中，有半数的学生回答了教师的提问，而且在答问过程中还得到了提醒，以至有时难以发现学生真实的思维过程。固然，"小步走，多提问"有利于学生思考和理解知识，有利于了解学生掌握知识的程度，但在倡导学生实践和探索的今天，更要重视对学生问题意识的培养。令人遗憾的是，这堂课学生发现问题、提出问题太少，大都是在跟着教师设计的思路走，而教师有时候碍于教学计划与时间，缺乏耐心，急于把思路给出，使学生产生思维惰性，不利于学生的发展。

(六）应注意教师的教学语言，努力构建合理评价

教师的教学语言应拉近与学生的距离、激励学生学习的热情、鼓励学生克

难奋进的勇气。教师要多采用正面表扬，多用富有个性的鼓励性评价，如"太棒了！""你很了不起！"等语言，激发学生学习兴趣；也要正视学生之间的差异，让每个学生感受成功的喜悦，让学生受到真挚热情的鼓励。可有针对性地设计问题，为那些优秀的学生创造"跃上天花板"的机会；为那些成绩中等以下的学生树立"跳一跳就能摘到果子"的信心。在本课小结时应该实现三点评价，首先是学生评价自己："这节课我学会了什么？还有没有问题？"然后是学生评价教师："这节课老师教得怎样？"最后是教师评价学生："大家学得怎样？该表扬哪些个人和小组？"可以赞扬，也可以反省。这样合理的评价，才有利于创建平等的课堂与师生双方的良性发展。

总之，教学永远是一门遗憾的艺术。这一节课的反思，让教师更清楚了自己的优势与不足，也转变了一些教学观念，尝试着用二期课改的理念来指导自己后来的教学。课堂就是教师的舞台，我们要与时俱进，用先进的教学理念武装自己，在这个舞台上既当导演，又当演员，举手投足都要有"戏"，每堂课都必须善于思考、勤于发现，这样我们的课堂可以每一天都是新鲜的，每一天都生机盎然。

点评：

（1）本节课的设计注重知识生成过程的教学，在问题解决中培养学生的几何推理能力。教学设计以直角三角形为主线，力求体现生活化课堂的理念，让学生在经历"问题情境—形成概念—应用拓展—反思提高"的基本过程中，体验知识间的内在联系，让学生感受探究的乐趣，使学生在学中思、在思中学。

（2）在数学教学中，把数学教学过程看成是学生做数学、探究数学知识、发现数学知识以及自主建构知识体系的过程。在课堂教学中，教师要恰当引导学生进行自主学习，培养创新思维及实践能力；学生不能只作听众，应自觉地动起来，操作数学，通过思考探究，发现数学知识。在教学中，可通过师生及生生之间进行合作交往，促进学生的个性发展。根据学生的实际需要以及本节课的实际情况，以"设计复习直角三角形有什么性质"这样的简单问题入手、引入，注重概念的形成过程，实现既定的教学目标，达到预期的效果。

第四节 在四边形的教学中加强初中学生几何推理能力的诊断与培养教学的实践与思考案例分析与教学点评

一、教学目标

（1）了解多边形的有关概念，探索并掌握多边形内角和与外角和公式。

（2）探索并掌握平行四边形、矩形、菱形、正方形的定义、性质、判定，以及它们之间的联系和区别。

（3）探索并掌握三角形的中位线定理。

（4）通过具体实例认识中心对称图形。

（5）在观察、操作、推理、归纳等探索过程中，发展学生的合情推理能力，进一步培养学生的逻辑思维能力和推理论证的表达能力。

二、教材分析和教学建议

四边形和三角形一样，也是基本的平面图形。四边形内容是在学生小学学过的四边形知识、中学学过的平行线和三角形等知识的基础上学习的，也可以说是在已有知识的基础上做进一步较系统的整理和研究，而且四边形的学习反复运用了平行线和三角形的知识。从这个角度来看，四边形可以说是平行线和三角形知识的应用和深化。

四边形的研究，是通过作四边形的对角线把它分成三角形，并应用三角形的知识来进行的。多边形的问题也是通过添加辅助线的方法，把它转化为三角形或特殊四边形，并通过三角形或特殊四边形的知识加以解决。通过四边形教学，可以使学生学会处理复杂问题时常采用的普遍实用的方法，就是把复杂问题转化为简单问题，把未知转化为已知，用已知的知识解决新问题。学生掌握了这种思想方法，就会提高分析问题、解决问题的能力。

四边形的学习，对培养和发展学生的推理能力很重要，在教学中应予以重视。推理能力主要表现在能通过观察、实验、归纳、类比等获得数学猜想，并进一步寻求证据，给出证明或举出反例。也就是说，学生获得数学证明应当经历合情推理到演绎推理的过程。合情推理的实质是"发现"，因而关注合情推理能力的培养有助于培养学生的创新精神。当然，由合情推理得到的猜想常常需要证实，这就要通过演绎推理给出证明或举出反例，能清晰、有条理地表达自己的思考过程，做到言之有理、落笔有据，用数学语言合乎逻辑地表达。

观察、猜想与证明是推理训练的渗透与准备阶段，三角形是推理证明的正式训练阶段，四边形是推理证明训练的巩固和提高阶段。

在"平行四边形判定与性质"教学实践中加强初中学生几何推理能力的诊断与培养教学的实践与思考案例分析与教学点评

撰写者：王雪霞　　王志芳

《初中数学课程标准（2011年版）》明确指出："初中数学教学不仅要考虑数学自身的特点，更应遵循学生学习数学的心理规律，强调从学生已有的生活经验出发，让学生亲身经历将实际问题抽象成数学模型并进行解释与应用的过程，进而使学生获得对数学理解的同时，在思维能力、情感态度与价值观等方面得到进步和发展。"初中学生在学习数学的过程中，应该熟练掌握主动动手进行操作以及分析探究数学问题的能力。推理能力是数学核心素养之一，提高初中生的几何推理能力，不仅是学生学好几何的重要保证，也是培养学生思维能力的有效途径。下面以"平行四边形判定与性质"一节复习课为例，谈谈对课堂教学中加强初中学生几何推理能力的诊断与培养教学的实践与思考。

一、教学背景分析

四边形是几何中的基本图形，也是空间与图形领域研究的主要对象之一。平行四边形是特殊的四边形。较一般四边形而言，它与我们的关系更为密切。这不仅表现在日常生活中众多的平行四边形图案，还表现在日常生活及生产实践等各个领域中均有广泛的应用。此外，平行四边形的相关知识在建筑学、物理学、测绘学中都有较为重要的应用。几何问题是初中学生首次接触的空间问题，而平行四边形是空间几何的基础。本章对于培养和发展学生的推理能力很重要。推理能力主要表现在能通过观察、实验、归纳、类比等获得数学猜想，进而进一步寻求证据，给出证明或举出反例；能清晰、有条理地表达自己的思考过程，做到言之有理、落笔有据，用数学语言合乎逻辑地表达。教材七年级下册的"观察、猜想与证明"一章是推理训练的渗透与准备阶段。教材八年级上册的"三角形"一章是推理证明的正式训练阶段。本章是推理证明训练的巩固和提高阶段。通过前面的学习，学生对平行四边形的性质、判定定理有了系统的认识，已经积累了一些学习几何的经验和活动经历，初步具备观察、分析、解决问题的能力，但是逻辑推理能力和语言表达能力还比较薄弱。

二、教学分析

（一）教学目标

（1）熟练掌握平行四边形的性质及平行四边形的判定定理，并运用它们进行有关的论证和计算。

（2）通过动手画平行四边形，归纳整理平行四边形的性质判定，提高学生动手动脑的能力，培养学生能用数学语言合乎逻辑地表达自己的思考过程的几何推理能力。

（3）在教学中渗透转化思想，培养学生独立思考的习惯。

（二）教学重难点

教学重点：熟练运用平行四边形的判定性质进行解答。

教学难点：培养学生严谨的几何推理能力。

三、教学过程

（一）活动一

出示任务：画一个平行四边形，并说明画图依据。（学生扮演）

师：请每位同学说明你的画图依据。

生1：我的画图依据是平行四边形的定义：两组对边分别平行的四边形是平行四边形。

如图3-4-1所示，在四边形$ABCD$中，

∵ $AD // BC$，$AB // DC$

∴ 四边形$ABCD$是平行四边形。

师：请详细说明画法。

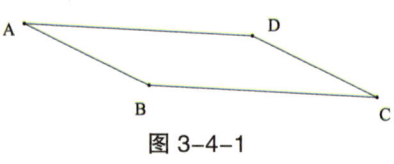

图3-4-1

生1：利用三角板平移画出两组平行线。（边叙述边演示）

师：还有哪位同学是用平行四边形定义为依据画的？画平行线还有其他方法吗？

生讨论得出结论：还可以利用尺规作图，通过同位角相等、内错角相等或同旁内角互补等来画两直线平行。

生2：我的画图依据是平行四边形的判定定理：两组对边分别相等的四边形是平行四边形。

如图3-4-2所示，在四边形 ABCD 中，

∵ AD=BC，AB=DC，

∴四边形 ABCD 是平行四边形。

图 3-4-2

师：请详细说明画法。

生2：用直尺量出 AB=5 cm，平移直尺到 DC 位置，量得 DC=5 cm，由此可见，四边形 ABCD 是平行四边形。

师：各位同学有不同意见吗？

生：他的画图过程与依据不符，这样做的依据是：一组对边平行且相等的四边形是平行四边形。

师：同学们说得很好，我们在动手操作的过程中一定要有理有据，并且能用数学语言准确地表达出来，以上同学的错误希望大家改正。

用"两组对边分别相等的四边形是平行四边形"这个判定定理画图的其他同学请说说你的做法。

生：尺规作图或直接用直尺度量。

师：请用"一组对边平行且相等的四边形是平行四边形"这个判定定理画图的同学说说你的画图过程？

生3：同上面生2说的方法（略）。

如图3-4-3所示，在四边形 ABCD 中，

∵ AD ∥ BC，AD=BC，

∴四边形 ABCD 是平行四边形。

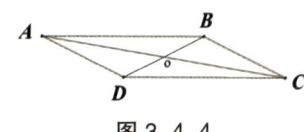

图 3-4-3

师：请生4说说你的画法及依据。

生4：我用的是"对角线互相平分的四边形是平行四边形"这个判定定理，画法是画 OA=OC，OB=OD。

如图3-4-4所示，在四边形 ABCD 中，

∵ OA=OC，OB=OD，

∴四边形 ABCD 是平行四边形。

图 3-4-4

师：同学们通过有理有据的独立动手画图复习了平行四边形的判定定理。那么，平行四边形具有哪些性质呢？

生：平行四边形的性质可以从边、角、对角线及对称性等方面叙述，前三点就是判定的逆定理，平行四边形是中心对称图形。

师：同学们总结得很到位，考虑问题全面，逻辑性强。

分析：利用"两组对边分别相等的四边形是平行四边形"这个判定定理画平行四边形的错误较多，主要问题是画图过程和依据不符，好多同学画图时用到了"一组对边平行且相等的四边形是平行四边形"。

（二）活动二

（1）如图 3-4-5 所示，在 ▱ABCD 中，E，F 分别为 AD，BC 边的中点，连接 AF，CE。求证：四边形 $AFCE$ 是平行四边形。

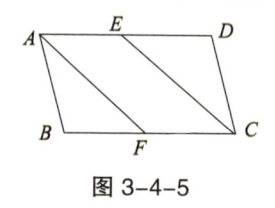

图 3-4-5

生：呈现证明过程，如图 3-4-6 所示。

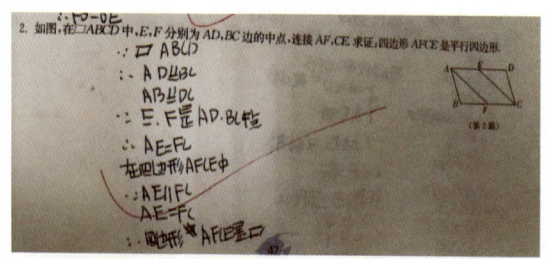

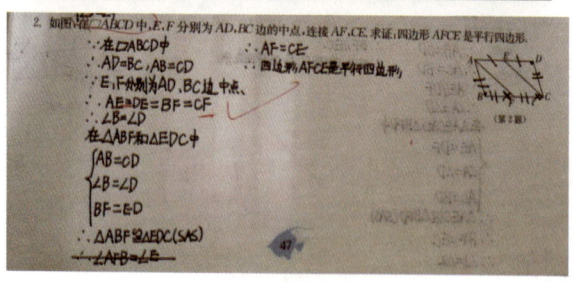

图 3-4-6

师：逐人订正，并对比几何推理过程。让学生感受不同学生几何推理过程的差异性，从中得到启发。首先，要能够利用已有知识进行正确的几何推理；其次，要在正确推理的基础上避繁就简。

（2）如图 3-4-7 所示，在平行四边形 $ABCD$ 中，点 E、F 在对角线 AC 上，且 $AE = CF$。请你以点 F 为一个端点，和图中已标明字母的某一点连成一条新线段，猜想并证明它和图中已有的某一条线段相等。（只需证明一组线段相

等即可）

①连接：____。
②猜想：____ = ____。
③证明。

师：请同学们仔细审题，并独立解决。

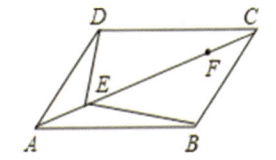

生：分别展示不同方法。（连接 DF 或 BF。证明方法主要有：通过证明全等三角形得到线段相等；通过证明平行四边形得到线段相等）

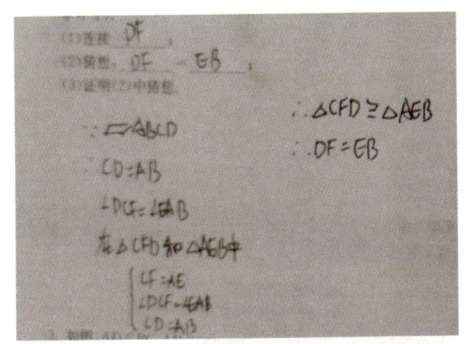

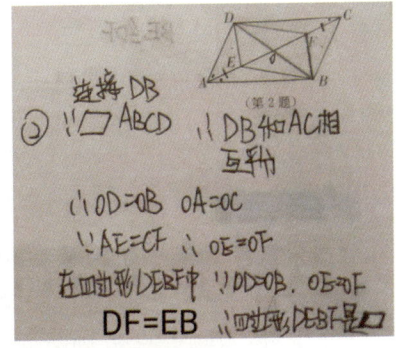

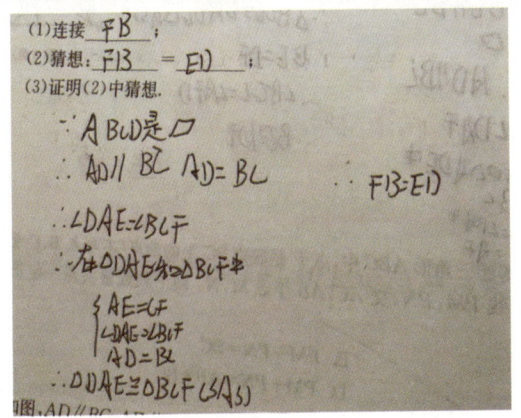

图 3-4-7

图 3-4-8

师：到目前为止，同学们所学的证明两条线段相等的方法主要有：看成一个三角形的两条边——证明等腰三角形；看成在两个三角形中——证明两三角形全等；看成一个平行四边形。方法只要适合自己的都是好方法，但证明过程有繁简区别，所以在能做对的前提下要优化几何推理思路。

（3）已知 $A(-2, 2)$，$B(1, -2)$，$C(1, 2)$，画出以 A，B，C 及合适的第四点为顶点的平行四边形，并写出它们的周长。

师：请同学们在独立完成后小组订正，并总结本题所运用的知识要素。

生：本题所用知识要素：平行四边形判定定理和性质、勾股定理、平行四边形周长、平面直角坐标中两点间的距离以及讨论思想。

分析：在初中教学中，教师应该经常引导学生对知识体系进行梳理，帮助学生逐步完善几何知识结构，使他们将知识点联系起来，形成体系；引导学生归纳方法，以便灵活运用；加强一题多解的思维训练，进行方法对比优化，使他们的思维变得灵活，从而锻炼学生的几何推理能力；同时也要加强每一题知识要素的梳理，时刻提醒孩子们数学中思维的严谨性。

(三) 活动三

分析：活动三的主要目的在于对本节课做知识方法的归纳总结，同时也起到了激发学生学习几何的兴趣的作用。

四、教学反思

在以后的教学中，应更多地关注以下内容：通过一题多解注重培养学生的发散思维，从不同的角度全方位、多层次地思考、分析并解决问题。其中，一题多解是培养和训练发散思维的有效方法之一，因此教师在讲解例题或习题时，要引导学生多思考一道题用多种方法解答，讲题时要做到"讲一题明一线，做一题知一面"。通过几何推理能力的训练，提高学生的推理能力。

孔子说："学而不思则罔，思而不学则殆。"教学的过程也就是引导学生思考的过程。通过有针对性的思维训练，学生能够独立、有创意地解决问题，而且创新意识得到进一步深化，思维能力得到进一步发展。

点评：本节课是平行四边形的判定和性质的一节复习课。利用学生已有经验，引导学生画出自己认为的平行四边形，说出自己画图的理由，复习了平行四边形的判定定理。在复习过程中，将几何语言展现出来，帮学生解决几何语言相互转化上的障碍，使学生有效地体会画图即证明。对于平行线性质的总结，引导学生依据边、角、对角线、对称性进行有效分类。借助开放性题目的设计，发散学生思维，归纳解题思路，认知图形的同时提升推理能力。

在几何教学中要培养学生的识图画图能力、几何语言及符号的转换能力和推理能力，而动手操作可以提高学生对几何图形的感性认识。因此，在教学中要重视培养学生的正确作图能力，让学生深刻理解基本图形，这也是培养几何推理能力必经之路。

在"平行四边形的判定"教学实践中加强初中学生几何推理能力的诊断与培养教学的实践与思考案例分析与教学点评

撰写者：曹　锁　侯海全

一、教学背景分析

（一）课标的要求

《全日制义务教育数学课程标准》（2011年版）中指出，学生应"经历观察、实验、猜想、证明等数学活动，发展合情推理能力和初步的演绎推理能力"。合情推理是从已有的事实出发，凭借直觉和经验，通过归纳和类比等推断出某些结果；演绎推理是从已有的事实（包括定义、公里、定理等）和确定的规则（包括运算的定义、法则、顺序等）出发，再找逻辑推理的法则证明和计算。演绎推理的主要形式是三段论，合情推理的主要形式是归纳推理和类比推理。

推理贯穿于数学学习的始终，推理能力的形成是一个缓慢的过程，有其自身的特点和规律，不是学生懂了，也不是学生会了，而是学生在这个过程中自己悟出了道理、规律和思考方法等。这种"悟"只有在数学活动中才能得以进行，因而教学活动必须给学生提供探索交流的空间，组织、引导学生经历观察、实验、猜想、证明等数学活动过程，并把推理能力的培养有机地融合在这样的过程之中。

推理能力的培养必须充分考虑学生的身心特点和认知水平，注意层次性。一般来说，操作、实验、观察猜想等活动的难易程度容易把握，合情推理的培养贯穿于义务教育阶段数学教学的始终。培养学生的演绎推理能力不仅要注意层次性，而且要关注学生的差异，要使每一个学生都能体会证明的必要性，从而使学习演绎推理成为学生的自觉要求，克服为证明而证明的盲目性。

（二）本学段教学内容的要求

根据初中阶段数学课本对各类知识的编排可以看出，七年级主要安排数与式的认知和运算的代数知识，几何只安排了一些简单的图形认识。第一个学期以直观认识与理解为主，第二学期中的相交线与平行线直观认识与单一的逻辑推理要求学生利用平行线的性质和判定定理解决简单的几何推理证明。到了八年级，几何图形的直观认识与理解升华到了一定的逻辑推理阶段，学生开始接受正规严谨的数学证明的训练，懂得分清命题的题设和结论，并证明命题的真假学会利用定理、定义解决相关的几何证明。因此，八年级所安排的内容更加注重螺旋式增加难度来培养学生的几何推理能力。九年级因升学等因素，教材内容编排少一些，主要是对八年级的几何知识进行延伸拓展，在难度上进一步提高，如以八年级的三角形和全等三角形为基础，拓展三角形的相关性质定理。

（三）学生学情的要求

在本节课学习前，学生已经掌握了平行线、全等三角形等简单几何图形的性质及判定的相关知识；通过前一节的学习，已经掌握了平行四边形的定义及边、角、对角线的特征，对平行四边形有了初步的感知与定性的描述。因此，在教学中让学生探索平行四边形的判定定理不仅成为可能，而且可以作为初中几何综合运用的一次练习机会，对提升学生的几何综合能力大有益处。

学生已经了解了几何图形研究的一般流程：抽象概念—研究性质—讨论判定—实际应用；八年级学生已经具备用已有知识解决新知识的能力和初步经验，具有一定的抽象能力和理解能力，对求知事物有探索的热情和愿望，这使学生能主动参与本节课的探索及证明过程；但是，用逻辑推理的方法构建知识体系对学生系统思维和演绎推理的能力要求较高，而且这是第一课时，学生思维水平有差异，部分学生没有掌握探究的方法和相关经验，在新旧知识联系方面存在局限性，在提出新的猜想方面存在困难。

二、教学目标分析

（一）教学内容的确定

本节课选自北京课改版数学八年级下第15章第3节"平行四边形的性质与判定"，本章采用的是边探索边证明的方式，把合情推理与演绎推理融为一体，使证明成为探索活动的自然延续和必要发展。因此，在研究和应用中，要求学生用规范的数学语言准确表达命题的条件、结论以及整个证明过程，进一步发展学生的空间观念、几何直观和推理能力。

平行四边形是一种特殊的四边形，是图形与几何领域中最基本的几何图形之一，在生活中有着十分广泛的应用。"平行四边形的性质与判定"是在学生学习了平行四边形的定义基础上，应用平行线的性质和全等三角形的相关知识及逻辑推理的方法研究平行四边形的判定方法，是平行线和全等三角形知识的延续和深入,也是学习后续课程的必要基础,如为后续学习矩形、菱形、正方形等图形积累了更丰富的学习经验,在教材中起到承上启下的作用。

本节主要研究平行四边形的判定定理:两组对边分别相等的四边形是平行四边形;一组对边平行且相等的四边形是平行四边形;对角线互相平分的四边形是平行四边形。渗透数学建模、分类讨论、转化化归、类比思想,有利于培养学生的创新意识和实践能力。

(二)教学目标的确定

(1)经历平行四边形判定条件的探索过程,发展学生的合情推理能力。

(2)探索并证明平行四边形的判定定理,发展演绎推理能力,培养逻辑素养。

(3)在探索平行四边形的判定方法与解决问题的过程中,体会数学建模、分类讨论、转化化归、类比等数学思想在数学中的应用,关注学习过程中新旧知识之间关系的建构,进一步培养和发展学生的逻辑思维能力和推理论证的表达能力,进一步积累研究图形问题的方法与活动经验,构建完整的几何图形体系。

(4)学生通过动手操作、探索交流、分析归纳等活动,体会数学结论的获得过程,积累数学活动的经验,体验数学活动充满着探索性和挑战性,培养学生批判、质疑的学习精神;通过小组内的合作探究和小组间的交流展示,学生敢于发表自己的观点,并能从交流中获益。

三、教学过程

(一)活动一:温故知新

问题1:经历了平行线、三角形的学习过程,你们认为对几何图形的研究重点在于图形各要素、图形与图形各要素之间的什么关系?

问题2:三角形的深入研究为我们积累了丰富的经验,我们已经学习了平行四边形的定义和性质,接下来该研究什么内容?

> 设计意图:引导学生回顾已经学习过的平行线、三角形等简单几何图形的研究内容,类比平行线、三角形的学习经验,明确本节课研究的内容。通过对几何图形探究内容及过程的回顾,学生体会对于几何图形的研究重点在于关注图形各要素、图形与图形各要素之间的数量关系和位置关系;理解几何图形研究的一般步骤是概念—性质—判定—应用。

（二）活动二：探索问学

为了更好地研究平行四边形的知识，请同学们先在导学案上画出▱ABCD。

问题1：简述作法，如何说明你画的是平行四边形？

> 设计意图：再次让学生感悟定义的双重作用（既是性质又是判定），让学生明白现在判定一个四边形是平行四边形的依据是定义（思维的起点），为后续判定定理的证明做好铺垫，让学生初步形成公理化意识。

小明只带了一把刻度尺，他测量了同桌所画的四边形的四条边的长度，发现两组对边分别相等，就得出了这是一个平行四边形的结论，你同意他的看法吗？为什么？

学生活动：将现实问题抽象为数学问题，证明命题"两组对边分别平行的四边形是平行四边形"；写出已知、求证，并完成证明过程。

> 设计意图：用"因工具受限"这样生活中常常出现的情况，引发学生思考，从"同意或不同意"到"为什么是从合情推理到演绎推理"的转变。这条思维主线"边相等—全等—角相等—线平行—定义法"既有条件与结论的关联，从（数量关系）边相等到（位置关系）边平行的转化，又有解决方法的渗透（利用全等三角形的判定和性质实现条件到结论的转化）构建知识之间的逻辑体系，提升学生用逻辑推理以及已有知识解决新知识的能力，也为下一个环节——学生提出猜想做好了铺垫。

问题2：你得到的结论是什么？请结合图形，用简洁的数学符号语言表示。

> 设计意图：将命题上升为定理，并将图形语言、文字语言、数学符号语言结合在一起，是进行数学表达和思考的基本工具。

（三）活动三：合作互学

问题1：工具受限，激发了小明的思考，对已探究得到结论进行观察，有没有激发你更多的思考？思维碰撞，提出猜想——（　　　）的四边形是平行四边形。

学生活动：将小组间讨论的结果进行分类、整合、归纳，并提出后续任务，完成和边有关的猜想的证明，整理出与边有关的命题：一组对边平行，另一组对边相等的四边形是平行四边形；一组对边平行且相等的四边形是平行四边形。

> 设计意图：学生开展小组合作互学方式，借助积累的研究图形判定的活动经验，提出猜想。提出一个问题往往比解决一个问题更重要，这也是在培养学生的创新意识和能力。合作是思想、方法的交流，这个时期的学生抽象思维能力、逻辑推理能力都有很大提高。这次探索可设置成开放性问题，有了前面的铺垫，学生可以从多个角度展开思考，从不知不觉中达到探索、发散、逆向、类比、联想等创新思维的训练，也必定会消除原有定式思维的束缚，促进他们的思维多角度提升。

问题2：请验证你们的猜想。

> 设计意图：猜想需要验证、证明，才能成为判断的依据，培养学生批判、质疑的学习精神，进一步培养和发展学生的逻辑思维能力和推理论证的表达能力。

（四）活动四：应用所学

如图3-4-9所示，在 ▱ABCD 中，E、F 分别是 AB、CD 的中点，图中有几个平行四边形？选择其中一个完成证明。

> 设计意图：体会"数学学习不仅仅是数学知识的学习，更重要的是发展数学思维的学习"。通过规范几何推理过程的书写，提高学生的推理能力。

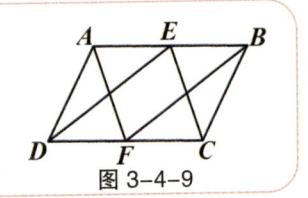

图3-4-9

（五）活动五：提升思学

我经历了（　　）的探索过程；我最感兴趣的（内容）是（　　）；最有挑战性的内容是（　　）；我想进一步研究的问题是（　　）；我还想说（　　）。

> 设计意图：让学生对自己的学习体验进行小结，可以帮助教师感知教学效果，如重难点知识学生是否掌握，预设数学思想、方法的渗透是否有效，有没有激发学生下一步的探究兴趣，学生个性是否充分自由地发展等，以便于下一节的教学设计。

四、教学反思

（一）注重知识内容与思想方法的整体架构，学生在知识的生成过程中系统化、条理化

在复习中，由探究几何的基本方法入手进行新课学习，引导学生推开知识的大门，探寻未来的世界。在对判定的探究时，引导学生大胆猜想所有的可能性，再进一步分类研究，让学生对本部分知识既有大的框架性认识，又明确本节课研究的目标。

（二）给学生充分的展示讨论空间

给学生足够的时间实践、尝试、思考、讨论、表述，让学生在探究中逐渐揭开知识的面纱。

（三）教学是源于生活又用于生活的一门学科

本节课将小明的一把刻度尺判断平行四边形的生活问题转化为平行四边形的判定的数学探究。学生尝试从现实中抽象出数学内容，再把数学内容建立起模型，继而用数学的知识解决问题、解释生活实际。这实际上是学生实践创新的一个过程，在这个过程中，他们经历了感知—抽象—发现—猜想—验证—证明—拓展与应用的过程。

五、对初中学生几何推理能力的诊断与培养的设想

（一）深刻理解概念、定理、性质

概念是数学的基石，学习概念、定理、性质，不仅要知其然，还要知其所以然。对于每个定义、定理，我们必须在牢记其内容的基础上知道它是怎样得来的，又是运用到何处的，这样才能更好地运用它来解决问题。想深刻理解概念，就要在教学中多做一些与知识点相应的练习，因为学生刚学的概念、定理、性质一般较抽象，要把它们具体化，就需要把它们运用在题目中，使学生从例题的解题过程中将头脑中已有的概念具体化，最终对知识的理解更深刻、更透彻。

（二）规范语言，培养论证能力

在培养学生几何推理能力的过程中，我们还要特别注意学生对几何语言的准确运用，这样不仅使学生对几何的理性认识又前进了一步，也是形成几何推理能力的重要过渡，具体做法如下：

（1）要求学生能正确地辨别条件和结论，掌握证明的步骤和书写格式。

（2）分步写好推理说明过程，让学生在括号内注明每一步的理由；指导学生认真阅读教材中的每个例题，认真完成教材中的每一个练习，并强调推理论证中的每一步都要有根据，每一对"∵∴"都言必有据，有定义、定理、公理做保证。

（3）让学生自己写出已知、求证，并自己画出图形来证明，每一步都得注明理由。通过例题、练习向学生总结出推理的规律，简单概括为"从题设出发，根据已学过的定义、定理用分析的方法寻求推理的途径，用综合的方法写出证明过程"。

实践证明，培养学生逻辑推理能力是一个长期的过程，我们必须有意识、有计划地从简单到复杂循序渐进，使学生逐步掌握几何推理论证的方法。

点评：

（1）本节课的设计注重知识生成过程和思想方法的整体建构，在探索新知的过程中培养学生的几何推理能力，在知识的生成过程中使知识和思想方法系统化。由探索几何的基本方法入手，引导学生探索平行四边形的判定方法，在学生大胆猜想所有的可能性的基础上，再进一步分类研究，让学生对本部分知识既有大的框架性认识，又明确本节课的研究目标。这样的教学设计符合学生对世界的认知规律，同时会潜移默化地引导学生学会在探索未知中建构知识和方法体系。

（2）高效的课堂重在落实，落实的程度在于每个细节。本节课学生们在轻松愉悦的氛围中充分互动，经历了温故知新—探索问学—合作互学—应用所学—提升思学的环节；在问学时经历了画—怎么画—为什么的过程；又由工具受限激发学生的思考，引导学生借助已有经验提出猜想并完成证明；在合作的过程中让他们思维碰撞……每个环节都把学生作为主体，把活动落到实处，重视学生的几何推理能力的培养。整节课问题不多，但个个挖透，学生的科学精神素养和实践创新素养均得到了充足的发展。

（3）数学是源于生活又用于生活的一门学科。学生尝试从现实中抽象出数学内容，再把数学内容建立起模型，继而用数学知识解决问题，解释生活实际。这实际上是学生实践创新的一个过程，在这个过程中，他们经历了感知—抽象—发现—猜想—验证—证明—拓展与应用，而这正是将课程作为载体发展和培养学生认知世界的素养的体现。

加强初中学生几何推理能力的诊断与培养教学的实践与思考

在"特殊的平行四边形的性质与判定"教学实践中加强初中学生几何推理能力的诊断与培养教学的实践与思考案例分析与教学点评

撰写者：董文艳　　王志芳

一、问题提出

生活中到处都有几何图形，我们能看见的一切都是由点、线、面等基本几何图形组成的。几何图形包括平面图形与立体图形。在初中数学包括的平面图形中，正方形代表着符合、安宁、稳固、安全和平等。它是我们熟悉和值得信任的形状，意味着诚实和可信。本节课从一个生活中的问题入手，由学生动手操作到归纳推理论证，再将归纳得到的解题方法进行推广，解决与之相关的数学问题。同时，使学生利用正方形的性质及三角形的全等知识解决生活中的问题。

二、教学目标

（1）从生活中的问题入手，从动手操作到推理论证，使学生能够利用正方形的性质及三角形的全等进行证明。

（2）通过学生自主探究，在图形的变化过程中体会探索问题的方法，从而形成解决问题的思维策略，进一步培养学生的归纳推理能力和逻辑思维能力。

（3）在方案设计到推理论证的过程中，激发学生兴趣，逐步培养学生的探究精神和创新意识。

三、设计思路

（一）指导思想

利用正方形的性质及全等三角形的知识解题的根本原理是从特殊到一般、从具体到抽象、从感性到理性认识规律和对立统一的辩证关系原理。设计的总体思想是启发式教学思想，把教学过程当作学生的认识过程，引导学生通过观察与比较、试验与猜想、分析与综合、抽象与概括、发展与应用，亲自经历问题的探索、解决过程。基本依据是教育心理学的建构主义的"支架式教学"，学生在教师的引导下经历自主活动，通过新旧经验间的相互作用，来充实、丰富和改造自己的认知结构。本节课教学是以学生的已有生活知识为本，创设情境激发学生观察、分析、猜想、归纳、验证等思维活动，发展每个学生的思维个性，使其产生思维的独特性，达到创造性思维的效果。本节课的核心内容是由生活问题入手，学生探究多种解决的方法，并能够解决数学中的相关问题。主要以正方形的对角线为主线，将对角线绕它们的交点旋转，最终将正方形的面积四等分。本节课展示学生归纳和演绎推理的过程，符合学生的认知水平。

（二）教学过程

问题："妈妈买来一个正方形的生日蛋糕，想把蛋糕分成面积相等的四部分，你能帮助妈妈切蛋糕吗？"教师提出的问题既简单又贴近生活，学生很快从正方形的对称轴入手，将蛋糕按要求切分，有两种情况，如图3-4-10所示。

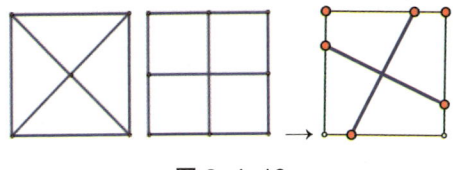

图 3-4-10

> 设计意图：创设情境，激发学生的求知欲望。

1. 合作交流

教师提出问题：如图 3-4-11 所示，O 为正方形对角线交点，$EF \perp GH$，垂足为 O，这样的分法是否是四等分呢？我们一起来研究一下。

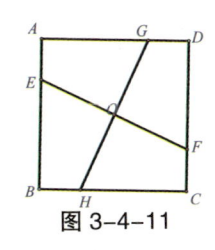

图 3-4-11

学生分组讨论交流，写出已知和求证，教师适时给予点拨。

已知：如图 3-4-11 所示，正方形 $ABCD$，O 为对角线交点，线段 EF、GH 分别交 AB、CD、AD、BC 于点 E、F、G、H，且 $EF \perp GH$ 于点 O，

（1）求证：$S_{四边形CFOH} = \dfrac{1}{4} S_{正方形ABCD}$。

· 179 ·

经过学生的讨论，大部分学生想到了过点 G 作 GM⊥BC 于 M，过点 E 作 EN⊥DC 于 N，构造全等三角形的方法，如图 3-4-12 所示。还有的学生想到了连接 EG，EH，FG，FH，证明四边形 EHFG 是正方形的方法，如图 3-4-13 所示。虽然以上两种方法与结论没有直接的关系，不能证明出结论，但学生的想法是值得肯定的。

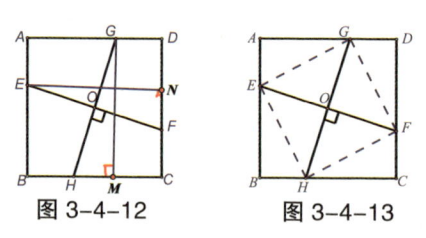

图 3-4-12　　图 3-4-13

（2）在此基础上，你还能得到哪些结论？

总结：OE=OH=OF=OG，EF=GH，CF+CH 的值是定值。

2. 精讲点拨

教师适时引导，圈出重要已知条件，"O 为对角线交点"这个条件如何使用？可思考图 3-4-15 是由图 3-4-14 旋转得到，而前两者是把面积四等分，可考虑如图 3-4-15 所示添加辅助线。学生观察发现两种方法：①连接 AC，BD，交点为点 O，借助正方形的性质，得到 OA=OB=OC=OD，AC⊥BD，进一步可以证明△AOE≌△COF，△DOG≌△BOH，△AOE≌△DOG。②过点 O 作 MN⊥AD 于 M，交 BC 于 N，过点 O 作 KL⊥AB 于 K，交 CD 于 L，构造全等三角形，割补图形，证明面积相等。

图 3-4-14　　图 3-4-15

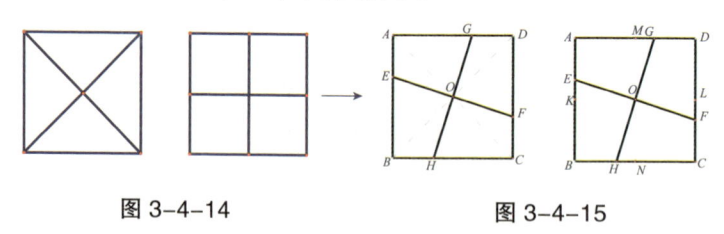

设计意图：关注学生是怎样想的以及解决问题的方法是什么。利用正方形是轴对称图形又是中心对称图形的特点，识别图形，找到图形的共性。适当添加辅助线，借助正方形的性质，构造全等三角形，用面积割补法解决问题。

3. 变式演练

变式一：如图 3-4-16 所示，正方形 ABCD、EFGH 的边长都等于 1，点 E 恰好是 AC、BD 的交点，点 Q、P 为两正方形的交点，当四边形 EFGH 绕点 E 转动时，图中会有一些不变的结论，我们也来猜想并证明一下吧！

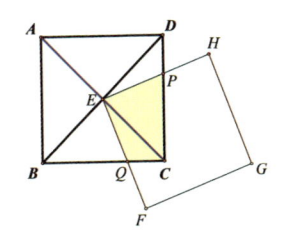

图 3-4-16

猜想：① _____；② _____；③ _____。
在思维发散的前提下，对以下 3 个结论进行证明：
求证：① $EQ=EP$；② $CQ+CP$ 为定值；③ $S_{阴影}=\dfrac{1}{4}S_{正方形\,ABCD}$。

> 设计意图：本部分的题目应该既要用到例题归纳总结的方法，学以致用，又要有一定的变化。不一定是直接应用所学方法，可以取出其中的一部分图形（阴影部分），将不规则图形面积转化为规则图形计算。

变式二：如图 3-4-17，四边形 ABCD 中，$AB=AD$，$\angle A=\angle C=90°$，$CB+CD=8$，求四边形 ABCD 的面积。

> 设计意图：引导学生将不规则图形转化为规则图形，如图 3-4-18 和图 3-4-19 所示，把一般性问题转化为特殊问题，将不会解决的知识转化为会解决的知识。

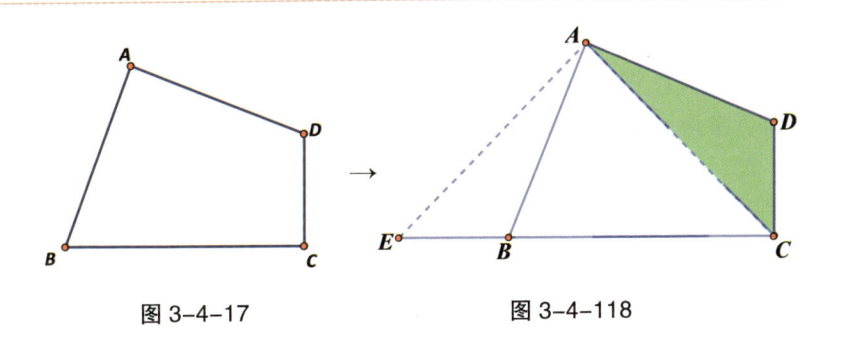

图 3-4-17　　　　　图 3-4-118

图 3-4-19

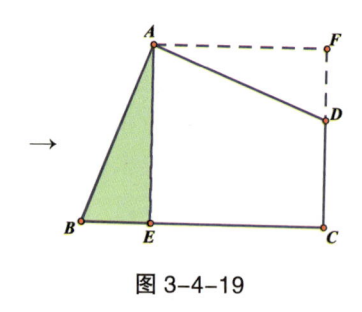

4. 达标检测

已知：如图 3-4-20 所示，正方形 ABCD，点 F 在 BC 边上，点 G 在 AB 边上，且 DF⊥CG 于 M。

求证：DF=CG。

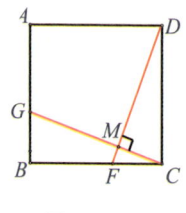

图 3-4-20

【评析】此题大部分学生顺利完成了解答，个别学生找到了证明的目的，但是证明全等三角形缺少一个条件，需要教师的个别辅导。

5. 反思小结

（1）回顾本节课你的收获是什么？

（2）本节课解决问题的策略是什么？正方形不变，那么它的性质就不变，我们就可以依据性质和三角形全等去证明，即解决问题的基本方法不变。

（3）你还有哪些疑惑，提出来大家帮你解决。

四、教学反思

（1）本节课引入部分的内容简单易操作，趣味性强，可吸引学生的眼球和注意力。切分蛋糕问题接近生活，学生容易理解；引导学生归纳出解决方法的共性，对于第三种切分蛋糕的方法，要求学生说明怎样将此种方法用数学的几何图形表示。

（2）在课堂中，组织学生开展有效的合作学习，学生动脑、动手又动口，积极主动地参与学习活动，给学生创设自由、自主的学习空间，使学生的个性得到充分发展。例题的设计体现了应用性与开放性，又能围绕正方形的性质，找到例题与引例内容的共性。整节课前后内容紧密联系，既有题目的变式又具有连贯性，可使学生真正做到知其所以然。

（3）本节课还存在着一些不足，如变式演练的内容与精讲点拨的内容相近，没有起到灵活应用的作用，需要重新设计习题。教师应该反思自己：本节课是让学生简单地分割正方形吗？不是，是使学生应用数学知识和方法解决问题；使学生经历动手操作、观察猜想、合作交流、归纳推理的学习过程；使所有学生感受到数学是美丽的，数学问题是有趣的，数学知识是有用的；激励学生去思考问题，并有信心去解决生活中的所有问题，做生活的强者。

点评：本节课是一节复习课，引导学生将四边形问题转化为三角形问题加以解决是本节课的目标。

由正方形入手，利用正方形的性质，将正方形分成面积相等的四部分。通过分析图形进行画图、猜想、证明，构建起正方形与直角三角形的关系。

变式题，由特殊到一般，借助正方形的研究经验，转化为对一般四边形的研究。运用图形的旋转，将一般图形转化为特殊图形，从而引导学生尝试一般图形的解题方法和解题技巧。

经历本节课的学习，学生能够充分体现从已有的生活经验出发，将实际问题抽象成数学模型并进行解释和应用的过程，进而在对数学进行深刻理解的同时，实现数学知识的再创造、再发现，有效加强了学生的几何推理能力。

在"矩形的证明与计算"教学实践中加强初中学生几何推理能力的诊断与培养教学的实践与思考案例分析与教学点评

撰写者：王志芳

一、教学内容分析

本节课研究的是关注矩形纸片折叠中的数学问题的一节综合与实践活动课。《义务教育教学课程标准（2011年版）》指出：综合与实践是一类以问题为载体、以学生自主参与为主的学习活动。数学思考是学生数学素养发展的重要标志，学会数学思考包括学生数感、符号意识、空间观念、几何直观等数学能力的培养。本节课重视引导学生经历矩形折叠过程中折叠、标注图形、画图形、计算图中产生的新线段长等环节，在各环节中不断亲身经历、不断锻炼、不断积累经验，从而归纳解决矩形折叠类型题的方法策略，进而产生新的思考和生成性资源。

本节课以学生动手折叠矩形纸片活动为起点，以提高学生动手画图、分析图形的能力为落脚点，教师引导，学生自主学习、合作交流，利用多媒体辅助教学，几何画板演示动态图形，激发学生学习兴趣，使学生乐于探索，从而突出重点、突破难点，提供充裕的时间适当地自由指导学生理解和分析图形，鼓励学生表达自己的见解，提供解决问题的机会，注重图形的形成过程，最终使学生感受到数学的价值和趣味。

要使学生能充分、自主地参与"综合与实践"活动，选择恰当的问题是关键。因此，教师设置了如下问题。

（1）矩形纸片经过一次折叠，图形怎样画？
（2）折叠前后的图形是分着画好还是画在一起好？
（3）所呈现出来的新线段中，有价值的线段怎样去求解？
（4）为什么有的线段好求，有的线段不好求？
（5）折痕的位置不同，解题的方法有什么不同？
（6）关于折叠的方法，你还有哪些新发现？

二、学生情况分析

本节课学生已经学习过了矩形的性质和判定、轴对称、勾股定理等相关知识，为探索矩形折叠问题提供了必要的知识基础。随着数学学习、语言学习的深入，学生使用文字和数学符号的能力已经有了初步的发展，但是学生在画图、分析图形方面还有一定的困难，特别是在所学过知识的综合运用方面也缺乏知识之间的关联。

本节课将实物纸片、图形、文字、数学符号等多种形式结合起来。以平常所见的折纸入手，抽象成数学图形，分析数学图形，动手画图，感受图形的变化过程，抓住解决这类问题的不变解题方法。

在矩形纸片折叠过程中所呈现出来的数学实质是本节课要体现出的核心，学生在不断交流、思考的过程中形成了生成性资源，合理地利用生成性资源，将有利于提高教学有效性。

在实施"综合与实践"时，教师要放手让学生参与，启发和引导学生进入角色，组织好学生之间的合作交流，并照顾到所有的学生。教师不仅要关注结果，更要关注过程，不能急于求成，要鼓励引导学生充分利用折矩形纸片的过程，展现折叠的数学实质，引导学生从数学的角度发现问题并提出问题。

三、教学分析

（一）教学目标

（1）根据题目条件，标注图形，画图，养成良好的解决几何问题的习惯。

（2）理解分析折叠问题的实质是利用轴对称的知识，从中确定相等的线段和角。

（3）在解决问题的过程中，经历观察、画图、计算、证明等过程，养成严谨的思维习惯。

（二）教学重难点

教学重点：通过动手折叠矩形纸片，提高分析图形的能力。

教学难点：运用轴对称、勾股定理、矩形性质与判定等知识解决矩形折叠问题。

教学内容分析当中设置的问题是整节课的行动主线，应步步深入。学生在独立折完纸片后，与同组的学生交流合作，在相互的论证中得到不同折法。但是画图是难点，有一部分学生画不出折叠后的图形，教师可让学生把折纸后的轮廓画出来，然后找对应点与折痕的关系，这样做学生不但在画图上有所突破，而且通过画图提高了学生分析图形的能力。

四、教学过程分析

为每位学生准备两张相同的矩形纸片，一张用作折叠，一张用作画图。在两块黑板上分别画出四个矩形。

整节课学生动手折叠矩形纸片，合作交流动手画图，分析求解线段思路，归纳解题方法策略，层层递进，步步深入，体现了由几何直观向严谨逻辑思维能力转化的训练过程。

（一）第一环节：动手折纸

教师指出：数学图形是从生活中抽象出来的。那么，今天我们借助手中的矩形纸片来折一折、画一画、算一算，思考一下解决这类问题的方法，在折叠过程中我们又有哪些新的发现？

教师给出折纸要求：在矩形 $ABCD$ 中，$AB=3$，$AD=4$。

（1）一次折叠。

（2）画出图形。

（3）求出图形中你认为有意义的线段长度。

尤其是算一算环节，为折叠限制了条件。

学生开始折叠，教师也参与其中，发现多数小组折成如图3-4-22所示形状。

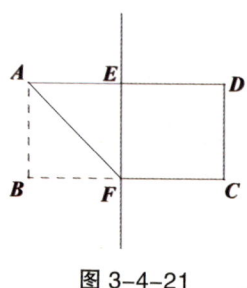

图 3-4-21

教师拿起学生的折叠作品，问"你还有其他折叠方案吗？"陆续有学生折出，如图3-4-22所示。

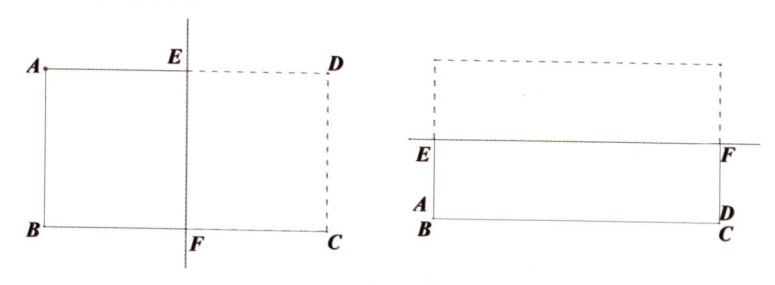

图 3-4-22

此时，学生遇到思维瓶颈，教师提示："想一想，我们有做过关于矩形折叠的题目吗？"陆续有学生折出，如图3-4-23所示。

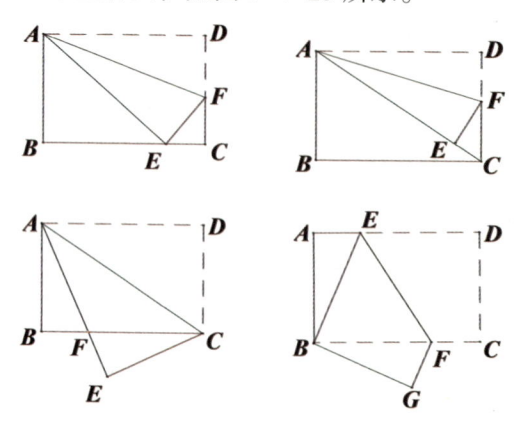

图 3-4-23

教师在参与学生活动中发现有学生折成这样，如图 3-4-24 所示。

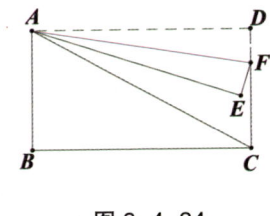

图 3-4-24

教师展示学生折叠作品，提问："折成这样的形状你有什么想法？"学生回答："由目前给的条件计算不出线段长，所以这个图形不可取。"

这样的动手折叠，可使学生在不断探讨的过程中体验到新图形的产生过程。

（二）第二环节：动手画图

学生在相互的论证中得到不同折法，但是画图是难点。因此教师采取激励机制，请前来画图的同学把自己小组的名字写在图形下面，并对积极画图的小组进行表扬。教师有意识地将图形分类，请学生画在黑板上。

教师引导学生：观察手中的纸片折痕，对于黑板左侧的三个图形，你发现它们的折痕有什么共同之处？右侧的呢？

学生得到分类方式：一类是过矩形中心，一类是过矩形一顶点。

教师运用几何画板直观演示折痕的共同之处，如图 3-4-25 所示。

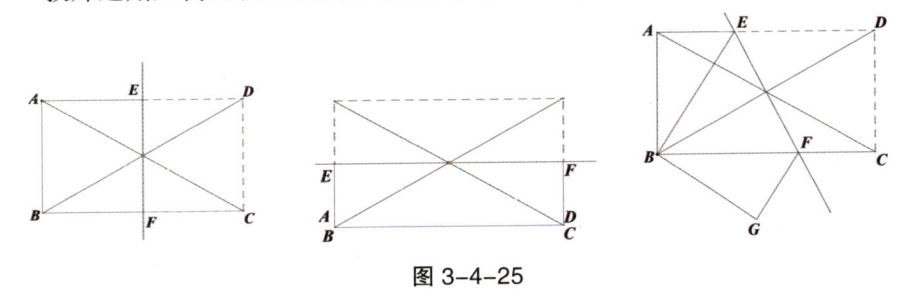

图 3-4-25

教师在参与学生活动中发现：有一部分学生画不出折叠后的图形，教师引导学生先画出折痕，再运用轴对称的知识画出对应点，连接对应点；有一部分学生不理解同学画的图形是怎么折叠出来的，教师引导学生观察对应点的位置，然后自己沿着折痕折叠。这样使学生不但在画图上有所突破，也能通过画图提高分析图形的能力。

（三）第三环节：分析求解线段长

教师提出：所呈现出来的新线段中，你认为有意义的线段长度怎样去求解？为什么有的线段好求，有的线段不好求？

不同层次的学生认为有意义的线段是不同的。可请同学讲解解题的思路和方法。

在这里，教师采用鼓励性语言，增加了小组之间的竞争意识，活跃了学生思维。但在学生展示的过程中，注意提醒学生讲解的声音要大，因为讲解是把自己的见解讲给大家听。另外，在讲解过程中，要让其他学生看到图形，提醒学生认真听，并思考与自己的思路有哪些不同？你还有更好的方法吗？以此来提高学生能力。

（四）第四环节：归纳解题策略

在不断分析图形、讲解图形的过程中，学生很快归纳出解决这类问题的方法如下：由折叠得到全等三角形，得到等线段、等角，运用直角三角形勾股定理建立方程，从而求出线段长。

此时，教师提问：为什么这节课我们折叠的是矩形纸片，而不是一般的四边形？这样更能体现出矩形的特殊性，运用到了矩形的直角，那么，有直角就可以折叠了吗？比如，正方形是不是也可以仿照矩形这样折叠？有时间可以试一试。

（五）第五环节：新发现

教师引导学生提问："观察左黑板图形的折痕，你有什么新发现？""过中心。""那么我们可以得到哪些新结论？"

"观察右黑板的图形，如图 3-4-26 所示关注点 B 折叠后落点 E 的位置，在不断地折叠过程中，点 E 的路径怎样变化？"学生通过折叠得出结论："点 E 在以 A 为圆心、以 AD 为半径的圆上。"

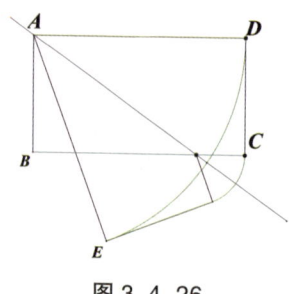

图 3-4-26

学生在归纳总结"运用运动的观点将图形归纳概括"上出现思维的瓶颈，教师在用几何画板演示的过程中没有显示出运动的路径，学生没能直观地得出结论；如果时间充裕的话，可以让学生观察自己手中的矩形纸片，折痕都过同一个顶点 A 时，虽然折痕的位置不同，但点 D 的对应点 E 落的位置有一定的规律。这样做比老师的演示更能清晰地体现出点 E 的位置是在以 A 为圆心、以 AD 为半径的圆弧上，从而也较好地突破了难点。

如果在每节课中都能有一个新的发现，为学生埋下一粒种子，那么即使不发芽，学生也会养成做完题目后再深入思考的思维习惯，长期积淀就会产生很多解题灵感。

五、教学反思

（1）将现用教材内容进行有效的整合，在透彻研究教材和分析学情的基础上精心设计了这样一节课。以培养学生的动手能力和逻辑推理能力为立足点，采用折纸的方式引出本节课的研究内容，让学生在动手操作的过程中发现问题、思考问题并解决问题。这样的体验式学习方式能够激发学生参与探究的热情，符合学生的认知发展规律。

（2）培养学生的动手探究能力，研究几何图形的方法的培训，并融入翻折思想，把几何图形的形成过程展示给学生，这样不仅增强了几何直观，更让学生熟悉了几何研究的一般方法，让学生体会了几何计算和推理的内在联系，提升了学生的几何推理能力。

点评：本节课是一节矩形复习课，设计问题链如下。
（1）矩形纸片经过一次折叠后的图形怎样画？
（2）折叠前后的图形是分着画好还是画在一起好？
（3）所呈现出来的新线段中，有价值的线段怎样去求解？
（4）为什么有的线段好求，有的线段不好求？
（5）折痕的位置不同，解题的方法有什么不同？
（6）在折纸的过程中，关于折叠的方法，你有哪些新发现？

教师引导学生经历折出来、画出来、提出问题、解决问题、创造新问题、归纳、新发现的过程，通过视觉分析将所画图形依据过矩形一个顶点和矩形对角线交点两类进行研究，将非演绎式推理和演绎式推理结合起来：当演绎推理发生困难时，借助非演绎推理；当非演绎式推理达成目标时，写出严谨推理证明。整个设计浑然一体，问题间既逐层递进又互相依存。

学生经历矩形探究过程后，对于其他特殊四边形的研究也有了学习的方向，培养了学生做辅助线、构造特殊图形的能力，可有效培养学生的创新意识与推理能力。

专题复习作为一类复习课，旨在构建同类异形问题的解决方法，是一种"后建构"；"综合与实践"注重数学与生活实际、数学与其他学科、数学内部知识之间的联系和综合应用，也是一种"后建构"。"后建构"课堂是指在后建构主义理论指导下，在新知识教学结束后，帮助学生建构系统知识结构、思想方法结构、能力素养结构的课堂。其内涵的发展也是需要继续深入研究的重要方面。

在"特殊四边形的对角线交点再认识"教学实践中加强初中学生几何推理能力的诊断与培养教学的实践与思考案例分析与教学点评

撰写者：王志芳

一、教学背景分析

（一）数学教学价值的要求

几何图形之间存在着特殊的关系，教师要带领学生去观察、实验、归纳、类比、猜想、证明，尤其是在复习课中关注图形之间的关联，这不仅是对所学知识的回顾与应用，更是培养学生几何推理能力的有效方法。

（二）课程标准的要求

推理能力是《义务教育数学课程标准（2011年版）》中10个核心概念之一，应注重发展学生的推理能力。

1. 对于四边形的要求

（1）了解多边形的定义，多边形的顶点、边、内角、外角、对角线等概念；探索并掌握多边形内角和与外角和公式。

（2）理解平行四边形、矩形、菱形、正方形的概念，以及它们之间的关系；了解四边形的不稳定性。

（3）探索并证明平行四边形的性质定理：平行四边形的对边相等、对角相等、对角线互相平分；探索并证明平行四边形的判定定理：一组对边平行且相等的四边形是平行四边形；两组对边分别相等的四边形是平行四边形；对角线互相平分的四边形是平行四边形。

（4）了解两条平行线之间距离的意义，能度量两条平行线之间的距离。

（5）探索并证明矩形、对角线相等的平行四边形是矩形；四边相等的四边形是菱形，对角线互相垂直的平行四边形是菱形；正方形具有矩形和菱形的一切性质。

2. 对于图形的旋转要求

（1）通过具体实例认识平面图形关于旋转中心的旋转。探索它的基本性质：一个图形和它经过旋转所得到的图形中，对应点到旋转中心距离相等，两组对应点分别与旋转中心连线所成的角相等。

（2）了解中心对称、中心对称图形的概念，探索它的基本性质：成中心对称的两个图形中，对应点的连线经过对称中心，且被对称中心平分。

（3）探索线段、平行四边形、正多边形、圆的中心对称性质。

（4）认识并欣赏自然界和现实生活中的中心对称图形。

由此不难看出，对于特殊的四边形对角线的交点成为核心位置，引领学生对于这个交点的深入讨论有助于整个四边形单元教学的复习巩固。

（三）本学段教学内容的要求

本节课是八年级下册内容，主要是引导学生结合对题目的观察、分析，复习巩固平行四边形的有关知识。通过对开放性问题的探索，培养学生的发散思维与合作交流精神。运用平行四边形的知识解决有关问题对开放性结论的发现。

（四）本学段学情要求

根据7—9年级学生几何推理能力层级递进发展的事实，八年级学生具备基本推理几何能力，已经学习三角形、四边形等直线型的相关知识，因此本节课有助于发展学生的演绎推理能力。

二、教学目标分析

（一）教学内容的确定

（1）本节课是继特殊的平行四边形学习之后的一节复习课，以对角线复习为入手点，落实中心对称的图形旋转知识，达到推理能力的提升。

（2）通过展示图形的变化过程，学生认识到过特殊四边形对角线交点得到

加强初中学生几何推理能力的诊断与培养教学的实践与思考

的图形的新发现,并验证发现的正确性。

(3)通过学生在学生活动方案上的作图和证明,锻炼学生动手画图能力、计算能力、几何证明能力。

(二)教学目标的确定

(1)结合对题目的观察、分析,复习巩固平行四边形的有关知识。

(2)通过开放性问题的探索,培养学生的发散思维。

(3)能表述自己的想法,培养学生的合作交流精神。

(4)体会合情推理与演绎推理有机结合、相辅相成的过程,培养学生的推理能力。

三、教学过程

(一)环节一

分析图形,同学之间说一说如图 3-4-27 所示特殊四边形的对角线有哪些性质:

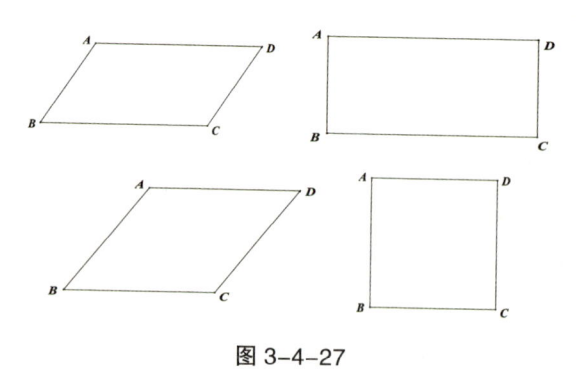

图 3-4-27

> 设计意图:从对角线角度复习平行四边形与特殊的平行四边形对角线的性质。

(二)环节二

$ABCD$ 中,对角线 AC、BD 相交于点 O,过 O 任意做一条直线分别交 $ABCD$ 两边 CD、AB 于点 E、F,观察图 3-4-28,你还有什么新发现?

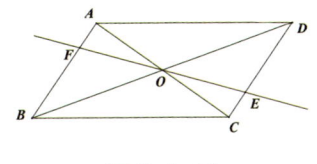

图 3-4-28

预案：

（1）全等三角形。

（2）等线段。

（3）等角。

（4）EF 把 ▱ABCD 分成面积相等的两部分。

（5）四边形 BEDF 为平行四边形。

对于矩形、菱形、正方形而言，上述新发现还成立吗？

（学生先独立思考，再合作交流，并展示交流结论。联系图形提出新结论，小组合作交流，讨论问题的解决方法）

> 设计意图：复习、巩固平行四边形知识，强调本节课的教学内容；用运动的观点解释它们之间的关系；对开放性问题的探索，培养学生发散思维。

（三）环节三

1. 变式一

过 ▱ABCD 对角线交点 O 的直线与直线 CD、AB 交于点 E、F 会发生什么情况？刚才的发现还成立吗？

预案：

（1）交点在线段上：

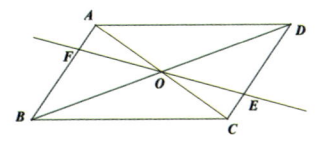

图 3-4-29

（2）交点在 BA、DC 的延长线上：

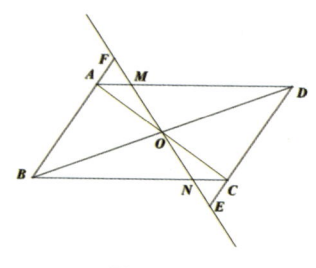

图 3-4-30

对于线段 CD、AB 有上述发现，对于 AD、BC 呢？

2. 变式二

如果将上述的条件 ABCD 换成矩形 ABCD，其他条件不变，以上发现还成立吗？换成菱形 ABCD 呢，正方形 ABCD 呢？说明理由。

（学生画图分析，讨论交流）

> 设计意图：体会变化中的不变本质。

感受在图形变化过程中方法的类比，体会由特殊到一般的解题思想，抓住变化中的不变主动思考，引导学生探究它们之间的规律。

（四）环节四

1. 小结

过平行四边形的对角线交点作直线有什么新的发现？

2. 作业

过点 O 作直线，可能得到以 B、D、E、F 为顶点所构成的四边形为菱形吗？如果不能，请说明理由；如果能，请说明理由。

> 设计意图：总结提升，小结方法；引导学生探究它们之间的规律。

四、教学反思

（一）本节课的反思

本节课的根本目的在于通过对平行四边形的对角线交点复习的分析，进一步加强对特殊的平行四边形对角线的认识，通过一题多变、一图多变提升复习课实效性。教学设计符合学生认知规律，通过动手画图—猜想关系—严谨证明，提升学生对于平行四边形及特殊的平行四边形的复习。

（二）几何推理能力培养反思

通过观察图形—画出图形—分析图形—非形式演绎—演绎，经历图形的变化过程及证明过程，符合范希尔水平分析，有助于学生几何推理能力的诊断与培养。

点评：本节课是一节对角线引发的四边形复习课。知识再认识、方法再提炼、思想再升华、能力再提高是复习课中最重要的方面。引导学生对课堂学习进行小结，反思数学学习过程，体悟应用过程，帮助学生积累基本活动经验，感悟基本数学思想，提升数学情感，丰富和完善能力素养结构。

通过对平行四边形及特殊的平行四边形对角线交点的研究，引导学生研究中心对称带来的新图形，体会变化中的不变。

本节课利用现代信息技术手段，呈现出生动活泼的动态画面，丰富了学生的几何直观，为梳理几类特殊四边形的性质以及建构系统知识结构提供了有利条件；以旋转为演绎推理之源对典型例题进行剖析，并通过追问和变式的方式引领学生再发现、再创造，体悟知识的本质，延伸思维和方法，自然建构思想方法结构；通过小结交流，引导学生表达自己的学习感受，深化方法内涵，丰富情感体验，培养学科素养；落实知识发生发展的过程教学，强化研究方法指导，潜移默化地引导学生学会数学地认识问题和解决问题的方法。

在"三角形中位线定理"教学实践中加强初中学生几何推理能力的诊断与培养教学的实践与思考案例分析与教学点评

撰写者：孙宝英　卢爽

一、教学背景分析

（一）数学教学价值的要求

在一定的情境中，引导学生借助已有的知识和经验，通过操作、度量，运用合情推理或者图形运动等方法，探索发现图形可能具有的性质，与给出已知、求证、证明的方式研究图形性质是有一定的区别的。两者相比，前者更加有利于学生在获取有关知识的过程中不断提高研究几何图形性质的能力，发展创新意识和创新能力。

通过图形的运动、变化，我们往往能获得一些对图形性质的猜测。图形的运动、变化也常常是我们探究证明思路、寻找证明方法的重要途径。三角形中位线定理的探索和证明，可以完整地展示"合情推理—提出猜想—演绎推理"的过程，引导学生经历这样的过程，有利于他们体会两种推理功能的不同。

推理能力的发展应贯穿在整个数学学习过程中。推理能力的形成需要一个长期、缓慢的过程，教学活动必须提供学生探索交流的空间，引导学生经历观察、实验、猜想、证明的过程，把发展学生的推理能力融合在过程之中。推理是数学的基本思维方式，也是人们学习和生活中经常使用的思维方式。发展学生的推理能力，对于他们适应社会和进一步发展有着重要的作用。

活动是体现过程的载体，活动的基本特点之一就是"动"，手动、体动、脑动；另外，多样才能活，对比才能活，需要根据学生和数学内容的特点涉及相应的教学活动，让学生去经历、去体验、去猜测、去验证、去交流讨论等。值得关注的是，数学的体验不仅蕴含在小组合作、动手操作的过程中，也蕴含在数学问题分析、思考、解决的过程中。

（二）课程标准的要求

《义务教育数学课程标准（2011年版）》中指出："数学教学活动必须建立在学生的认知发展水平和已有的知识经验基础之上，教师应激发学生的学习积极性，向学生提供充分从事数学活动的机会，帮助他们在自主探索和合作交流的过程中真正理解和掌握基本的数学知识与技能、数学思想和方法，获得广泛的数学活动经验。学生是学习的主人，教师是数学教学活动的组织者、引导者与合作者。"

"推理包括合情推理和演绎推理。教师在教学过程中，应该设计适当的学习活动，引导学生通过观察、尝试、估算、归纳、类比、画图等活动发现一些规律，猜想某些结论，发展合情推理能力；通过实例使学生逐步意识到，结论的正确性需要演绎推理的确认。"

（三）本学段教学内容的要求

在第三学段中，应把证明作为探索活动的自然延续和必要发展，使学生知道合情推理与演绎推理是相辅相成的两种推理形式。证明的教学应关注学生对证明必要性的感受、对证明基本方法的掌握和证明过程的体验。证明命题时，应要求证明过程及其表述符合逻辑、清晰而有条理。此外，还可以恰当地引导学生探索证明同命题的不同思路和方法，激发学生对数学证明的兴趣，发展学生思维的广阔性和灵活性。

（四）对学生情况的分析

三角形的中位线是在学生学完了平行线、全等三角形以及平行四边形和特殊的平行四边形的判定和性质之后，作为三角形和平行四边形知识的综合应用及其深化所引出的一个重要性质定理。平行线、全等三角形以及平行四边形和特殊的平行四边形的判定和性质等相关知识是学生经历猜想、验证等环节的基础，是体会转化数学思想的关键。本节课中，三角形中位线的定义对于大部分学生而言均能掌握。对三角形中位线定理的探究过程中，获得三角形中位线与第三边关系的猜想学生也能通过观察和操作较容易地得到。对定理的证明，特别是将实际问题抽象成几何问题以及多种证明方法的尝试，学生存在一定的困难。学生一时很难想到怎样添加辅助线来将三角形的问题转化为平行四边形的问题，还需要教师适当的引导以及同学间的交流合作。

二、教学目标分析

（一）教学内容的确定

本节课的教学内容包括三角形的中位线定义以及三角形中位线的定理两部分。三角形中位线是三角形中又一条重要的线段，要注意与三角形的中线的区别。三角形的中位线定理是三角形中一个重要性质定理，它揭示了线与线之间的位置关系以及线段与线段之间的数量关系，这为证明线段之间的位置关系和数量关系（倍分关系）提供了新的思路，也在初中阶段的几何教学中起到了承上启下的重要作用。为了激发学生的学习兴趣，为学生提供充分的动手、动口、动脑和相互交流的机会，本节课在平行四边形、矩形、菱形的相互剪拼的基础上从三角形纸片剪拼成平行四边形入手，在对合理性分析的基础上，通过观察、画图、测量、分析获得三角形中位线定理的猜想和证明方法，发展学生的合情推理能力，培养学生分析问题和解决问题的能力。

（二）教学目标的确定

（1）理解三角形中位线的定义，能辨析三角形中位线与中线的异同，掌握三角形的中位线定理及其简单应用。

（2）经历三角形中位线定理探索过程中的由特殊到一般的探究过程，通过观察、测量、操作、归纳获得猜想，并进一步验证猜想，发展学生的合情推理能力和逻辑演绎能力。

（3）利用剪纸拼接活动，直观感悟证明三角形中位线定理的辅助线的做法，体会归纳、转化等数学思想。

（4）在探索和证明的过程中，提高自主探究、合作交流的能力，培养学生的探索意识和求知欲。

（三）教学重难点的分析

教学重点：探索三角形中位线定理以及证明方法的过程。

教学难点：三角形中位线定理的证明。

学生将实际操作过程转化为几何辅助线的描述本身就是比较困难的，而寻找条件和结论的关系又是一个难点，学生还不能很好地将所学知识进行横向联系，因此构建从已知向所求的过程会遇到一定的障碍。

三、教学过程

在平行四边形、矩形、菱形的相互剪拼的基础上，将实物纸片、图形、文字、数学符号等多种形式结合起来。从剪拼三角形纸片入手，再抽象成几何图形，并对图形进行分析，感受图形变化过程中图形间、线段间的关系，抓住问题中涉及的量，获得解题方法。

课前准备：为每位学生准备三角形纸片，学生在平行四边形、矩形、菱形的相互剪拼的基础上动手将三角形纸片剪拼成平行四边形。

（一）活动一：如何将三角形纸片等面积地剪拼成平行四边形

1. 方法展示

学生以小组为单位，全班展示交流。

预案：

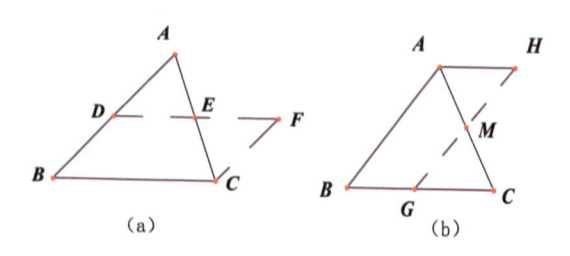

图 3-4-31

教师适时引导：

（1）你的"剪拼"方法是怎样想到的？

（2）在剪拼过程中你有哪些新的发现吗？是什么？

（3）在以上的剪拼过程中，就数量和位置而言，什么没变？什么变了？怎么变的？

方法指导：解决"剪拼"问题常可利用"面积不变"获得方法。

如面积公式 $S=\frac{1}{2}ah=a(\frac{1}{2}h)$，即底不变、高变；$S=\frac{1}{2}ah=(\frac{1}{2}a)h$，即底变、高不变。

2. 小结

（1）一刀能剪成相等的两条线段，同样，相等的两条线段能拼合在一起。

（2）互补的角才能"拼平"——拼成平角——确保共线。

（3）中点的用法：倍长中线，可以构造旋转型全等三角形，而旋转型全等三角形有一组平行且相等的对应边又为获得平行四边形提供了条件。

> 活动设计意图：通过动手激发学生的学习兴趣，增强学生的感性认识，体现自主学习的过程。学生在思考方法的合理性的过程中，发展由合情推理向严谨的演绎推理的能力。方法的及时总结，培养了学生良好的学习习惯，训练了学生归纳总结的能力。

（二）活动二：分析三角形中位线的定义

1. 三角形中位线定义的归纳

学生尝试对图3-4-31（a）和图3-4-31（b）中的线段 DE 和 MG 进行概括，得到连接三角形两边中点的线段叫作三角形的中位线。

2. 分析三角形中位线定义

学生通过划关键词对三角形中位线定义进行分析，并与三角形的中线进行比较，从两条线段的端点出发，找到它们之间的区别和联系。

3. 三种语言的转化

学生将三角形的中位线的图画出来，并配上符号语言。

如图3-4-32所示，在 △ABC 中，D、E 分别是 AB、AC 的中点，连接 DE，则线段 DE 就是 △ABC 的中位线。即中点+中点→中位线。

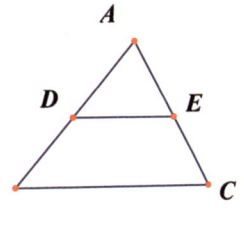

图3-4-32

问题：一个三角形有几条中位线？你能在图中画出来吗？

> 设计意图：通过对三角形中位线定义的条件分析帮助学生掌握定义的同时，加强学生对图形的理解和掌握；对比中线概念进一步加深了学生对这两个概念的理解；三种语言的转化为学生的规范书写奠定了基础，同时引发了学生进一步的思考。

（三）活动三：探究三角形中位线的性质

（1）观察图3-4-36(a)，思考中位线 DE 与三角形的各边之间存在的关系。学生观察，归纳：①中位线 DE 分别平分 AB、AC；②中位线 DE 与第三边 BC 既存在位置关系又存在数量关系。位置关系：DE 平行 BC；数量关系：DE 等于 BC 的一半，即 $DE \parallel BC$，$DE = \frac{1}{2} BC$。

（2）利用图形计算器验证并获得猜想：三角形的中位线平行于第三边且等于第三边的一半。

（3）将上述猜想改写成"已知……求证"形式的问题进行证明。

已知：在△ABC中，D、E 分别是 AB、AC 的中点，连接 DE。

求证：$DE \parallel BC$，$DE = \frac{1}{2} BC$。

引导思考：

①证明直线平行的方法有哪些？

②证明线段倍分关系的方法有哪些？

分析：

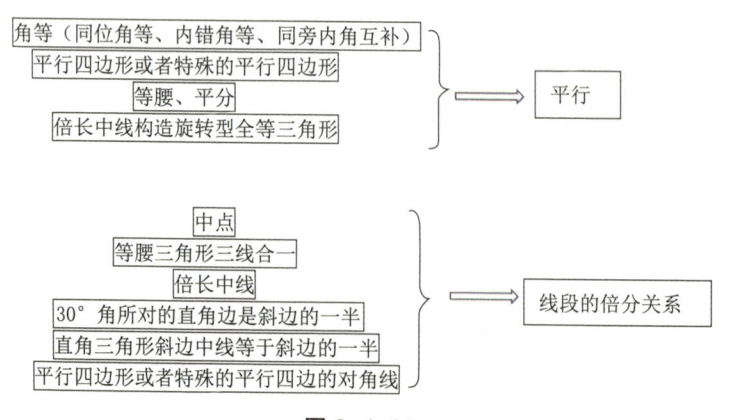

{角等（同位角等、内错角等、同旁内角互补）; 平行四边形或者特殊的平行四边形; 等腰、平分; 倍长中线构造旋转型全等三角形} ⇒ 平行

{中点; 等腰三角形三线合一; 倍长中线; 30°角所对的直角边是斜边的一半; 直角三角形斜边中线等于斜边的一半; 平行四边形或者特殊的平行四边形的对角线} ⇒ 线段的倍分关系

图 3-4-33

学生先思考再交流具体证明方法的选取：

第一，由证明 $DE = \frac{1}{2} BC$ 出发，结合图 3-4-31（a），将等式变形为

$2DE=BC$，因此考虑"倍长 DE"（图 3-4-34）；第二，由图 3-4-39 启发，还可以构造平行四边形（图 3-4-35）；第三，由证明 $DE=\dfrac{1}{2}BC$ 出发，考虑取 BC 中点 G（图 3-4-36）。

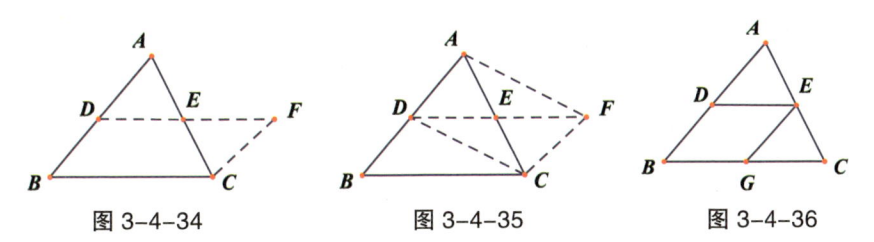

图 3-4-34　　　　　　图 3-4-35　　　　　　图 3-4-36

学生动笔书写，谈论、交流图 3-4-36 所示方法的问题。

（4）分析三角形中位线定理的条件、结论和用途。学生将定理转化成符号语言，概括出定理的条件：（三角形中）"中点 + 中点"得到中位线与第三边的平行和倍分关系，初步得到三角形中位线可以解决线段的平行和倍分关系。

（5）小结并完善知识结构：

①完善证明两条直线平行的方法：中点 + 中点、平行、角等。

②完善证明线段倍分关系的方法：中点 + 中点、线段倍分关系。

> 设计意图：学生通过直观地观察获得初步的猜想，发展了学生的合情推理，培养学生对客观世界的直观认识和归纳能力；方法的引导帮助学生从已有的知识和方法入手，进一步掌握知识间的内在联系，培养学生科学、严谨的思维方式；对定理条件、结论和用途的分析与证明逐步提升了学生的条理性思维能力和表达能力，落实了学生对定理的理解和掌握。

（四）活动四：课堂小结

1. 知识收获

三角形中位线定义和三角形中位线定理（条件、结论、用途和证明方法）。

2. 能力收获

从图形本身所具有的元素出发，结合求证（目的）构建已知与所求的联系。

3. 方法收获

倍长短线法与截取长线法以及它们的适用情况。

4. 存在疑惑或提出问题

（1）三角形的三条中位线可以将三角形分成 4 个全等的小三角形，即三角形中位线可以将三角形面积四等分。

（2）△ABC 的周长是△DEF 周长的 2 倍。

（3）图 3-4-37 中有三个不同的平行四边形，即以 D、E、F 为顶点构造的平行四边形有 3 个（分别过 D、E、F 点做其对边的平行线的交点即为平行四边形的第四个顶点）。

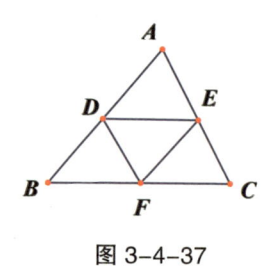

图 3-4-37

设计意图：帮助学生养成及时反思和小结的习惯，同时给予学生可操作的小结方向。提出的问题和疑惑是在老师的引导和同学们的交流中获得的，帮助学生将知识进行拓展和练习，深入认识和思考所学内容，实现从被动的解题者到主动的提问者的转变，使学生成为学习的主人，引导学生从"学会"到"会学"。

四、教学反思

本节课是义务教育教科书《数学》八年级下册第十五章第五节"三角形中位线定理"，内容如图 3-4-38 所示。

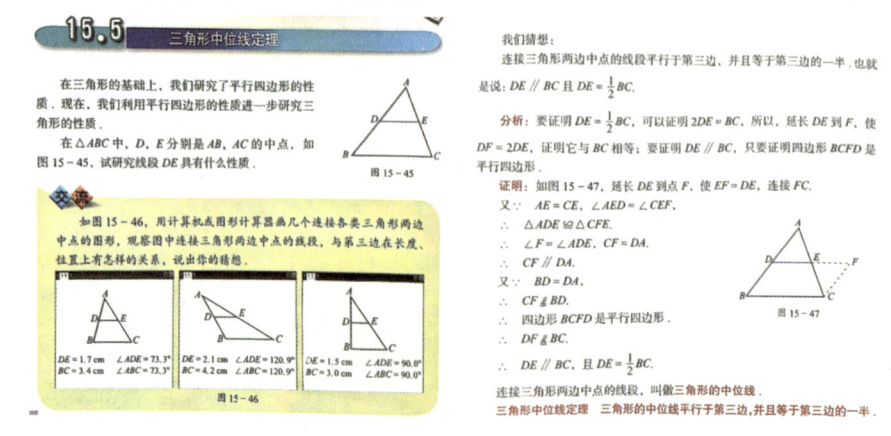

图 3-4-38

这部分内容分为三个课时，本节课是第一课时。主要从学生已经熟悉的纸片等面积的剪拼问题入手，探究三角形中位线的定义和性质。在探究的过程中，发展学生由合情推理到演绎推理的过渡，引导学生不断反思方法的合理性，并将实际问题抽象成几何问题进行探究。在定理的探究和证明的过程中，培养学生从条件和结论出发，探寻条件和结论之间的关系，联系已有的知识和方法构建由已知到所求之间的桥梁，并在证明方法的反思小结中进一步掌握知识间的内部练习。发展学生的观察、猜想、归纳、概括、画图能力，在合作交流中培养学生的语言表达能力和协作能力，在整个教学过程中渗透科学的探究问题的方法，培养和训练学生发现问题、提出问题、分析问题和解决问题的能力。

本节课的作业是完成三角形中位线定理的证明过程，并思考三角形如何等面积地剪拼成矩形、菱形、正方形，帮助学生深入认识几种特殊四边形间的关系以及四边形与三角形的关系，拓展学生的思维，为学生提供更广阔的探究空间。

五、对初中学生几何推理能力的诊断与培养的设想

（一）发展学生的空间观念和几何直观

根据学生学习数学的心理规律，在帮助他们形成良好空间观念的教学过程中，需要遵循的基本要求如下：以观察、分析为显示生活空间中的立体图形对象作为研究起点，以操作、想象、推理为主要活动方式。几何直观存在于思考主体对几何对象的认识、分析和应用的过程中，几何直观更能反映思考主体对于几何图形构成方面所具备的较高认识水平。因此，要让学生经历对几何对象的实际操作、分析和利用过程，还要有意识地让学生了解代数、概率知识，尝试利用几何图形之间的位置关系做出相应的分析。

（二）加强数学推理能力的培养

无论是认识一个新的数学现象、探究一个新的数学规律，还是解决一个新的数学问题，其中牵涉的思维活动当以推理为首，而这里的推理活动远不止逻辑推理（演绎论证）活动，还包括试误、归纳、类比等推理活动。就初中生的数学活动而言，一般认为其思维过程所涉及的推理方法包括合情推理、归纳推理（如不完全归纳法）、类比推理等形式，常常用于发现结论的一种或然推理形式。如何根据几何课程目标要求和几何课程内容学习的特点，培养学生参与合情推理活动的能力则是一个富有挑战性的任务。

由于几何课程内容的学习活动主要是针对图形的认识、处理，因此相关的合情推理活动基本上在分析图形特征、借助图形思维的基础之上进行；与此同时，合情推理过程并非严格的逻辑演绎过程，或者说其思维步骤之间不具备严密的逻辑链相连，而是带有明显的跳跃性，因此在几何课程内容的教学过程中，提高学生合情推理能力的教学必然要以培养其空间观念乃至针对图形的几何直观为主要方面；由于归纳和类比是主要的合情推理思维形式，因此对相应思维能力的培养仍将是重要方面之一。

（三）提高学生求解几何证明问题的能力

在初学几何证明时，学生所遇到的主要困难有两类：一类是对命题证明过程中已知条件与（待证）结论之间的逻辑关系的把握——在所有命题中，哪些是已知的、可以使用的条件，哪些是需要证明的结论，哪些条件能够推出结论，特别是面对较为复杂的命题时。另一类是如何合理、简洁地使用数学语言、符号表述自己的证明过程。在培养学生几何证明能力方面，应当将教学重心放在帮助学生把握条件与结论之间的逻辑关系上，即由已知条件能够推出什么结论；待证结论可以由什么条件推出以及怎样推出，而不应当拘泥于用什么规范的方式表达推导过程。

点评：

（1）本节课从学生已经熟悉的纸片等面积的剪拼问题入手，探究三角形中位线的定义和性质，增强学生的感性认识，体现自主学习的过程。在探究的解决方法的过程中，引导学生将实际问题抽象成几何问题进行探究，并不断反思方法的合理性，发展学生由合情推理到演绎推理的过渡。

（2）本节课注重基础知识和基本技能的落实。通过对三角形中位线定义的条件分析帮助学生掌握定义的同时，加强了学生对图形的理解和掌握；对比中线概念进一步加深了学生对这两个概念的理解；三种语言的转化为学生的规范书写奠定了基础，同时引发了学生进一步的思考。对定理条件、结论和用途的分析与证明逐步提升了学生的条理性思维能力和表达能力，落实了学生对定理的理解和掌握。

（3）为了帮助学生从"学会"到"会学"，本节课在定理的探究和证明的过程中引导学生从条件和结论出发，探寻条件和结论之间的关系，联系已有的知识和方法构建由已知到所求之间的桥梁，并在证明方法的反思小结中进一步掌握知识间的内部练习。学生在其中发展了观察、猜想、归纳、概括、画图能力，在合作交流中锻炼了语言表达能力和协作能力。在整个教学过程中，渗透了科学的探究问题的方法，培养和训练了学生发现问题、提出问题、分析问题和解决问题的能力。

在"中点四边形"教学实践中加强初中学生几何推理能力的诊断与培养教学的实践与思考案例分析与教学点评

撰写者：勾振齐　孙宝英

一、教学背景分析

（一）数学教学价值的要求

数学来源于生活又服务于生活，学好数学，有助于学生了解丰富多彩的世界，提高生活幸福感；有助于学生形成科学世界观和理性精神，培养学生良好的思维习惯；有助于发展学生演绎推理和逻辑思维能力，为学生各种水平的创造活动提供丰富的素材。学生在进入社会后几乎没有什么机会应用作为知识的数学，但是深深铭刻于学生头脑中的数学精神、数学思维方法、数学研究方法、数学推理方法却可以随时随地发挥作用，使学生受益终生。几何学是研究空间结构及性质的一门学科。它是数学中最基本的研究内容，与分析、代数等内容具有同样重要的地位，并且关系极为密切。几何有着上千年的发展历史，对促进人类文明的进步有着不可代替的作用，同时几何具有独特的教育价值，可以帮助学生建立数学内部、数学与现实三者的联系，是建立学生良好思维的工具，能激发学生学习数学的兴趣。

数学推理能力是初中数学核心素养中的重要内容。学生不理解的许多数学问题多数是由于对知识的思路理解不够深刻。学生充分运用不同的推理思维和方法与相应的数学问题相结合，不仅可以更好地掌握数学知识，也可以提高自我分析能力与解决问题的能力。

（二）课程标准的要求

《义务教育数学课程标准（2011年版）》中指出："教师教学应该以学生的认知发展水平和已有的经验为基础，面向全体学生，注重启发式和因材施教。"在课堂教学中激发学生兴趣，调动学生积极性，引发学生的数学思考，鼓励学生的创造性思维；要注重培养学生良好的数学学习习惯，使学生掌握恰当的数学学习方法。

图形与几何是《义务教育阶段数学课程标准（2011年版）》中数与代数、图形与几何、概率与统计、综合与实践四个课程内容之一。几何学在培养学生的空间想象能力、认识图形、把握图形的能力、逻辑推理能力上是独一无二的。《义务教育阶段数学课程标准（2011年版）》提出："通过义务教育阶段的数学学习，学生能获得适应社会生活和进一步发展所必需的数学的基础知识、基本技能、基本思想、基本活动经验。"几何学习对学生"四基"的掌握有功不可没的作用；同样，几何学习对学生提升发现和提问的能力、分析和解决问题的能力有重要作用。

（三）本学段教学内容分析

初中几何是在小学数学几何初步知识的基础上，使学生进一步学习基本的平面几何图形知识，向他们直观地介绍一些空间几何图形知识。初中几何将逻辑性与直观性相结合，通过各种图形的概念、性质、作（画）图及运算等方面的教学，发展学生的思维能力、空间观念和运算能力，并使他们初步获得研究几何图形的基本方法，学会数学三种语言的转化。

（四）本学段学情分析

学生能对三角形和四边形的几何相关问题进行推理证明，同时已掌握了一些常见的数学思想方法：分类讨论思想、化归思想、数形结合思想以及类比与归纳的方法，熟悉并习惯小组讨论交流式的合作学习方式，学习热情比较高。

八年级学生已具备简单的经验型逻辑抽象思维能力，但是受年龄和数学学习经验的影响，理论型逻辑抽象思维能力较差，在对数学问题的观察、分析、猜想、尝试、推理、概括、判断、验证、探究等思维过程中，容易产生思维障碍，影响数学学习。

二、教学目标分析

（一）教学内容的确定

本节课是北京版数学八年级下册第十五章"四边形"的探究学习内容。"中点四边形"以平行四边形、特殊平行四边形的性质和判定以及三角形中位线的知识为基础，是学生学习平行四边形和三角形中位线知识的综合应用，在教材中起着总结提升的作用。

"中点四边形"属于几何范畴，借助 GeoGebra 软件，学生对四边形进行变形探究，在这个过程中感受图形之间具有的动态联系和不变的数学规律，并运用逻辑推理的方法揭示出其中的数学道理，促进形象思维与抽象思维共同发展，经历一般到特殊再到一般的研究问题的方法，以及知识的形成过程：观察、猜想、验证、分析、证明和应用的一般规律，同时渗透转化、类比、分类讨论和数形结合思想。

（二）教学目标的确定

能说出中点四边形的概念，能利用三角形中位线定理判断中点四边形的形状；总结中点四边形的形状与原四边形两条对角线的位置与数量关系。

在自主探究的学习过程中，养成细心观察、大胆猜想的习惯，以及从数学的角度发现问题、提出问题、分析问题和解决问题的意识，通过自主探究、合作交流体验数学学习的乐趣，形成严谨求实的科学态度。

三、教学过程

利用实物三角形纸片导入课堂，用直观的方式帮助学生分析和理解抽象的几何问题，借助 iPad 和 GeoGebra 程序，使学生更好地分析、感受数学图形的变化和联系，抓住解决问题的关键。

（一）环节一：实验导入

教师提出问题：怎样将一个三角形分成四个全等的三角形？

学生将实物三角形纸片折叠、裁剪、拼接，动手操作得到图形。根据所学知识，连接各边中点，依据"三角形中位线定理""边边边"全等三角形的判定，用推理的方式解答问题。教师在问题中引导学生思考三角形中位线的作用。

出示探究问题：把四边形各边中点顺次连接得到的四边形，叫作原四边形的中点四边形。那么，中点四边形的形状由什么决定？

（二）环节二：探究交流

1. 探究一

根据定义，画出一般四边形、平行四边形、矩形、菱形、正方形的中点四边形，观察中点四边形的形状，尝试证明自己的结论。

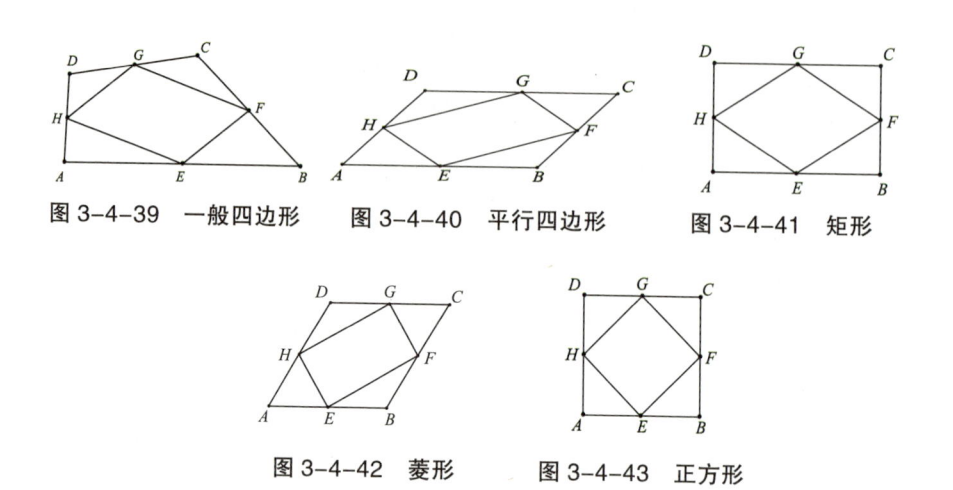

图 3-4-39 一般四边形　　图 3-4-40 平行四边形　　图 3-4-41 矩形

图 3-4-42 菱形　　图 3-4-43 正方形

学生活动：通过完成学案，画出常见四边形的中点四边形，观察图形形状，用 GeoGebra 程序验证自己的猜想，完成表格。

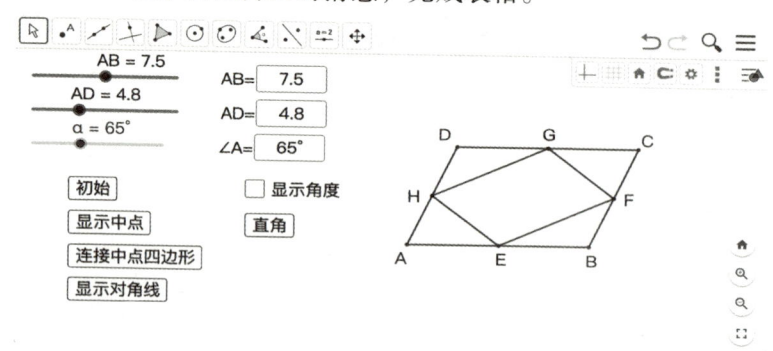

图 3-4-44

> 设计意图：通过观察、实验、推理，加强直观几何能力培养，理解中点四边形的概念，发现不同四边形的中点四边形形状不同。引起思考：中点四边形的形状由什么因素决定？体会从一般到特殊的数学思想方法。

2. 探究二

在探究一的基础上提问：中点四边形的形状究竟由什么决定？是由原四边形形状决定？原四边形的边？角？对角线？……

学生进行思考、讨论、猜想、实验、观察、推理。中点四边形由四条中位线构成，因此，中点四边形的形状与对角线有关。四边形的两条对角线有数量、位置关系。制定不同分类标准进行讨论，利用几何画板的动画演示，满足学生对分类讨论的要求，学生再次观察、验证，最后总结。

概括规律（学生总结，教师板书）：决定中点四边形 EFGH 的形状的主要因素是四边形 ABCD 的对角线的长度和位置。绘制树形图，如图 3-4-45 所示。

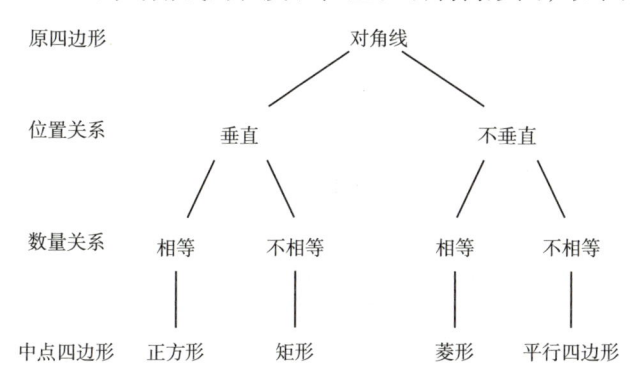

图 3-4-45　树形图

> 设计意图：学生分析中点四边形的构成因素，探究其与原四边形的关系，在实践中体会分类讨论和从特殊到一般的数学思想，引导学生运用合情推理探索、发现图形特点，进而给出证明，体会演绎推理的严密性。

（三）环节三：练习提升

学生独立完成练习题，巩固所学知识，以形成完整的知识结构。

四、课堂评价的实施

（1）合格：知道中点四边形的概念；能画出任意四边形的中点四边形；知道中点四边形的形状与原四边形对角线的数量和位置关系有关。

（2）良好：能知道不同四边形的中点四边形是什么形状，可以用严谨的符号语言证明。

（3）优秀：运用中点四边形的分类，解决相关的数学问题。

四、教学反思

（一）本节课的反思

本节课是北京版数学八年级下册第十五章"四边形"的探究学习内容。"中点四边形"以平行四边形、特殊平行四边形的性质和判定,以及三角形中位线的知识为基础。

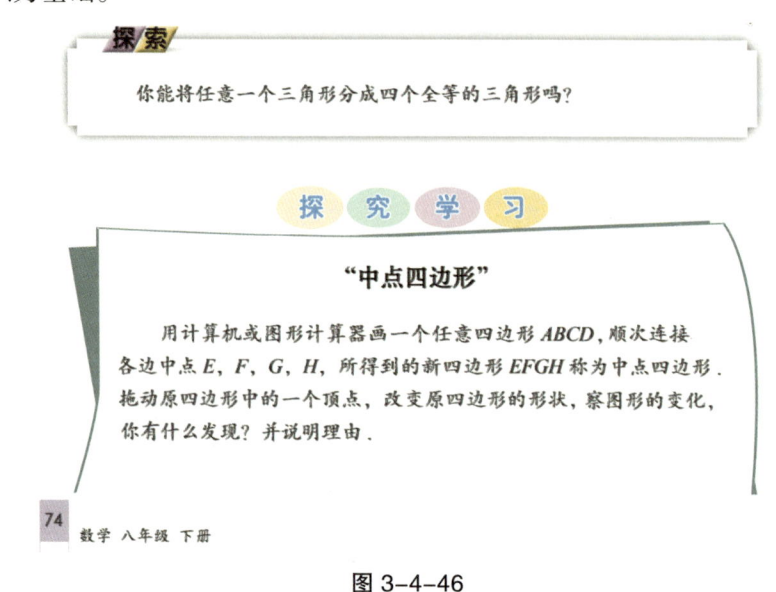

> **探索**
>
> 你能将任意一个三角形分成四个全等的三角形吗?

> **探 究 学 习**
>
> **"中点四边形"**
>
> 用计算机或图形计算器画一个任意四边形 ABCD,顺次连接各边中点 E,F,G,H,所得到的新四边形 EFGH 称为中点四边形。拖动原四边形中的一个顶点,改变原四边形的形状,察图形的变化,你有什么发现?并说明理由.

74 数学 八年级 下册

图 3-4-46

将中点四边形作为教学设计单元,旨在通过对中点四边形这个专题的探究,一方面有效地将特殊四边形的性质、判定及三角形的中位线性质等知识点有机结合;另一方面引导学生掌握具有普遍意义的数学研究方法,重温几何探究之路:画图—猜想—验证(度量或说理),提升学生的数学核心素养。

(二)对初中学生几何推理能力的诊断与培养的认识

现阶段,初中生对几何学习存在困难,通过问卷调查的方式了解到学生在几何学习中主要存在以下问题:①基础知识不牢固,定义定理记不住;②思考时没有思路,不知道怎么想问题,看不懂题目;③不知道该如何添加辅助线;④定理会背不会用;⑤有思路但不会写出具体过程,也不会用符号语言表达。

因此,教师在教学中要帮助学生正确理解概念、定理、性质。概念是数学的基石,应教导学生在牢记概念内容的基础上知道它是怎样得来的,又是运用到何处的,这样才能更好地运用它来解决问题。培养学生在解题过程中有意识地注重题目所体现的思维方法,以形成正确的思维定式,最终培养学生正确的思维习惯。

六、对初中学生几何推理能力的诊断与培养的设想

在初中数学的学习中，学生的推理能力对提高学生数学学习能力非常关键。推理能力的发展应贯穿于整个数学学习过程中。推理是数学的基本思维方式，也是人们学习和生活中经常使用的思维方式。推理一般包括合情推理和演绎推理，在解决问题的过程中，两种推理功能不同，但相辅相成：合情推理用于探索思路，发现结论；演绎推理用于证明结论。要提高初中学的的几何推理能力应从以下几方面入手。

（一）借助生活实际发展学生的合情推理能力

初中数学图形主要是平面图形，这些图形是从现实世界中抽象概括出来的。在教学活动中，教师应让学生结合生活现实来研究问题，学生借助已有的经验或类比联想，容易产生对事物的感知与认识。同时，教师应借助直观几何来发展学生的合情推理能力，用生活实例帮助学生理解分析。

（二）培养学生的识图能力

初中学生对图形的识别一直是初中几何教学中的瓶颈。几何问题的条件和结论是通过图形来展示的，其分析问题和解决问题的过程也是在研究图形的基础上经过逻辑推理完成的。因此，识图是解决几何问题的关键。培养学生的识图能力，光是教其怎么看是不够的，还要教其用刻度尺度量长度、用量角器度量角度，在观察的过程中，感受线与线之间的长度关系和位置关系。通过这种手眼结合的方法，让学生对几何产生更深刻的认识。

（三）培养学生数学语言的转化

数学的三种语言即文字语言、符号语言、图形语言。在几何学习中，作图识图是使用图形语言；概念、定理的书写是使用文字语言；说理论证是使用符号语言。学生要想有较好的几何推理能力，这三种语言能否快速顺利地转化是十分关键的。学生解题的过程是观察图形，联系所学知识，猜想结论，最终用严谨的推理证明结论。在这个过程中，学生做的是翻译，是用不同的方式表述同一件事情。学好数学就要学会灵活地进行三种语言的转换，使其相得益彰。

培养学生的几何推理能力并非一日之功。初中数学教师只有不断总结、完善几何知识的教学方法，总结经验、探索规律，才能提高学生学习几何的兴趣，发展他们的思维能力、推理能力和创造能力，才能全面提高学生的数学素养，为今后学习打下坚实的基础。

点评：本节课利用实物三角形纸片导入，从已有的知识出发，用直观的方式帮助学生分析和理解抽象的几何问题，借助 iPad 和 GeoGebra 程序，使学生更好地分析、感受数学图形的变化和联系，抓住解决问题的关键，实现新旧知识间的转化。在四边形进行变形的探究过程中，教师引导学生感受图形之间具有的动态联系和不变的数学规律，并启发学生运用逻辑推理的方法揭示出其中的数学道理，从而促进学生形象思维与抽象思维共同发展，经历一般到特殊再到一般的研究过程。此外，在自主探究的学习过程中，教师通过设置一系列探究活动，帮助学生养成细心观察、大胆猜想的习惯，以及从数学的角度发现问题、提出问题、分析问题和解决问题的意识和能力，使学生学会科学的探究问题的方法，体验数学学习的乐趣，形成严谨求实的科学态度。

第五节　在相似形的教学中加强初中学生几何推理能力的诊断与培养教学的实践与思考案例分析

一、教学目标

（1）了解成比例线段的概念，会判断已知线段是否成比例。
（2）了解比例的性质，会运用比例的性质进行简单的比例变形。
（3）通过建筑、艺术等方面的实例了解黄金分割。
（4）使学生掌握结论：平行于三角形一边的直线截其他两边，所得的对应线段成比例。
（5）通过生活中的实例认识图形的相似。
（6）了解相似多边形的概念、性质。
（7）理解相似三角形的概念，探索并掌握相似三角形的判定、性质。
（8）能利用相似三角形的性质解决一些简单的实际问题。
（9）在观察、操作、推理、归纳等过程中，发展学生的合情推理能力，进一步培养学生的逻辑思维能力和推理论证能力。

二、教材分析和教学建议

从研究图形的全等发展到研究图形的相似，用几何变换的观点来看，就是从研究图形的保距变换发展到研究图形的保角变换，从研究线段的相等发展到研究线段的比值，这是认识上的一次深化。

在学习了三角形和四边形之后，进一学习相似形的知识，是对于直线形研究的继续。相似形与前面学习的全等形之间既有密切的联系，又有明显的区别。全等形是相似形的特殊情况，相似形比全等形更具有一般性。所以，相似形所研究的知识实际上是前面学习的全等形问题的发展和拓展。相似形与后续的解直角三角形的内容有着密切的联系，依赖于相似形的相关性质建立了锐角三角函数的定义，依此展开了图形中边角关系的探索。

实践、思考、探索等活动在学习几何的初级阶段（实验几何）发挥着重要作用。通过观察、测量、画图、推理等方法让学生探索得出结论，强调发现结论的过程，加强合情推理过程。

从直观进一步发展到形象思维，培养学生的直觉能力，再过渡到抽象思维，形成理性认识，这样的认识才完整。

相似形的学习需要学生对图形进行观察、动手操作和直观发现，使学生积累丰富的数学活动经验，掌握有关图形相似的内容。为此，必须强调学生的动手操作，让学生亲身经历观察、画相似图形、探索相似图形的性质和条件等活动，帮助学生积累有关数学活动的经验，并在这个过程中，自主探索和合作交流，使学生理解图形相似的数学内涵，形成有关技能，发展推理能力。

在"相似三角形的判定"教学实践中加强初中学生几何推理能力的诊断与培养教学的实践与思考案例分析与教学点评

撰写者：王 莹 曹 锁

一、教学背景分析

（一）课程标准要求

数学课程的性质包括培养学生的抽象思维和推理能力；课程内容要反映数学的特点，要符合学生的认知规律。它不仅包括数学的结果，也包括数学结果的形成过程和蕴含的数学思想方法。学生学习应当是一个生动活泼的、主动的和富有个性的过程。除接受学习外，动手实践、自主探索与合作交流同样是学习数学的重要方式。学生应当有足够的时间和空间经历观察、实验、猜测、计算、推理、验证等活动过程。在数学课程中，应当注重发展学生的数感、符号意识、空间观念、几何直观、数据分析观念、运算能力、推理能力和模型思想。

推理能力的发展应贯穿在整个数学学习过程中。推理是数学的基本思维方式，也是人们学习和生活中经常使用的思维方式。推理一般包括合情推理和演绎推理：合情推理是从已有的事实出发，凭借经验和直觉，通过归纳和类比等推断某些结果；演绎推理是从已有的事实（包括定义、公理、定理等）和确定的规则（包括运算的定义、法则、顺序等）出发，按照逻辑推理的法则证明和计算。在解决问题的过程中，合情推理用于探索思路、发现结论；演绎推理用于证明结论。推理贯穿于数学教学的始终，推理能力的形成和提高需要一个长期的、循序渐进的过程。

（二）几何推理的重要性

几何知识所需要的逻辑能力、推理能力以及应用时严谨的研究态度比其自身的学习更加重要。按照学者费克尔的所说："定理所推理演绎出的意义，比其自身的应用价值更为重要。"推理有助于学生严谨逻辑的形成，对学生的影响是长期的，体现了几何的教育价值。

（三）本学段教学内容要求

在第三学段中，应把证明作为探索活动的自然延续和必要发展，使学生知道合情推理与演绎推理是相辅相成的两种推理形式。证明的教学应关注学生对证明必要性的感受，以及对证明基本方法的掌握和证明过程的体验。证明命题时，应要求证明过程及其表述符合逻辑且清晰而有条理。

相似三角形判定学段要求：了解相似三角形的判定定理：两角分别相等的两个三角形相似；两边成比例且夹角相等的两个三角形相似；三边成比例的两个三角形相似。

二、教学目标分析

（一）教学内容分析

相似三角形的判定定理是初中数学中的重要内容。学生已经学习了全等三角形的定义、性质与判定，而全等三角形是相似三角形的特例，即相似三角形更具有一般性，其相似比可以不是1，即形状相同但大小可以不相同的三角形，学生已经历过探索全等三角形的过程，由此可以类比全等三角形的判定方法，结合三角形相似的预备定理，研究相似三角形的判定。这样有助于学生理解图形特征和内涵，经历推理的过程，促进其推理能力的形成，并利用类比渗透和数形结合的思想进一步推导出相似三角形的判定定理。学生在本次课程中会经历自主探究的过程，教师也通过教学由特殊的全等三角形延伸到一般的相似三角形的判定定理，使学生感受转化的思想方法，从而培养多维思考能力。本节课可为后续学习相似三角形的性质及应用、投影与视图、圆中比例线段、三角函数奠定基础，体现由特殊到一般的思想。

（二）教学目标分析

（1）经历相似三角形判定条件探究的过程，掌握相似三角形的判定条件。

（2）在参与观察、猜想、证明相似三角形判定等数学活动中，发展合情推理和演绎推理能力，清晰地表达自己的想法。

（3）在利用类比全等三角形判定类比相似三角形判定过程中，渗透类比思想，提高解决问题的体会转化的能力，体会由特殊到特殊的思考过程。

（4）学生在积极参与数学活动，对数学有好奇心和求知欲。

（三）教学重难点分析

教学重点：相似三角形判定条件的探究。

教学难点：相似三角形判定定理的证明。

三、教学过程

（一）相似三角形判定预备

师：两个三角形具备哪些条件可以说明两个三角形相似呢？

生：对应角相等，对应边成比例。

师：减少以上条件的数量，能否也能得到两个三角形相似呢？

生：进行思考……

> 问答引入设计意图：学生通过回顾相似三角形的定义，理清边与角具有的条件，进而证明相似，通过减少相似三角形的判定条件，引导学生思考相似三角形的判定条件，为本节课的学习做好铺垫。

加强初中学生几何推理能力的诊断与培养教学的实践与思考

> **交流**
>
> 如图18-25所示，在△ABC中，DE∥BC，并交AB，AC于点D，E，那么△ADE与△ABC相似吗？为什么？
>
> 图 18-25

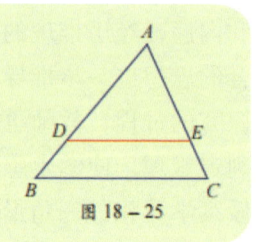

图 3-5-1

师：根据定义，相似的判定条件中哪一组比较好得出？

生：对应角相等。

师：请说明理由。

生：$DE\parallel BC$，根据同位角相等，可得$\angle ADE=\angle B$，$\angle AED=\angle C$，公共角$\angle A=\angle A$。

师：边的条件可以得到什么呢？

生：$DE\parallel BC$，可得$\dfrac{AD}{AB}=\dfrac{AF}{AC}$。

师：如何证明$\dfrac{AD}{AB}=\dfrac{DF}{BC}$呢？请同学们相互交流、讨论一下。

> 设计意图：通过师生互动，梳理相似三角形判定定理已具备的条件，由平行产生结论进行演绎推理，再由相似判定条件进行合情推理，难点在于$\dfrac{AD}{AB}=\dfrac{DF}{BC}$，学生之间相互讨论，与前面讲的平行线分线段成比例进行类比，添加出辅助线，突破本环节的难点。

生：观察发现 DE 不在△ABC 边上，考虑将 DE 移到边 BC 上去，得到 $CF=DE$，然后再证明$\dfrac{AD}{AB}=\dfrac{CF}{BC}$，即过点 D 作 $DF\parallel AC$，交 BC 于点 F。

> 设计意图：学生在说理过程中发展演绎推理能力。

师：由此可得，平行于三角形一边的直线截三角形两边所得的三角形与原三角形相似。

> 设计意图：为其他判定定理的证明做铺垫。

（二）相似三角形判定方法

三角形相似有哪些判定方法呢？能否类比三角形全等判定的学习，把三角形相似的定义进行简化，得到三角形相似的判定？

> 设计意图：通过类比学生已有全等三角形的判定，激发学习兴趣，渗透类比思想，明确研究新知的一般方法，体现由特殊到一般的思维过程。

师：全等三角形的判定方法有哪些？

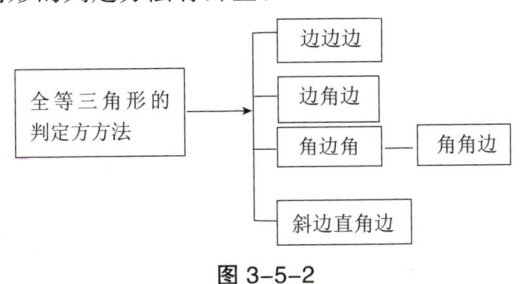

全等三角形的判定方法 → 边边边 / 边角边 / 角边角 → 角角边 / 斜边直角边

图 3-5-2

师：全等三角形是特殊的相似，相似比为1，相似三角形的相似比不一定是1，两个三角形的形状相同，就可以相似。大家可以谈论一下相似三角形的判定条件。

生1：三角形中三个角相等，三角形的形状就可以确定，即两个三角形相似。

生2：三角形中两个角相等，根据三角形内角和，第三个角也一定相等，三角形的形状就可以确定，即两个三角形相似。

生3：把一个三角形的对应边都扩大或缩小同样的倍数，得到的三角形一定和原来的三角形相似。因此，三边对应成比例的两个三角形相似，三角形全等是三边对应相等，相似比是1。相似比也可以不是1，就是把相似比变成任意的一个值。

生4：先画出一个角和原三角形的一个角相等，再在它的两个夹边上取两条线段，同时是原三角形对应角夹边的同样倍，再顺次连接顶点，得到的三角形一定和原来的三角形相似，因为这样做可以使两个三角形的形状一样，即两边对应成比例且夹角相等的两个三角形相似。

生5：对于直角三角形，如果直角的两个夹边对应成比例，则可以认为是生4的情况；如果是斜边和一条直角边和原三角形的两边对应的k倍，则可以利用勾股定理证明出第三边也是原三角形第三边的k倍，即

· 217 ·

$\sqrt{k^2c^2-k^2a^2}=\sqrt{k^2(c^2-a^2)}=k\sqrt{c^2-a^2}=kb$，可以将以上情况归结为生 3 的情况。

师：同学们讨论交流得非常精彩，通过形状，确定出两个三角形相似的判定条件，我们一起梳理一下，如图 3-5-3 所示。

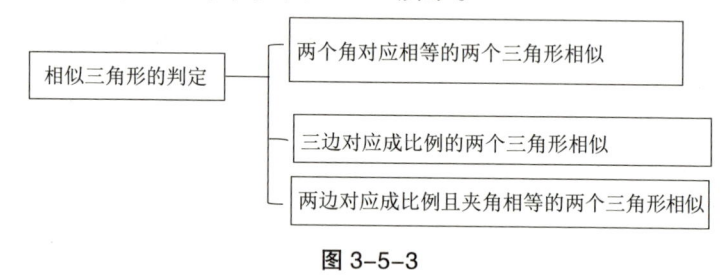

相似三角形的判定
- 两个角对应相等的两个三角形相似
- 三边对应成比例的两个三角形相似
- 两边对应成比例且夹角相等的两个三角形相似

图 3-5-3

> 设计意图：教师通过类比三角形全等的判定方法，引导学生猜想三角形相似的判定方法，渗透类比思想，使三角形相似这部分知识的结构更具整体性。通过相似三角形是两个形状相同、大小不一定相同的三角形，综合全等三角形的判定条件，分析出相似三角形的判定条件，在探索的过程中发展合情推理，体会由特殊到一般的分析问题的过程。

（三）判定定理的证明

师：现在我们来尝试证明以上猜想。到目前为止，我们有哪些证明两个三角形相似的证明方法呢？

生：定义、相似三角形判定的引理。

师：哪一个需要证明的条件少而简洁呢？

生：相似三角形的判定引理。

师：引理的基本图形是什么呢？

生 1：有一条平行线，截得的小三角形和大三角形相似，如 $DE \parallel BC$，$\triangle ADE \backsim \triangle ABC$。

生 2：可以试着做平行线，使 $\triangle ADE$ 与要证明的小三角形全等。

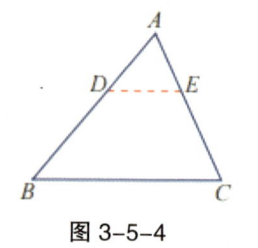

图 3-5-4

> 设计意图：通过引导学生简化证明，再类比引理的证明方法，使问题简单化，学生由此明晰证明思路。

在 $\triangle ABC$ 和 $\triangle A'B'C'$ 中，$\angle A=\angle A'$，$\angle B=\angle B'$，求证 $\triangle ABC \backsim \triangle A'B'C'$。

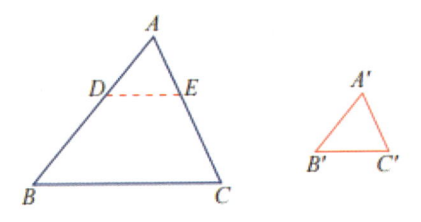

图 3-5-5

师：通过前面的分析，我们怎样确保 $\triangle ADE \cong \triangle ABC$ 呢？

生：需要有全等条件，必须有对应边相等，$AD=A'B'$。

师：现在两个三角形全等条件有，$\angle A=\angle A'$，$AD=A'B'$，还有一个条件该怎样证明呢？

生：还有一个条件 $\angle B=\angle B'$ 没有使用。

生：由 $DE \parallel BC$ 可得 $\angle ADE=\angle B$，再由 $\angle B=\angle B'$ 可得 $\angle ADE=\angle B'$，这样 $\triangle ADE \cong \triangle ABC$，再由 $DE \parallel BC$ 可得 $\triangle ADE \backsim \triangle ABC$，推导出 $\triangle ABC \backsim \triangle A'B'C'$。

> 设计意图：通过师生问答、生生互动，突破证明中的难点，由教师分析引理的基本图形，引导学生添加辅助线，突破了证明的难点，通过生生互动交流，证明全等，再证明相似，发展了合情推理，促进了学生推理能力的形成。

师：可否类比前面的证明过程，证明两边对应成比例且夹角相等的两个三角形相似呢？即 $\dfrac{A'B'}{AB}=\dfrac{A'C'}{AC}$ 且 $\angle A=\angle A'$，求证：$\triangle ABC \backsim \triangle A'B'C'$。请独立思考完成。

生：作 $DE \parallel BC$ 可得 $\triangle ADE \backsim \triangle ABC$，再添加条件使 $\triangle ADE \cong \triangle ABC$，推导出 $\triangle ABC \backsim \triangle A'B'C'$。

生：和前面一样，只需在作图时保证 $AD=A'B'$，由 $\dfrac{AD}{AB}=\dfrac{AE}{AC}$ 可得 $\dfrac{A'B'}{AB}=\dfrac{A'C'}{AC}$，

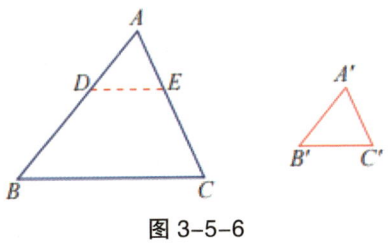

图 3-5-6

$\dfrac{A'B'}{AB}=\dfrac{AE}{AC}=\dfrac{A'C'}{AC}$，可以推导出 $AE=A'C'$，可得 $\triangle ADE \cong \triangle ABC$，进而推导出 $\triangle ABC \backsim \triangle A'B'C'$。

加强初中学生几何推理能力的诊断与培养教学的实践与思考

> 设计意图：通过学生独立思考，类比前面的证明过程证明出判定定理，巩固学生的推理思路，在变化中发现不变，发展推理能力。体会几何证明过程的类比过程，积累几何推理过程的经验。

（四）小结与思考

本节课的收获与体会？

相似判定和全等三角形的判定条件类似，只要确定出形状相同，即可说明两个三角形相似，在证明的过程中构造全等，将两个相似三角形放到同一个三角形中，再利用判定引理进行证明。

（五）课堂评价的实施

合格：了解相似三角形的判定条件。

良好：通过老师引导，完成相似三角形判定的证明。

优秀：基于前面的学习，思考证明三角形相似的判定方法，添加辅助线，并能完成证明过程。

三、教学反思

本节课由特殊的全等三角形延伸到一般的相似三角形的判定定理，使学生感受由特殊到一般的思考过程，从而培养多维思考能力。由相似三角形定义较强的条件到判定定理中较弱的条件，使学生感受数学化繁为简的思考过程，基于相似三角形的定义证明出判定引理及由引理证明出判定定理的过程，进行了合情推理，在完整的证明判定定理的过程发展了演绎推理。教师引导学生添加辅助线，构造相似三角形，体现出基于已有知识利用结论进行猜想的合情推理的过程。再利用已知条件，间接证明线段或角相等，证明出全等，再由平行证明出相似的过程，发展了演绎推理，帮助学生形成了严谨的思维逻辑。

教学的整个过程力求体现《义务教育数学课程标准（2011年版）》所倡导的教学理念，创造性地使用教材。通过设置问题串，引导学生独立思考，自主探究相似三角形判定的条件，学生的印象会更为深刻；通过问题串帮助学生厘清证明相似三角形判定定理的途径及条件，即如何将现有问题转化为所学知识进行解决，唤醒已有知识（相似三角形预备定理、全等三角形的判定），合理地进行推理，环环相扣，提高了学生学习数学的热情，也在推理中使自己的思维能力得到发展。

四、对初中学生几何推理能力的诊断与培养的设想

（一）掌握必备的几何概念，理解学科语言

在呈现作为知识与技能的数学结果的同时，重视学生已有的经验，使学生体验从实际背景中抽象出数学问题、构建数学模型、寻求结果、解决问题的过程。无论是从实际问题中抽象出数学问题，还是从已有的事实出发，凭借经验和直觉，通过归纳和类比等推断某些结果的合情推理，或是从已有的事实（包括定义、公理、定理等）和确定的规则（包括运算的定义、法则、顺序等）出发，按照逻辑推理的法则证明和计算的演绎推理，无不是在运用学科语言进行说明、呈现，也在不断地用数学特有的图形语言和数学符号语言进行转换。可以说，数学阅读是学好数学的敲门砖，不懂数学中的语言描述有可能就没法进行后面问题的解决。

（二）帮助学生健全数学知识体系，构建有效清晰的知识结构

在初三圆的学习中，见到直径经常要考虑圆周角90°；在解决几何综合问题时，经常需要将多个几何条件整合到一起，形成问题解决策略。非常简单地，见到等腰三角形和底边的高线时，需要将两者整合到一起，即关于三线合一的使用；见到直角三角形斜边中点，可以与斜边中线相关结论产生联系。因此，需要帮助学生建立有效的知识库，为推理的产生做好铺垫。

（三）注重数学三种语言转化的训练

不断训练三种语言的转化有助于推理能力的产生，如图形语言有时可以非常清晰地阐释文字语言，再用符号语言简单明了地呈现已知和结论，既有逻辑感也有数学的推理在其中，而对数学符号语言的理解不仅可以帮学生唤醒知识间的联系，更能锻炼学生的数推理能力。因此，三种语言之间的相互转化是推理能力培养方面的重要途径。

（四）在不同的几何结构中，实现关联的几何推理

（1）在复杂的几何图形中寻找基本的几何图形。
（2）综合几个基本的几何条件得到相关联的结论。
（3）综合未知和已知，搭建推理的结构。

逻辑推理就是在结构关联推理后进行关系的转化和重组，建立起所需要的各种关联，按照形式逻辑推理的规则书写推理过程。

点评：从学生已有经验出发，在新知识探索过程中培养学生的几何推理能

力。主要体现在老师能够运用原有知识来推动新知识的学习，通过复习全等三角形的判定，让学生大胆猜想相似三角形可能的判定方法，体现了从特殊到一般的原理。这种利用迁移知识让学生从三角形全等的判定思路、方法中得到启示，领悟出相似三角形的判定方法，使新旧知识得到了整合。同时，不仅使本节课的教学变得轻松，也有利于学生更深刻地理解和掌握这种学习策略，有利于学生的进一步学习和终身发展。

注重培养学生的演绎推理能力。这节课的重点是通过类比全等三角形的判定方法，猜想相似三角形的判定条件并完成证明。学生在说理过程中提升了几何推理能力，培养了合作学习和动手能力，在实践中加深了对相似三角形判定方法的理解。在教学中，教师以动手实践为主线，通过动手画图添加辅助线，实现了知识的不断转化，由直观到抽象，层层深入，培养了学生的观察能力、动手能力，指导学生用特殊方法来思考一般问题。这样的学习，既发挥了教师的主导作用，又体现了学生的主体地位。学生在学习过程中是一个探索者、研究者、合作者、发现者，并且获得了富有成效的学习体验。

总之，这节课能根据学生的心理特点运用知识迁移，并在操作中进行对比，激发学生的学习兴趣。能根据学生的思维特点开展教学，借助直观图形让学生动手操作，获取新知。学生积极主动参与，人人动手动脑，通过观察、比较、讨论，在轻松愉快的教育环境中很快掌握相似三角形的判定方法。能注意引导学生用数学的眼光观察问题，学会从已有知识和特例中寻求解决问题的思路，从而体现数学的价值。

在"相似三角形的性质"教学实践中加强初中学生几何推理能力的诊断与培养教学的实践与思考案例分析与教学点评

撰写者：孙立萱　　曹　锁

一、教学背景分析

（一）数学教学价值的要求

推理能力是在数学活动中借助合情推理了解活动对象、获得数学猜想，并用演绎推理对得到的猜想加以证明，而且能够交流问题的解决过程的个性心理特征。

初中数学价值教育着力于引起学生对数学的求知欲，通过语言或非语言的形式，培养学生对数学的兴趣，体验数学学习获得成功的乐趣，锻炼克服困难的意志，养成认真勤奋、自主探索、动手实践、合作交流、反思质疑的学习习惯，形成实事求是的科学态度，追求自我发展和为社会服务的意识。

（二）课程标准的要求

通过分析《义务教育数学课程标准（2011年版）》中对推理能力的要求，总结出推理能力包含三方面：猜想数学事实，即合情推理；证明数学命题，即演绎推理；交流推理过程，即内语外化。在解决问题的过程中，合情推理用于探索思路，发现结论；演绎推理用于证明结论，最后归结到内语外化考查学生的数学表达能力。

（三）本学段教学内容的要求

初中数学的内容主要是运算和推理两大部分。其中，几何在学生空间想象力中发挥极其重要的作用，提高学生的逻辑思维能力，有助于学习的迁移。

几何知识的教学是整个初中数学的重点与难点，要求学会用标准的几何语言，进行推理、描述与论证。理解记住相关知识点的基本概念、相关性质、定理；掌握各种几何语言符号；掌握最基本的推理格式。要想清晰地表达推理过程，要从条件入手进行推理，简称由因导果法，或由问题入手逆推到题中所给的条件，简称持果索因法。学生不但要掌握基本的分析方法，更应该能够综合运用各种分析方法，灵活地进行推理证明。

（四）本学段学情要求

九年级学生已经具备了一定的自主探索和问题解决的能力，但是逻辑推理能力还有待提高。在学习相似三角形之前，学生就已经具备了一些几何基础知识，在这些知识理论的基础之上，就能够实现对比例线段的性质、平行线分线段成比例定理等不同内容的深入了解。

如果本学龄段知识学得不够扎实，那在以后的几何证明（相似多边形、圆）过程中将会产生更大的困难。因此，要求学生在几何证明中仔细审题、挖掘隐含条件、寻找解题方法；推理证明时不跳步、不重复，符合逻辑性。

二、教学目标分析

（一）教学内容的确定

本节课的内容是在完成对相似三角形的判定条件进行研究的基础上，进一步探索研究相似三角形的性质，从而达到对相似三角形的定义、判定和性质的全面研究。从知识的前后联系来看，相似三角形可看作是全等三角形的拓展，相似三角形的性质研究也可看成是对全等三角形性质的进一步拓展研究。另外，相似三角形的性质还是研究相似多边形性质的基础，也是今后研究圆中线段关系的有效工具。

要由浅入深地训练学生体会和掌握用分析法和综合法证明几何题，在教学中渗透逻辑推理思想，培养严谨的思维方式和推理能力。

（二）教学目标的确定

理解并掌握相似三角形对应角、对应边及对应线段（高、中线、角平分线）之间的关系，掌握定理的证明方法，并能运用相似三角形的判定定理和性质，提高分析和推理的能力。

在对相似三角形的性质探究过程中，经历观察—猜想—论证—归纳的过程，养成主动探究和严谨治学的态度，并体会类比的数学思想，提高分析问题、解决问题的能力。

在学习和探究过程中，体验由特殊到一般的认知规律，并感受严谨治学所带来的成就感，激发学习数学的积极性。

三、教学过程

课前准备：准备纸片（相似三角形）、测量工具，学生动手活动，用测量工具测量两个相似三角形的周长、高、面积之间的关系，由特殊到一般，层层递进，分析并得到结论，体现由合情推理向逻辑思维能力训练的过程。

（一）类比研究，明确目标

师：同学们，回顾我们以往对全等三角形的研究过程，大家会发现，我们对一个几何对象的研究，往往从定义、判定和性质三方面进行，类似地，我们对相似三角形的研究也是如此。那么，我们已经对相似三角形进行了哪些方面的研究呢？

生：已经研究了相似三角形的定义、判别条件。

师：那么，我们今天该研究什么了呢？

生：相似三角形的性质。

> 活动设计意图：从几何对象研究的大背景出发，给学生一个研究问题的基本途径，从而让学生明白本节课的学习目标：相似三角形的性质。

（二）提出问题，感受价值，探究解决

师：就目前掌握的知识，能否说出相似三角形的 1～2 个性质？并说明你的依据。

生：相似三角形的对应角相等、对应边成比例。依据是相似三角形的定义。

生：利用手中的工具与材料，以小组为单位，动手实验，验证自己的猜想。

师：对于相似三角形而言，边和角的性质我们已经得到，除边角外你认为还有哪些量之间的性质值得我们研究？

> 活动设计意图：培养学生提出问题的能力，希望学生能提出周长、面积、对应高、对应中线、对应角平分线之间的关系，如果学生能提出这些问题（相似三角形周长之比等于相似比等），说明学生可以将生活经验与数学知识联系在一起；如果提不出这样的问题，可以利用"放大镜问题""大小两幅地图问题"逐步启发，激发学生一些源于生活化的思考，从而回到预设的教学轨道。

师：为了让同学们感受到我们研究问题的实际价值，我们来看生活中的素材（教材实例）。

> 活动设计意图：从学习心理学来说，如果能知道自己将要研究的知识的应用价值，更能激发学生学习的内在需求和研究热情。

> **交流**
> 如图 18-35，有一块三角形的草坪，其中一边的长是 20 m，在这个草坪的图纸上，这条边的长为 5 cm，其他两边的长都为 3.5 cm，你能求出这块草坪的实际周长与面积吗？
>
> 图 18-35

加强初中学生几何推理能力 的诊断与培养教学的实践与思考

师：对于相似三角形的周长比与面积比问题，你打算怎样进行研究？请你在独立思考的基础上与小组同学讨论，给出一个研究的基本途径与方法。

> 活动设计意图：培养学生确定研究方向与策略的能力。

师：在学生交流基本研究方向与策略的基础上，与学生共同活动：求出对应相似三角形的实际周长，发现"相似三角形的周长之比等于相似比"；做出两个三角形的对应高，通过相似三角形对应部分三角形相似的研究得到"相似三角形的对应高之比等于相似比"，进而发现"相似三角形的面积比等于相似比的平方"。

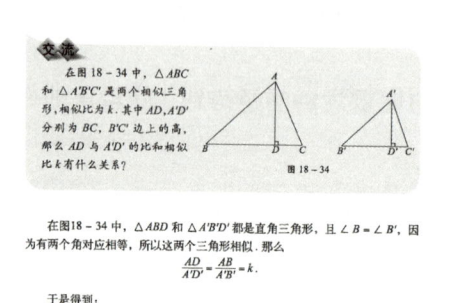

图 3-5-6

（三）拓展研究，形成策略，回归生活

1. 拓展研究

（1）由相似三角形对应高之比等于相似比，类比研究相似三角形对应中线、对应角平分线之比等于相似比的性质。

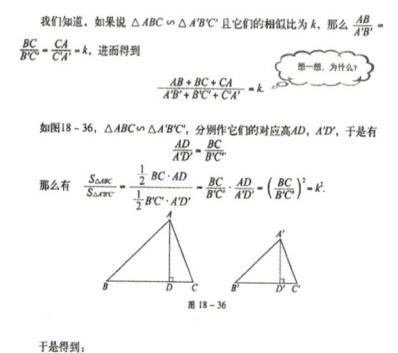

（2）由相似三角形研究拓展到相似多边形研究。

2. 回归生活

师：通过前面的研究，我们得到了有关相似形的一系列结论，现在你能确定这块草坪的实际周长和面积吗？如果将题中三角形条件改成更一般的"相似形"你还能解决吗？

四、课堂评价的实施

（1）合格：了解相似三角形周长、面积与相似比的关系。

（2）良好：能利用相似三角形的性质解决简单数学问题。

（3）优秀：理解相似三角形性质的推导过程，可以利用这些性质解决实际问题，并可以拓展到相似多边形的性质，甚至拓展到相似立体形的性质。

五、教学反思

本节课是全等三角形概念、判定与性质之后的拓展，是在相似三角形概念、判定的知识之后学习的内容，通过类比让学生明确课堂目标，借助数形结合培养学生提出问题的能力。然后进行逻辑推理，并让学生自己尝试类推相似多边形周长比、面积比的关系。最后指导学生运用推导出的性质解决实际问题，效果颇佳。

在已有知识的基础上用类比化归的思想去探索新知，让学生充分体会数学知识之间的内在联系，以此激发学生的学习兴趣；通过教师的点拨引导，学生积极开展小组合作学习，交流探索新知。学生在得出相似三角形周长比等于相似比后，就及时提出由相似比如何求面积比，通过讨论、探究得到结论，增强学生数学学习的自信心与兴趣。

六、对初中学生推理能力的诊断与培养的设想

（1）将发展推理能力融入数学各个领域课程教学中，而并非局限于几何推理等内容。特别是关注代数推理、统计推理与几何推理的同步发展，切实提高推理能力的整体水平。

（2）将培养能力与传授知识和技能和谐统一起来，以知识与技能的传授过程作为培养学生能力的载体，以能力的发展作为学生掌握知识与技能的加速剂。

（3）关注不同群体学生的数学推理能力，注重因材施教。

（4）进一步提升数学教师对于推理能力等课程标准核心内容的理解水平并把握技巧，强化教师培训，切实提升初中数学教师的课程实施水平。

（5）建立能力评价体系，提高教师和学生对于能力的培养和发展的重视程度。

点评：本节课是在了解相似三角形基本性质和判定方法的基础上，进一步研究相似三角形的特性，以完成对相似三角形的全面研究。

（1）以合作探究的形式展开，即以小组的形式展开，让学生探究发现结论，培养学生探究问题的科学态度，发展学生的几何推理能力。

（2）类比归纳。通过类比归纳，让学生发现其中的异同点，更好地理解并掌握相似三角形对应线段的比、周长的比等于相似比，面积比等于相似比是平方比，并能用来解决简单的问题。学生在实践中掌握了研究几何图形的一般方法。

（3）深入挖掘。应用相似三角形的有关性质对相似多边形展开探索，对培养学生由特殊到一般的思维方法以及培养逻辑思维能力和应用能力有很大的作用。

一节几何课，如果只是简单地出示定理、证明定理、讲例题、做练习，学生被动地听讲、单纯地记忆、模仿地做练习，就不利于培养学生的创造性思维，而且影响学生几何推理能力的提高。但如果在已有知识的基础上用类比化归的思想去探究新知，让学生充分体会数学知识之间的内在联系，以此激发学生的学习兴趣，就能够使整个课堂气氛由沉闷变为活跃。此外，教师的肯定、表扬与鼓励，会使学生始终保持高昂的学习热情，感受在探究性学习、创造性劳动中获得成功的乐趣。这样既能掌握知识，又能提高能力。在本节课的学习过程中，学生经历从动手测量到逻辑推理的过程，从感性认识上升到理性认识，对于培养学生严密的思维习惯和严谨的学习作风发挥了重要的作用。

在"探究相似三角形中的平行线"教学实践中加强初中学生几何推理能力的诊断与培养教学的实践与思考案例分析与教学点评

撰写者：黄　丽　王志芳

一、教学背景

（一）指导思想与理论依据

在数学教学中，应当注重发展学生的空间观念和几何直观，从学生已有的生活经验出发，使学生亲身经历问题的解决过程。学生是教学活动的主体，数学教学应以数学知识为载体，使学生在思维能力、情感态度与价值观等方面得到进步与发展。

（二）教学内容分析

相似三角形是初中数学"图形与几何"领域的重要图形之一，处于承前启后的地位。它是全等三角形的延续，也是解决相似三角形的推理证明应用的桥梁。

（三）学生学情分析

初中阶段的学生已经具备一定的观察、分析问题的能力，能与他人进行交流沟通，表达自己的看法认识，对问题有一定的探究能力。他们已经熟悉了全等三角形的计算与证明，理解并掌握相似三角形的概念及判定性质，并初步具有化归的数学思想。这节课的设计也为学生今后进一步学习几何的逻辑推理打下良好的基础。

二、教学分析

（一）教学目标

（1）在相似三角形中，通过添加平行线，构造基本图形，为解决问题创造条件。

（2）本节课通过一题多解发散学生思维，培养学生观察、分析、归纳探究解决问题的能力。

（3）通过给学生创造思考的空间和展示自己的机会，激发学生的学习兴趣，同时培养学生勇于探索、克服困难、团结合作的精神。

（二）教学重难点

教学重点：会根据题目中已知和未知添加合适的平行线，构造基本图形，解决相似三角形有关问题。

教学难点：添加平行线，构造基本图形，发散学生的思维，提高学生的逻辑推理能力。

三、教学过程

（一）复习巩固，做好铺垫

（1）如图3-5-7所示，在 △ABC 中，DE ∥ BC，交 AB、AC 于点 D、E，若 AD：DB=3：2，则图中能求出的两条线段的比有_____。（学生口答）

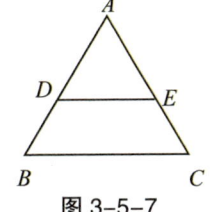

（2）如图3-5-8所示，点 E 是 ▱ABCD 的边 BC 延长线上的一点，AE 与 CD 相交于点 G，AC 是 ▱ABCD 的对角线，则图中相似三角形有_____。（学生口答）

图3-5-7

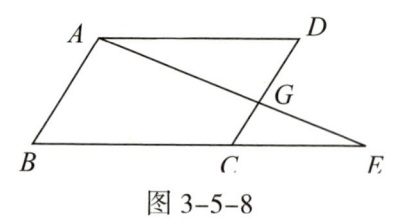

加强初中学生几何推理能力的诊断与培养教学的实践与思考

图 3-5-8

诊断：复习相似三角形中的基本图形：A字图、8字图，为解决下面的问题做铺垫。

（二）一题多解，发散思维

探究题：如图 3-5-9 所示，AD 是 △ABC 的中线，E 是 AC 上任意一点，BE 交 AD 于点 O。数学兴趣小组的同学在研究这一图形时，得到一个结论，请你帮助完成这个结论。

（1）如图 3-5-9 所示，当 $\dfrac{AO}{AD} = \dfrac{1}{2}$ 时，$\dfrac{AE}{AC} = $ _____。

（你能想出几种方法？请在学案的备用图中试一试）

诊断：采用自主探究式教学方式，根据题目中已知条件和未知结论，添加合适的平行线，构造基本图形，突破难点，解决相似三角形中的有关问题。

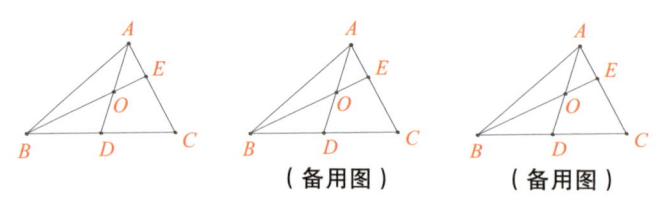

（备用图） （备用图）

图 3-5-9

诊断：培养学生的合作精神，体会成功的喜悦，一题多解，发散学生的思维。

（2）如图 3-5-10 所示，当 $\dfrac{AO}{AD} = \dfrac{1}{3}$ 时，$\dfrac{AE}{AC} = $ _____。

（请用最简捷的方法填空，看谁又快又对，学生口答）

诊断：小组合作式学习等多种形式，培养学生的观察获取信息的能力。

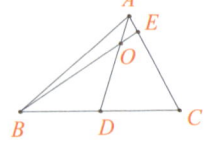

图 3-5-10

（3）如图 3-5-11 所示，当 $\dfrac{AO}{AD} = \dfrac{1}{4}$ 时，$\dfrac{AE}{AC} = $ _____。

请根据上述结论，猜想当 $\dfrac{AO}{AD} = \dfrac{1}{n+1}$ 时，（n 是正整数），

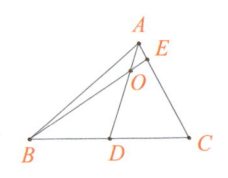

图 3-5-11

$\dfrac{AE}{AC}$ = _____。（用含有 n 的代数式表示 $\dfrac{AE}{AC}$ 的一般性结论），并说明理由。

诊断：小组交流，分组展示自己的交流成果，教师适时启发引导。

（三）反思总结 归纳提升

本节课你有什么收获？（学生口答后，教师补充归纳）

（四）及时检测 课堂反馈

在 $\triangle ABC$ 中，D 是 BC 上的一点，且 $\dfrac{BD}{CD}=\dfrac{5}{3}$，$E$ 是 AD 上的中点，延长 BE 交 AC 于 F，求 $\dfrac{AF}{AC}$ 的值。

诊断：课后的延伸，发散学生的思维，提高学生的逻辑推理能力。

（五）布置作业 巩固练习

整理课上分析的不同解题方法和思路。

教学反思：

本节课完成了预期的教学目标，同学们学习积极性较高，展开交流讨论，小组合作学习，互帮互助，培养学生的团队意识；利用相似三角形的性质和判定，解决有关综合问题，掌握一些基本图形，学会添加合适的平行线。通过一题多解发散学生思维，培养学生的创新能力，学生有了不同的收获，提高了逻辑推理能力。相似三角形中的平行线的添加是有规律可循的：①利用已知和所求的比例线段，借助平行线把它放在基本图形中；②由中线（线段的中点）联想到三角形的中位线定理等；③学生增强了识图能力，由原来一个基本图形都看不到，到现在能看到多个；④学生大胆猜想，勤于钻研，勇于挑战难题，体会成功后的喜悦；⑤解决一般规律：要从特殊到一般。总之，通过本节课的教学，学生增强了自信，有了克服困难的勇气，敢于寻求解决问题的方法。学生能够表述自己的想法，培养了语言表达能力。通过一题多解，发散思维，在学习中随机应变，提升逻辑推理能力。

探究题（1）中 18 种方法附图（图 3-5-12）。

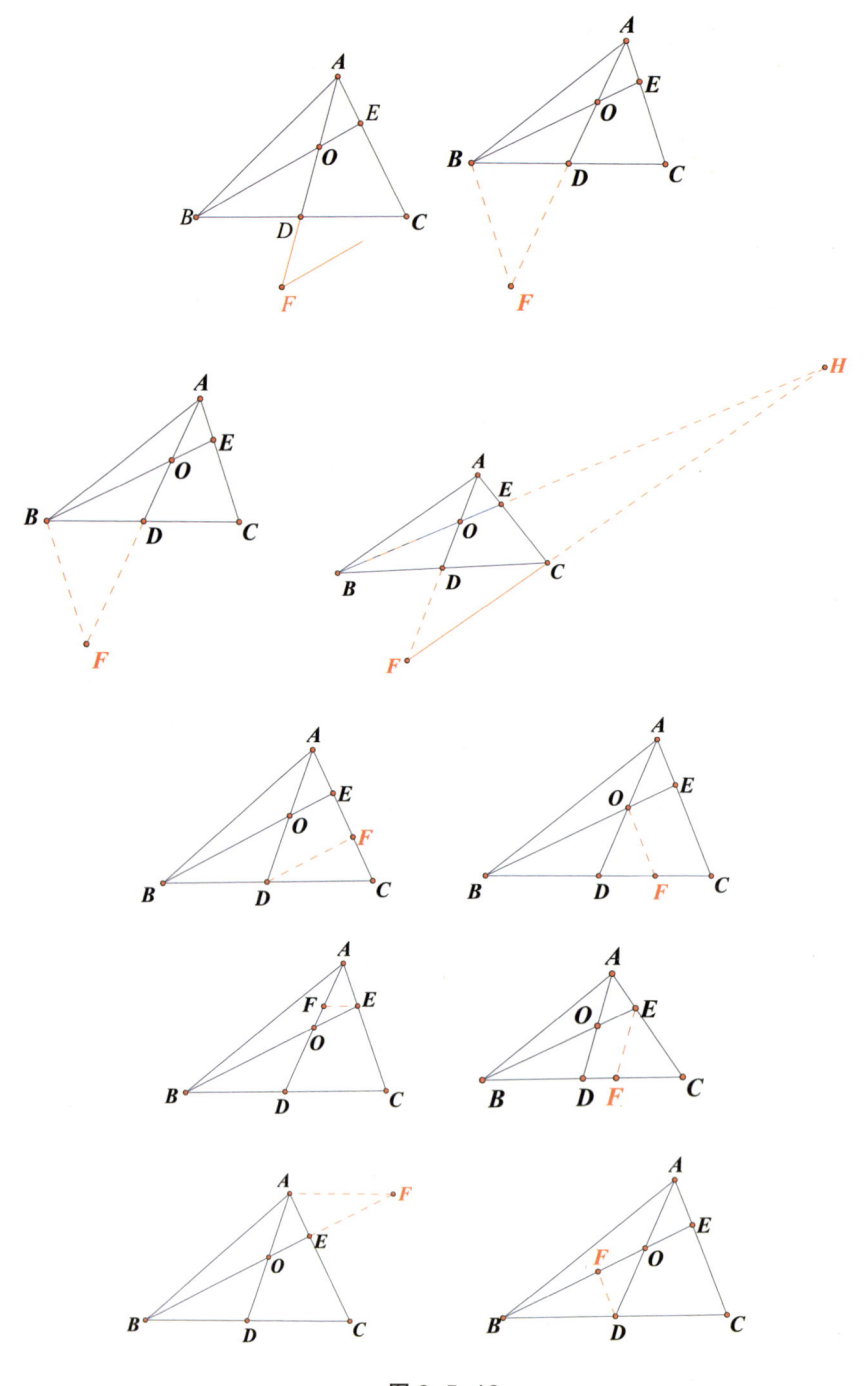

图 3-5-12

图 3-5-12（续）

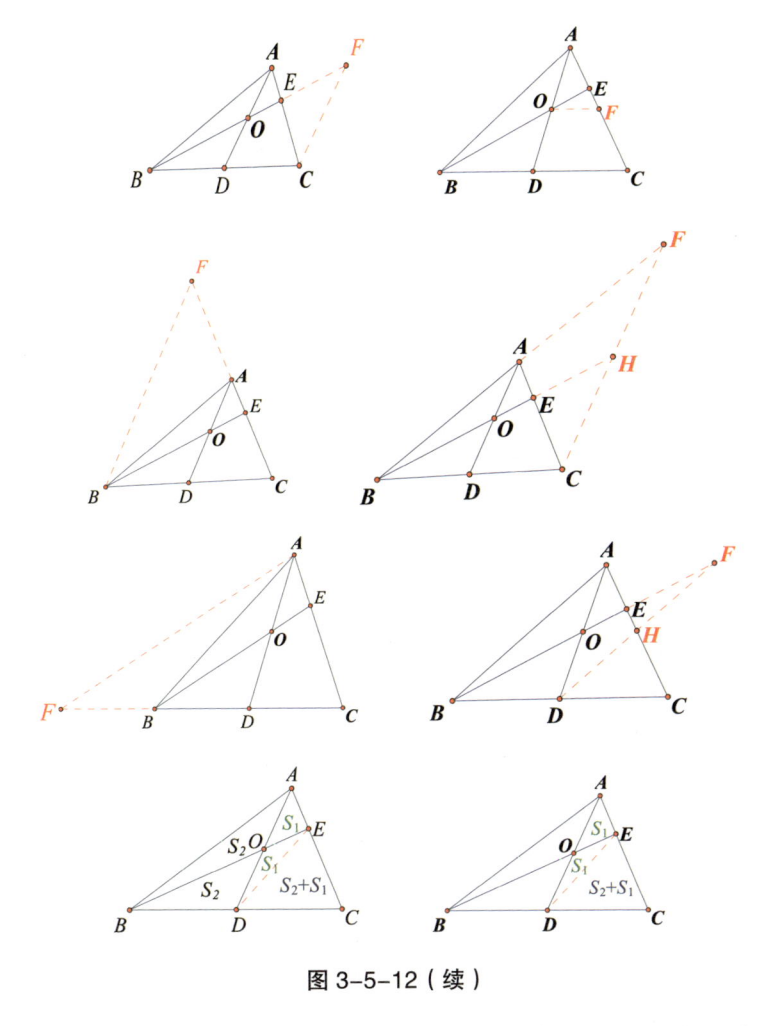

点评：本节课引导学生在三角形中添加平行线，构造相似三角形基本图形，提升学生推理能力。

（1）通过题目复习，引导学生有效识别三角形相似基本图形。

（2）通过一题多解，在学生创新能力培养的同时，逐步将题目发散，得到一般化结论。

（3）在探究的过程中，抓住中点这一特殊位置，通过中点引发学生联想，进而突破难点。

本节课通过图形的不断变化为学生展示出研究图形由特殊性结论到一般性结论的逐步探索过程，有效培养学生几何推理能力过程中借助特殊位置辅助线的添加为推理证明起到"拨千斤"的作用。

第六节　在圆的教学中加强初中学生几何推理能力的诊断与培养教学的实践与思考案例分析与教学点评

一、教学目标

（1）理解圆、弧、弦、圆心角、圆周角的概念，了解等圆、等弧的概念，探索并了解点与圆的位置关系。

（2）体验扇形的弧长及面积公式的推导过程，会计算弧长及扇形的面积。

（3）会过不在同一条直线上的三点作圆，知道三角形的外心、圆的内接三角形、三角形的外接圆等概念，会作三角形的外接圆。

（4）探索圆的对称性，探索并证明垂径定理，理解弧、弦、圆心角之间的关系。

（5）探索圆周角与圆心角及其所对弧的关系，了解并证明圆周角定理及其推论。

（6）能运用圆的概念和性质进行论证和计算。

（7）了解反证法的证题思路。

（8）了解直线和圆的位置关系，掌握切线的概念，探索切线与过切点的半径的关系，会用三角尺过圆上一点画圆的切线。

（9）探索并证明切线长定理。

（10）知道三角形的内心，会作三角形的内切圆。

（11）了解正多边形与圆的关系，会作圆的内接正方形和正六边形。

二、教材分析和教学建议

圆属于"图形的性质"模块的内容，是在小学学过的一些圆的知识以及初中学习的直线图形的有关性质的基础上，较为系统地研究一种特殊的曲线图形。从整个初中几何的教学来看，圆的内容占有重要的地位，它集中反映了事物内部量变与质变、一般与特殊、运动与变化的关系。它要求学生既要有综合应用所学知识的能力，又要有一定的推理论证能力以及分析问题和解决问题的能力。

圆的教学注重和学生已有认知的联系，不论是在直线与圆、正多边形与圆的位置关系的学习中,还是在运用圆的有关知识进行问题解决的过程中,都注重引导学生学会在具体的情境中从数学的角度发现问题和提出问题,并综合运用数学知识和方法解决简单的实际问题,增强应用意识,提高实践能力。教材中通过"思考""探索""交流"等栏目的呈现,引导学生进一步从几何的角度将逻辑性和直观性相结合。通过圆与直线、正多边形的位置关系等方面的教学,使学生初步获得研究几何图形之间关系的基本方法。

圆的学习不仅要求学生掌握已经学过的各种推理、论证方法,还要具备运用这些方法解决问题的能力,属于推理能力的提高阶段。

在"过三点的圆"教学实践中加强初中学生几何推理能力的诊断与培养教学的实践与思考案例分析与教学点评

撰写者:王志芳

一、教学背景分析

初中数学的内容主要是运算和推理两大部分。教材从初一开始就利用几何知识对学生进行系统的逻辑推理的学习与训练。几何知识的教学是整个初中数学的重点与难点。学生将系统地学习几何知识,并要求学会用标准的几何语言进行推理、描述与论证。初中学生几何知识掌握得牢靠与否,几何推理能力强弱与否,将直接影响他们今后的进一步学习。多年的教学实践证明:要想逐步提高学生的几何推理能力,要从三方面入手:第一,要让学生掌握最基本的几何语言材料,具体包含要理解记住相关知识点的基本概念、相关性质、定理;要掌握各种几何语言符号;要掌握最基本的推理格式。第二,要教给学生分析方法。从条件入手进行推理,简称由因导果法;或者由问题入手逆推到题中所给的条件,简称持果索因法。学生不但要掌握基本的分析方法,更应该综合运用各种分析方法,灵活地进行推理证明。第三,要培养学生缜密的思维习惯。要求学生审题要细致,不忽视任何一个条件;识图要细致,能从图形中挖掘隐含条件,寻找解题方法;推理证明不跳步、不重复,符合逻辑性。

二、教学内容分析

圆具有广泛的人文内涵和意义。因此,进一步认识圆、研究圆,充分挖掘圆的功能、发展圆的属性，将是开展数学素质教育、数学文化教育的一个有益尝试。

首先，所有教学行为的出发点都应该抓住数学本质，从公理化和形式化入手，实现文字语言和符号语言的互译，最终提升学生对符号语言的理解和表达。其次，强调圆的工具性。在处理圆中问题时，要有以等弧或同弧转化角之间关系的意识。最后，联系图形，引导学生从几何方向和解析方向两个角度对过三点的圆进行认识。

教学重点：通过画图，体会过三点的圆的唯一性及图形特征。

教学难点：理解过三点的圆的圆心的特殊位置。

三、教学过程分析

（一）环节一

请学生过平面内的任意一点 A 画圆，并思考以下问题。

（1）像这样的圆可以画几个？

（2）圆心间有特殊的位置关系吗？

（当半径相同时，圆心在以点 A 为圆心的圆上）

学生们边画边欣赏圆的美。

（"噢，这个图原来是这么来的。""看看，我这个花画得漂亮吗？"）学生的兴趣很高，因为他们知道了这么美的图形就在自己的笔下产生了。

（二）环节二

学生通过平面内的任意两点 A、B 画圆，并思考以下问题。

（1）像这样的圆可以画几个？

（2）圆心间有特殊的位置关系吗？

（猜想并证明：圆心的连线垂直平分 AB 线段，即圆心在线段 AB 的垂直平分线上。线段 AB 称为这些圆的公共弦）

从画图的角度看公共弦，了解复杂图形的形成。

（三）环节三

学生通过平面内的任意三点 A、B、C 画圆，并思考以下问题。

（1）像这样的圆可以画几个？

（分类：当三点共线时，不存在；当三点不共线时，存在一个圆）

（2）圆心有特殊的位置吗？为什么会有这样的位置？写出证明过程。

因为要求圆心到点的距离相等，所以用线段垂直平分线上的点到线段两端点的距离相等这样的三角形称为圆内接三角形，这个圆称为三角形的外接圆。

有同学提出这样的问题：那既然圆能是三角形外接圆，有在三角形里面的吗？圆心在哪呢？

这正是我们要学习的三角形内切圆，学生虽然暂时不能用数学语言来描述，但能理解圆在三角形内也应该像在三角形外一样有个特殊的位置。

在学生提出问题后，教师没有给出结论，而是请学生通过画图找出这样的圆有几个？圆心有什么样的特殊位置？为什么会有这样的位置？

以往学生分不清外接圆、内切圆圆心的特殊位置，而通过自己动手画、用圆规量测并分析以及黑板上的板书图形比较，后续学习中学生对于三角形外心、内心应用起来比较理想。

作业：怎样找到平面内过不共线的四个点的四边形的外接圆和内切圆？说明圆心的位置。这为圆内接四边形做了前测准备。

四、教学反思

学生在这节课中不仅学习了过三点的圆，还学习了通过思考分析进一步深化理解学习圆的过程其实就是寻找特殊的位置关系。本节课发展了学生的论证推理能力、合情推理能力和运用图形语言进行表达交流的能力，并认识了数学内容间的内在联系，体会了数形结合思想。

点评：本节课的教学由学生已有经验为起始点，紧紧抓住圆的圆心和半径两个元素进行探究。

（1）教师引导学生动手画图，通过经过平面上一个点画无数个圆，学生感知当所画圆的半径相同时，所画圆的圆心与已知点的位置关系。

（2）经过平面上两个点也可以画无数个圆，继续引领学生在感知所画圆的圆心所在直线与已知两个点所形成线段的关系的基础上进行严谨几何推理证明。

（3）继续深化研究，过平面上三个点画圆，分成两类进行讨论：一类是三点共线时，形成直线形，没有形成同时过三点的圆；另一类是三点不共线时，画出唯一的一个圆。通过引导学生研究所画圆的圆心、半径与已知三点形成三角形的三边关系，得出三角形的外接圆，在画图操作的基础上，完成严谨几何推理证明。

（4）继续研究四边形是否也有特殊位置的圆作为课堂学习的延伸。

在引导学生研究过三点的圆的过程中，学生体会到画图对于证明的重要作用；在分析图形关系过程中，寻找特殊位置是研究几何图形的一个重要方法，应逐步引导学生体会圆的问题可以转化为直线形问题。

在"圆的对称性"教学实践中加强初中学生几何推理能力的诊断与培养教学的实践与思考案例分析与教学点评

撰写者：王志芳

一、教学背景分析

圆属于"空间与图形"这部分内容，它具有与直线形完全不同的性质。无论是从知识的学习、技能的训练或数学思想方法的渗透，都为我们提供了一些新鲜的思考。圆又是一种特殊的图形，它既是中心对称图形又是轴对称图形，学生可以通过多种方式来认识它，培养数学思维能力。圆的学习是建立在直线形图形的基础之上，而学生在前面已经学习了直线形图形的有关性质，会借助变换、坐标、证明等手段去认识图形的性质，这就为圆的深入学习提供了方式方法。

本节课首先通过圆与其他简单图形的关系对圆进行再认识，达到对圆的系统梳理，进而形成知识体系。然后通过对以圆为背景的直线形问题的生成、分析与理解等方面，进一步感受圆的对称性，运用圆的对称性，加深对圆的再认识。

二、教学内容分析

（一）学情分析

学生已经学习了圆的基本知识，掌握了圆的有关性质。初三学生在过去的学习生活中，已通过对称、平移旋转、推理证明等方式认识了许多图形的性质，积累了大量的空间与图形的经验，对于直线形中常见的几何问题形成了一些基本的解题策略。

学生已经初步整体地学习了圆的具体内容，这就要学生在复习课中既要重新回忆所学知识，又要在原有的基础上进行知识的建构，建立起不同知识之间的内在联系，树立用对称的观点来解决与圆有关问题的意识。

（二）教学重难点分析

教学重点：圆的轴对称性、中心对称性及本章知识点间的内在联系。

教学难点：以圆为背景的直线形问题的分析与理解。

三、教学过程分析

（一）活动一：请画出垂径定理的基本图形，并写出符号语言

图 3-6-1

垂径定理：

∵ CD 是圆 O 直径，$CD \perp AB$ 于点 E

∴ $AE=BE$，$BC=AC$，$BD=AD$

垂径定理推论：

∵ CD 是圆 O 直径，$AE=BE$

∴ $CD \perp AB$ 于点 E，$BC=AC$，$BD=AD$

设计意图：复习垂径定理基本图形及其推论简单的变式。

（二）活动二：以小组为单位，编一道圆中的计算问题

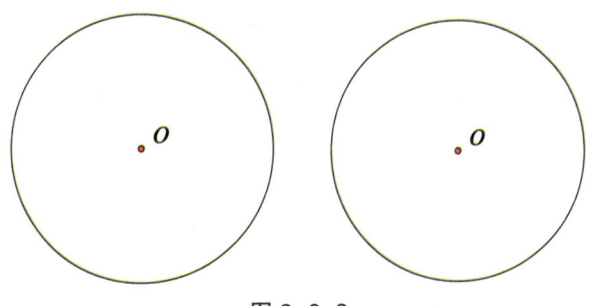

图 3-6-2

添加辅助线，构造直角三角形，运用勾股定理；复习垂径定理的应用。

> 设计意图：渗透圆中的计算问题可以转化为解直角三角形的问题，培养学生小组合作意识，清晰表达自己观点能力。

(三) 活动三：教师出题

(1) 已知圆 O 直径为10，弦 AB 长8，那么弦心距 OE 长是多少？

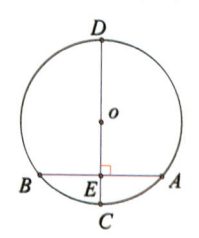

图 3-6-3

(2) 已知在直角坐标系中，⊙M 半径为 $\sqrt{5}$，圆心 M 点坐标为 $(0, 1)$，请求出点 A 和点 B 的坐标。

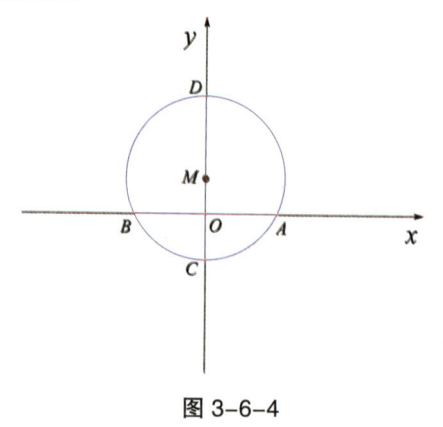

图 3-6-4

解答过程略，分析思路：

连接 AM，运用垂径定理，构造直角三角形，解这个直角三角形，点 C、点 D 的坐标也可求出。$A(-2, 0)$，$B(2, 0)$。

> 设计意图：加强认知，把圆中的计算问题转化为解直角三角形的问题，解直角三角形时应至少知道两个已知：一是两边，二是一边一角，培养学生的动手画图能力。

（3）已知在直角坐标系中，⊙M 半径为 $\sqrt{5}$，圆心 M 点坐标为（1，1），请求出点 A 和点 B 的坐标。还能得出哪些结论？

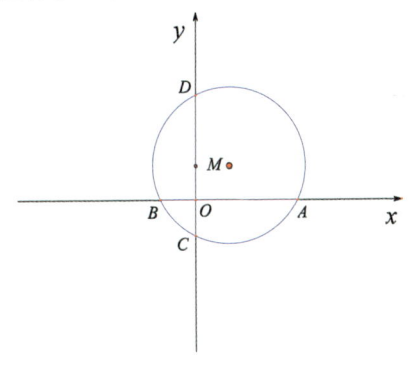

图 3-6-5

相关结论预案：C，D 点坐标；过点的直线、抛物线解析式；所围成的图形面积。

> 设计意图：通过变式练习，理解知识之间的联系，提高学生解决问题的能力。

四、教学反思

（一）上课伊始抓住调皮学生

师：前面我们学习了圆的知识，请大家看图，想到什么就写下什么。

（有一部分学生开始写，一部分学生满脸茫然，互相议论："这就一个圆，怎么写呀？"这时，班里一位调皮的学生问："老师，还有别的条件吗？"）

师：没有。

老师一边巡视，一边读出所看到学生写的内容——评价都是一个字"好"。

师："为什么老师说好？因为老师提的问题太泛泛，所以没有唯一确定的答案，就像刚才郭某某同学提出的'有没有其他条件'。"郭某某一听，他的发言得到老师的肯定，一节课学习下来都特别主动，积极参与到了小组活动中。

方法：积极发现调皮学生的闪光发言，及时肯定。

（二）上课中抓住边缘生

老师请学生自主编题，并深入到每一组中。

小组一：出题及时，老师让学生分析，是否合理。生：不合理，运算麻烦，还出现了线段是负数的现象，要再调整数字。

小组二：没有可出的题目，想不出来，小组中就图形、例题争论不休，没有完整的题目出现。师：（指导）首先画出图形，认清图形特点，再给数据计算。

小组三和小组四：自认为所出题目很完美，开始四处找对手。老师请三、四两组代表来展示所出题目，小组三所出题目图形复杂，老师给予了肯定；但其他组学生表示用其他方法更容易。该组败下阵来，安心重组题目。四组两人上台出题，被学生指出题目有所错误。老师指导修改，第四组学生也开始安心重组题目。

师：尽管刚才两组学生所出的题目出现了漏洞，但也要肯定他们的劳动成果，分析一下，他们的得失在哪里？刚才在编题的过程中，同学们体会到编题的不容易，既要考虑图形，又要考虑运算数字在情理之中。平时我们老师在出卷子时也是如此，会针对每位同学的特点，所编出来的题目中，总会有属于你的题目，所以希望大家在做卷子时珍惜咱们共同的劳动成果。

方法：及时发现边缘生课上状态的变化，用事实让他们安心思考。

（三）课下比拼优生

一学生提出问题：一条弧所对的圆心角的度数是所对圆周角度数的2倍，那么由圆周角三点和圆心角三点组成的抛物线表达式中的二次项系数有关系吗？是不是它们的二次项系数也有上面的关系？

一部分学生认为有关系，是多少不清楚；一部分学生认为不能轻易下结论，要建立平面直角坐标系，代入数据进行计算。

师：那就算算看，课下我们选取好计算的数字，咱们课下讨论一下。

老师看到班里另一名优生跃跃欲试，结果刚下课，这名优生就冲上讲台："老师，用几何画板一画就知道了。"老师知道他的想法，他应用几何画板结果很快类就出来了，结果发现：二次项系数也是2倍关系。

方法：对于少数优生，在有限的时间内发挥最大的效率。

中学数学教学设计是一项系统、复杂的工作，其基本线索是在分析教学内容所蕴含的核心思想、基本问题的基础上，根据学生的认知基础、思维发展需要，提出现阶段要达成的目标；分析要达成这一目标已经具备的条件和还需增加的新条件，从而做出教学问题诊断；根据上述分析进行教学实施过程的设计；最后设计目标检测方案，进而培养学生的推理能力。

点评：圆既是轴对称图形又是中心对称图形，本节课抓住垂径定理的基本图形对这部分内容进行复习。

（1）通过学生对图形语言、文字语言、符号语言的复习，再次强化垂径定理基本内容。

（2）学生小组合作，以基本图形为已知，创作一道计算题，学生各抒己见，进而将问题加以解决，体现出创新意识；在解决问题的过程中，渗透圆中的计算问题可以转化为解直角三角形的问题。

（3）继续在平面直角坐标系中研究基本图形，将垂径定理基本图形放入平面直角坐标系中加以研究，为学生拓宽具有特殊性质的几何图形在平面直角坐标系中也有很好的发现。

本节课以垂径定理基本图形为载体，大胆改变图形的环境，将几何推理证明与平面直角坐标系、二次函数进行关联，有效提升了学生的推理能力。

在"圆的切线（4）"教学实践中加强初中学生几何推理能力的诊断与培养教学的实践与思考案例分析与教学点评

撰写者：张　艳　王志芳

一、教学背景分析

（一）数学核心素养的要求

数学核心素养包含数学抽象、逻辑推理、数学建模、数学运算、直观想象、数据分析六个方面。初中学生的数学核心素养是数学知识、数学方法在实际问题中的能动性展示。它不是知识性的结论，也不是单纯的抽象、归纳、综合，更不是单纯具体的应用技巧，而是三者的有机结合。要养成从数学角度思考问题的良好习惯，在面临错综复杂的实际问题时主动运用数学化归思维、抽象思维、形象思维、空间观念、合情推理等数学思维方法。数学知识是数学核心素养的物质准备，数学解决方法是数学核心素养的意识准备。

（二）数学课程标准的要求

《义务教育数学课程标准（2011年版）》中对"图形与几何"的主要内容规定如下：空间和平面基本图形的认识、图形的性质、分类和度量；图形的平移、旋转、轴对称、相似和投影；平面图形基本性质的证明；运用坐标描述图形的位置和运动。同时，课标中还指出：数学是人类文化的重要组成部分，数学素养是现代社会每一个公民应该具备的基本素养。

（三）本学段教学内容的要求

从整个初中几何的教学来看，圆的内容是前面所学几何知识的综合，第二十二章"圆（下）"的内容占有重要的地位，它集中反映了事物内部量变与质变、一般与特殊、运动与变化的关系。它要求学生既要有综合应用所学知识的能力，又要有一定的推理论证能力，以及分析问题和解决问题的能力。本节课是学生在学习了直线和圆的位置关系、切线的判定与性质、切线长定理之后对圆的切线的再认识。切线长定理为证明线段相等、角相等、弧相等、线段垂直关系等提供了理论依据，而画图探索使学生了解了三角形的内切圆、内心等相关概念，进一步引导和培养学生从几何的角度将推理的逻辑性和几何的直观性相结合的能力。虽然本节课是圆的切线的最后一节，但引导学生通过讨论、辨析、纠错、达成共识、规范地运用尺规作三角形的内切圆的动手操作等环节不能缺少，因为只有长期培养学生的画图能力，才能对学生达到文字语言、图形语言、符号语言三种语言相互转换的能力训练和提升，同时有利于学生数学抽象和数学建模能力的发展。

（四）本学段的学情要求

对于九年级的同学来说，其已经有了两年半的数学学习经验，对于几何图形的分析与证明已经形成了一定的逻辑推理能力，具备了一定的合作交流与探究能力，多数学生具有良好的协作学习习惯及自主学习能力，少数学生数学基础薄弱，同一个班级中在几何推理的能力上个体间也存在着很大差异，因此在教学设计中要关注学习能力薄弱的同学，对学有余力的同学要注重思维能力提升的培养。

二、教学分析

（一）教学目标

（1）经历用尺规作三角形内切圆的过程，理解三角形内心的概念。

（2）理解三角形的内切圆和圆的外切三角形的概念，并对三角形的内心和外心相关知识做比较。

（3）通过例题的分析与解答，提升学生应用数学知识的能力，积累数学活动经验。

（二）教学重难点

教学重点：三角形内切圆的概念和内心的性质的探索与应用。

教学难点：三角形内切圆的尺规作图方法的探索。

三、教学过程

（一）活动一：复习引入

教师：同学们，大家好！前面我们学习了圆的切线和切线长定理，下面同学们和老师一起来复习一下。

1. 切线的判定定理

经过半径的外端，并且垂直于这条半径的直线是圆的切线。

符号语言：

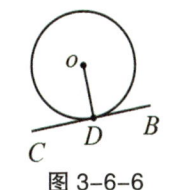

∵ 直线 CB 过半径 OD 的外端 D 点，$OD \perp CB$，∴ 直线 CB 与 $\odot O$ 相切于点 D。

图 3-6-6

2. 切线的性质定理

圆的切线垂直于过切点的半径。

符号语言：

∵ 直线 CB 与 $\odot O$ 相切于点 D，∴ $OD \perp CB$ 于点 D。

3. 切线长定理

从圆外一点引圆的两条切线，它们的切线长相等，这点和圆心的连线平分两条切线的夹角。

符号语言：

∵ BA、BC 分别切 $\odot O$ 于点 F、D，∴ $BF = BD$，OB 平分 $\angle ABC$。

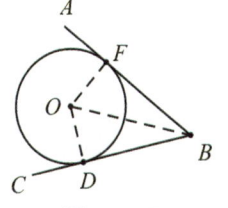

图 3-6-7

（二）活动二：解决问题

小明在一家木料厂上班，工作之余想对厂里的三角形废料进行加工：裁下一块圆形用料，怎样才能使裁下的圆的面积最大呢？

教师提问：

若想裁得的圆最大，它与三角形三边应有怎样的位置关系？

学生尝试、讨论并画草图回答（图 3-6-8）：最大的圆与三角形三边都相切。

图 3-6-8

教师提问：

如何帮助小明操作呢？也就是如何用尺规作图做出一个圆，使它与已知三角形的三边都相切呢？我们首先来分析一下。

教师进一步提问：

（1）作圆的关键是什么？

学生回答：作圆的关键是确定圆心和半径。

（2）假设⊙O就是所求作的圆，切点分别是D、E、F，连接OA、OB、OC、OD、OE、OF。观察图3-6-9，你有什么发现吗？

学生回答：圆心是三角形三条角平分线的交点。

（3）当圆心O确定后，半径应如何确定？

学生回答：半径是圆心到各边的距离。

（4）我们在尺规作图的过程中，用作三角形三个内角的平分线吗？

学生回答：不用，只需要作两个内角的平分线找到交点即可，因为根据角平分线上的点到角两边的距离相等，可得到OD=OE，OD=OF，从而可以证明OE=OF，再根据到角两边距离相等的点在这个角的平分线上，可以证明OA就是第三个角的平分线。

总结：同学们，经过大家的辨析，我们就得到了用尺规作和三角形三边都相切的圆的方法，下面和老师一起来进行操作。

动手操作：

已知：△ABC。

求作：和△ABC的各边都相切的圆。

作法：

（1）作∠ABC和∠ACB的平分线，两线交点为O。

（2）过点O作OD⊥BC，垂足为D。

（3）以O为圆心，OD长为半径作圆O。

⊙O就是所求作的圆。

总结：圆的切线、切线长定理以及三角形的内切圆，实际上是圆与三角形一边相切、两边相切、三边相切。所以，当圆与三角形三边都相切时，圆的切线和切线长的性质它都具有。

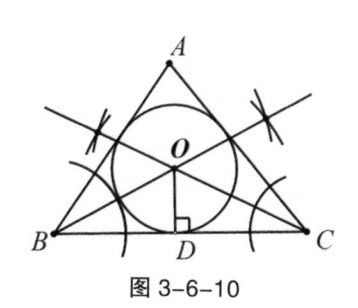

图3-6-9

图3-6-10

（三）活动三：达成共识

1. 圆和三角形的三边都相切

这种情况我们称这个圆为三角形的内切圆。内切圆的圆心叫作三角形的内心，这个三角形称为这个圆的外切三角形。

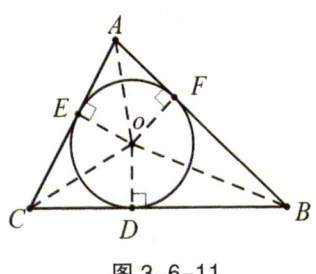

如图 3-6-11 所示：⊙O 叫作△ABC 的内切圆，△ABC 叫作⊙O 的外切三角形。

图 3-6-11

2. 三角形的内心到三边的距离相等

过三角形顶点和内心的射线，平分三角形的内角。

师：前面我们还学习过三角形的外心，大家还记得吗？外心和内心一样吗？对，不一样，下面我们辨析一下：

我们将从名称、定义、确定方法、图形和性质几个方面进行比较。请同学们通过列表来比较，小组完成后进行展示。

教师对小组展示进行点评。

（四）活动四：例题讲解

例题：如图 3-6-12 所示，△ABC 中，∠A=62°，点 O 是 △ABC 的内心，连接 OB，OC，求∠BOC 的度数。

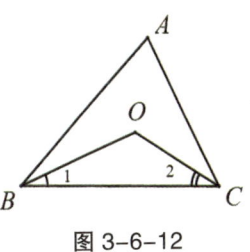

学生独立分析并书写，教师纠正。

解：∵ ∠A=62°，

∴ ∠ABC+∠ACB=118°，

∵ 点 O 是 △ABC 的内心，

∴ OB，OC 分别是∠ABC，∠ACB 的平分线，

∴ ∠1=$\frac{1}{2}$∠ABC，∠2=$\frac{1}{2}$∠ACB，

∴ ∠BOC=180°－（∠1+∠2）=180°－$\frac{1}{2}$（∠ABC+∠ACB）=121°。

图 3-6-12

变式1：若∠A=α，其余条件不变，求∠BOC 的度数。

学生分析讨论并书写，教师纠正。

解：∵ ∠A=α，

∴ ∠ABC+∠ACB=180°－α，

∵ 点 O 是 △ABC 的内心，

∴ OB，OC 分别是∠ABC，∠ACB 的平分线，

∴ ∠1=$\frac{1}{2}$∠ABC，∠2=$\frac{1}{2}$∠ACB，

∴∠BOC=180°−(∠1+∠2)=180°−$\frac{1}{2}$(∠ABC+∠ACB)=90°+$\frac{1}{2}α$。

方法小结：

解题用到的知识点是三角形的内角和与三角形的内心。

我们研究由特殊到一般的数学问题时可以采用类比的方法加以解决，同时在思考分析数学问题时也可以采用逆向思维的方式。

师：下面和老师一起将例题中△ABC的内切圆作出来，看看还能研究什么问题。

学生回答：还可以研究边的问题。

变式2：△ABC的内切圆⊙O与BC、CA、AB分别相切于点D、E、F，且AB=13，BC=14，CA=9，求AF、BD、CE的长。

学生分析讨论并书写，教师纠正。

解：∵⊙O与BC、CA、AB分别相切于点D、E、F，

∴$AE=AF$，$CE=CD$，$BF=BD$，

设$AE=AF=x$，$CE=CD=y$，$BF=BD=z$，

∴$\begin{cases} x+y=9 \\ x+z=13 \\ y+z=14 \end{cases}$ 解得：$\begin{cases} x=4 \\ y=5 \\ z=9 \end{cases}$ ∴$\begin{cases} AF=4 \\ CE=5 \\ BD=9 \end{cases}$

方法小结：关键是熟练运用切线长定理，将相等线段转化集中到某条边上，再依据已知条件建立方程或方程组。

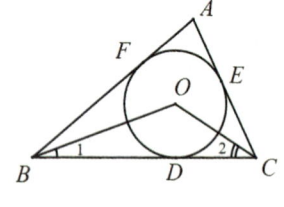

图 3-6-13

（五）活动五：课堂小结

1. 知识层面

三角形内切圆有关概念和性质：三角形内切圆的圆心叫作三角形的内心；三角形的内心是角平分线的交点，且三角形内心到三边的距离相等。

2. 方法层面

（1）从特殊到一般是数学研究问题的一种方法，可以采用类比的方法解决有关问题。

（2）运用切线长定理，将相等线段转化集中到某条边上，从而建立方程或方程组解决有关线段问题。

3. 课堂作业

（1）在△ABC中，点O是△ABC的内心，∠BOC=112°，求∠A的

度数。

（2）如图 3-6-14 所示，四边形 ABCD 外切于 ⊙O，切点分别为 E，F，G，H。判断 AD+BC 与 AB+DC 是否相等，为什么？

（3）根据三角形内切圆与外接圆的相关知识，做一期数学手抄报。

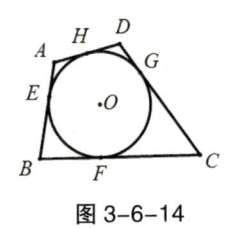

图 3-6-14

四、教学反思

（一）课前反思

在教学设计中，会出现学生不会作三角形的内切圆的情况，所以在问题设计中针对画法，精心设计了几个问题。例如：作圆的关键是什么？怎样确定圆心和半径？当学生完成尺规作图时，推理论证也是难点，所以在设计中要求学生进行严格的证明。

（二）课中反思

第一，本节课学习采用问题来激发互动，使学生在画图前思考，在作图中观察、实践；在作图后推理论证，基本达到了贯彻画图即推理的教学目标。

第二，在课堂中，注重对学生动手操作能力的培养，通过画图培养手脑配合的能力以及实验观察能力、逻辑思维能力。

第三，本节课采用师生间、生生间的交流互动方式，创设和谐的课堂气氛，同学间的合作交流、互帮互助等增进了学生间、师生间的感情，在推理论证中培养了学生严谨的科学态度。

（三）课后反思

通过课后检测发现，多数同学掌握了课堂内容，几何推理能力有所提升，但还是有少部分同学思维混乱，证明时不会书写或逻辑混乱。究其原因：一部分同学感到文字语言、图形语言、符号语言难以理解，一部分同学虽然明白题目的意思，但推理论证的书写有困难，还有极少数同学不会分析图形，难以用符号语言加以表达。针对这种情况，在今后的教学中，教师更要细致入微，对图形的分析要针对学困生进行，拆分复杂图形，转化为几何基本图形。同时，建立小组合作机制，利用优带弱的方式对数学学困生进行全方位的帮助。始终贯彻《义务教育数学课程标准（2011 年版）》："学生是数学学习的主人，教师是数学教学活动的组织者、引导者和合作者。"从学生的兴趣出发，全面调动学生学习数学的积极性和主动性；根据学生的年龄特点，在几何教学的课堂中，横向或纵向地为学生织网，从小处着手、大处着眼，让几何推理能力成为学生必备的数学核心素养，为学生的长远发展做好充足的准备。

点评：本节课在关注复杂图形的形成过程中有效培养学生几何推理能力。

（1）在画图过程中，关注圆的大小和位置由半径、圆心确定。

（2）由直线与圆相切的位置关系入手，到切线长定理的复习，再到三角形与圆，直观展示出图形的不断变化，由简单的一条直线与圆到两条直线与圆，再到三条直线与圆，体现出图形的形成过程。

（3）借助两条线与圆的研究方法研究三角形与圆，学生在分析图形的过程中得到锻炼，在应用过程中有效辨别基本图形好能力有所提升。

随着图形的不断复杂，学生在复杂图形的形成过程中学会利用基本的解决方法解决复杂图形，通过引领学生认识图形来培养学生几何推理能力的形成。

参考文献

[1] 北京教育出版社. 义务教育教科书 数学 七年级上册 [M]. 北京：北京教育出版社，2013。

[2] 北京教育出版社. 义务教育教科书 数学 七年级下册 [M]. 北京：北京教育出版社，2013。

[3] 北京教育出版社. 义务教育教科书 数学八年级上册 [M]. 北京：北京教育出版社，2013。

[4] 北京教育出版社. 义务教育教科书 数学八年级下册 [M]. 北京：北京教育出版社，2013。

[5] 北京教育出版社. 义务教育教科书 数学 九年级上册 [M]. 北京：北京教育出版社，2013。

[6] 北京教育出版社. 义务教育教科书 数学教师用书 七年级上册 [M]. 北京：北京教育出版社，2013。

[7] 北京教育出版社. 义务教育教科书 数学教师用书 七年级下册 [M]. 北京：北京教育出版社，2013。

[8] 北京教育出版社. 义务教育教科书 数学教师用书 八年级上册 [M]. 北京：北京教育出版社，2013。

[9] 北京教育出版社. 义务教育教科书 数学教师用书 八年级下册 [M]. 北京：北京教育出版社，2013。

[10] 北京教育出版社. 义务教育教科书 数学教师用书 九年级上册 [M]. 北京：北京教育出版社，2013。

[11] 中华人民共和国教育部.义务教育数学课程标准（2011年版）[M].北京：师范大学出版社，2012。

[12] 中华人民共和国教育部.普通高中数学课程标准（2017年版）[M].北京：人民教育出版社，2018。

[13] 祁明衡.范希尔理论下的初中生几何思维水平现状研究[D].北京：首都师范大学，2013。

[14] 黄舜虹.基于范希尔几何思维水平的九年级学生几何直观能力发展研究[D].漳州：闽南师范大学，2020。

[15] 马泽璐.基于范希尔理论的初中几何证明的教学研究[D].大连：辽宁师范大学，2020。

[16] 王莹.类比推理在初中生几何学习中的应用现状研究[D].信阳：信阳师范学院，2019。

[17] 夏宝丽.初二学生几何推理能力的现状调查及教学对策研究[D].天水：天水师范学院，2019。

[18] 陈蕊.对中学数学教育中推理能力及其阶段性培养的研究[D].北京：首都师范大学，2004。

[19] 李红婷.9年级学生几何推理能力发展及其教学研究[D].重庆：西南大学，2007。

[20] 刘小翠.初三学生几何思维水平的调查研究[D].长沙：湖南师范大学，2015。

[21] 沈洁.由"线段的中点"作图引出的思考[J].数学教学，2017（5）：7-9，24。

[22] 王莉.由线段中点想到的[J].中学数学教学参考，2016（33）：58。

[23] 郭梅梅，胡赵云.从作线段的中点看学生思维的发展[J].中国教师，2020（8）：54-57。

[24] 曹一鸣，冯启磊，陈鹏举.基于学生核心素养的数学学科能力研究[M].北京：北京师范大学出版社，2017。

[25] 黄光雄，蔡清田. 核心素养 [M]. 上海：华东师范大学出版社，2017。

[26] 史宁中. 数学基本思想 18 讲 [M]. 北京：北京师范大学出版社，2016。

[27] 顿继安. 从"备学生"转向"研究学生"——基于学生研究的数学教学 [M]. 北京：科学教学出版社，2015。

[28] G. 波利亚. 数学与猜想 [M]. 北京：科学出版社，2011。

[29] 林崇德，李庆安. 青少年期身心发展特点 [J]. 北京师范大学学报（社会科学版），2005（1）：48-56。

[30] 郑毓信. 语言与数学教育 [J]. 数学教育学报，2004，13（3）：6-12。

[31] 曹一鸣，郭衎. 中学数学课程标准与教材研究 [M]. 北京：北京师范大学，2019。

[32] 裴光亚. 数学教学的支点 [J]. 中学数学教学参考：中旬，2016（9）：1。

[33] 张世钦. 让数学实验自然融入常态教学 [J]. 初中数学教与学，2020（2）：55-58。

[34] 赵君卿，甄鸾，李淳风. 周髀算经（一函二册）[M]. 北京：北京图书出版社，2004。

[35] 童振华. 破解初中几何推理困难的多种思路 [J]. 科学大众（科学教育），2016（1）：14-15。

[36] 陈珊芳，高峰官. 核心素养下初中生几何推理能力的培养策略 [J]. 中学数学，2017（24）：46-48。

[37] 北京教育科学研究院基础教育教学研究中心. 学科能力标准与教学指南：初中数学 [M]. 北京：北京师范大学出版社，2015。

[38] 张志平. 义务教育数学课程标准(2011年版)解读 [M]. 郑州：海燕出版社，2013。

[39] 徐方瞿. 基本图形分析法 [M]. 郑州：大象出版社，1998。

[40] 孔凡哲. PISA 对我国中小学考试评价与质量监控的启示 [J]. 外国教育研究，2005，32（5）：72-76。

[41] 马复. 初中数学教学策略 [M]. 北京：北京师范大学出版社，2005。

[42] 罗增儒.解题教学是解题活动的教学[J].中学数学教学参考,2020(32):19-22。

[43] 章建跃.构建逻辑连贯的学习过程使学生学会思考[J].数学通报,2013,52(6):5-8。

[44] 汪建霞.初中数学主题式教学的探究——以"中点四边形"为例[J].初中数学教与学,2019(12):22-25。

[45] 贲海波.初中几何概念教学的优化策略[J].数学教学通讯,2019(23):65-66。

[46] 侯小令.基于核心素养的初中数学课堂教学研究[J].数学教学通讯,2019(35):54-55。

后 记

  本书是北京市通州区运河计划教育领军人才王志芳数学工作室成员在十三五期间的研究、实践的成果，凝聚了工作室成员的智慧和心血。

  近几年来，工作室充分发挥北京市骨干教师、通州区骨干教师的示范引领作用，立足课堂，不断学习，努力提升。以课题研究引领教学，从数学核心素养、数学推理的类型、数学推理和证明的关系、推理过程中的教学难点和学生难点、小学与初中几何证明的区别和联系、数学学科本质、数学教学学科专业知识与教法关系、参考文献对课题选题以及规范书写进行了深入研究。

  我们先后走出去，参加在华中师范大学举办的全球华人计算机教育应用大会，学习在数学课堂上对学生阅读素养的培养；参加全国数学特级教师论坛，亲眼目睹特级大师的课堂风采；观摩中国教育学会课堂教学展示与培训系列活动，向同行教师取经……我们将学来的知识整理、修改，不仅运用到了自己的工作中，还借助讲座、研究课、论坛发言等多种形式予以推广。

  我们参加北京教育学会、北京数学会以及各专业委员会举办的各级各类评比活动，我们的论文、课题等得到了评审专家的认可，获得了比较好的名次。

  我们的教学为科研带来了实践基础，我们的科研为教学带来了理论指导，这一切都与上级教科研的老师引领分不开，我们还要继续努力，在今后的教研过程中，及时对课题研究的状况进行分析总结，不断细化、不断研究，加强自我评价和课题管理，同时提出改善的意见和深化研究的方向。用心创造条件，推广现有的成果与经验，进一步加强课题组、工作室成员的交流与协作，丰富课题手段。进一步加强教育理论修养，加强研究的系统性和有效性。按照研究计划，有效推进实施。

  感谢北京市通州区教委领导为老师们搭建成长的平台！感谢北京市通州区教师研修中心领导对工作室的指导和帮助！感谢团队成员的不懈努力！

北京市通州区运河计划教育领军人才王志芳数学工作室负责人 王志芳
2021 年 5 月 13 日